U0043023

歷史不糊塗

從唐太宗到黃巢，
這些名人很有事！
他們心裡都住了一個阿飄～

李拯 著

目錄

推薦序一

歷史是鏡子，更是追問

作家 李輝

讀李拯這部敘述唐代歷史的書稿，讓我想到唐代詩人孟浩然的千古名句——人事有代謝，往來成古今。

孟浩然出生襄陽，曾隱居於鹿門山，有「孟襄陽」之稱。一般將他冠以「田園詩人」，可是，我更喜歡他的這首〈與諸子登峴山〉：「人事有代謝，往來成古今。江山留勝跡，我輩復登臨。水落魚梁淺，天寒夢澤深。羊公碑尚在，讀罷淚沾襟。」這首詩不是田園詩恬淡、悠遠的意境，相反，是海闊天空一樣的縱橫捭闔。我想像，孟浩然站在峴山之巔，目光隨漢水而去，俯瞰潮起潮落。他在看人事代謝、朝代更迭、歷史興衰。諸多感觸沛然而至，這才醞釀而成高屋建瓴、氣勢恢宏的千古名句。

李拯與我是隨州老鄉，來報社不久就認識了。三十多年前，我剛入大學時隨州還叫「隨縣」，隸屬襄陽地區。讀他的書稿，想到孟浩然的詩，再合適不過。他的筆下，一個個唐代人物的故事與命運彼此串聯、銜接蔓延，呈現了唐代由無到有、由盛至衰的全過程，多少歷史感嘆，盡在其中。

巧的是，報社裡隨州老鄉竟有好幾個，偶爾相聚，不亦樂乎。二〇一四年秋天，李拯與我坐在一起閒聊。他說起自己一直在閱讀《資治通鑑》，對唐代歷史頗感興趣，想寫幾篇唐代人物，以人寫史。如他後來所說：「我曾經花了三年時間完成了閱讀《資治通鑑》的精神長征，每一次掩卷沉思，窗明几淨之時，似乎總能感到歷史從過去伸向未來的邀請，那些慷慨悲歌的人物所折射的時代問題，怎麼與此時此地的語境如此相似？」寫唐代人物，的確是一個非常不錯的想法。李拯計畫先寫李密和李世民兩個人。我建議他，不妨從一開始就考慮形成一個系列，先在雜誌上開專欄發表，然後結集出版。沒想到，僅僅一年多時間，他就完成了十四篇歷史隨筆，一個完整的唐代興衰史在他的筆下得以呈現。

唐代歷史，我知之甚少。小時候無書可讀，回父母家鄉棗陽，去鄉下大姨媽家，二表哥手抄一本《說唐》，被我帶回隨縣，看了一遍又一遍。知道了瓦崗寨，知道了長安，知道了隋唐十八條好漢。有段時間，每天講他們的故事，還與小伙伴們比賽，看誰能完整背下十八條好漢的排序。說起李元霸、宇文成都、雄闊海來頭頭是道。原來覺得秦瓊武藝高強，結果只排名十六，想想覺得有些委屈。可是，十八人哪一個不是好漢？從此，兒時心裡，開創唐代的那些人物，每一個都是傳奇。

「文革」後參加高考，進入復旦大學中文系，班上一位女同學顏海平，研究唐代文化，創作了話劇《秦王李世民》，轟動一時，並榮獲全國優秀劇本等獎。話劇上演時，大家都去觀看，舞台上演繹的唐代興盛尤其令我們百感交集。「文革」浩劫剛剛結束，誰不期待百廢待興的中國能夠盡快走出歷史陰影，擁有一個全新的世界和一個全新的生活？

這些算是我與唐代歷史最直接的接觸了，了解之膚淺，可想而知。直到李拯開始寫作，我才有機會隔三岔五地拜讀新鮮出爐的作品。通過他敘述的人物故事，略知唐代興衰一二，在我而言，僅此而已。

有意思的是，酷愛歷史的李拯，大學本科並不是文科生，而是理科生，畢業於華中科技大學光電學院。碩士考試時，他轉換學科，進入中國人民大學政治學系，從此，現實觀察與歷史思索與之相伴，須臾不可分開。其實，一個人的興趣永遠決定了他最後的選擇。讀他書中如下這番話，可以體會到當他遙望歷史時，心底油然而生的敬畏之情。他的這番感慨，來自凝望北京潭柘寺的一棵千年古樹：

人們在這棵樹下冥想、祈禱或禮拜，寄託的對象並不是這些有形且繁茂的枝葉，而是這棵古樹歷經滄海桑田而積累下來的時間，是它經歷的無數個夕陽西下、清風朗月和人事輪迴。這棵古樹，不過是變動不居的時間所代表的一個具象符號，而人們向古樹祈禱，實際上是在向時間表達敬畏。

一個人、一棵古樹，這樣一個意象再恰當不過地揭示出人類精神的祕密：時間擁有一種更爲本質的力量，而人類在內心深處對這種力量存有敬畏。

正是這種敬畏，才使李拯開始了他的唐代歷史之旅。在史料與故事的剪輯、呼應與襯補中，他思索人物命運，追尋或許無跡可尋的歷史規律。十四個政治人物或人物群體，搭建成一本相對完整的歷史敘述架構。與其他擅長講故事的作者的作品不同，《歷史不糊塗》的要點不在於鋪陳傳奇，而是試圖勾勒一個個唐代著名人物的命運，歸納某種性格走向。不同的性格又與中國深厚的文化基因傳統密切相關，即便偉大如李世民、武則天這樣的人物，最終也不得不消弭於無形之中。

李拯談到為何選擇如下人物來貫穿整個唐代興衰：

本書中選取的這些政治面孔構成了一個前後相續的連續體，他們的故事共同構成了有唐一代的慷慨悲歌：李密、李世民、長孫無忌、徐世勣、武則天代表了唐朝從建立到興起的上升階段；李隆基、李林甫、安祿山則活躍在唐朝達到巔峰而由盛轉衰的轉型時期；李泌、郭子儀、李光弼、僕固懷恩、裴度則代表了一個衰敗王朝力挽狂瀾的努力；而李德裕、牛僧孺、宦官群體、黃巢、朱溫則共同見證了唐朝的最後覆滅。每個人的人生際遇都與唐朝的命運起伏息息相關，而他們的命運構成的軌跡，就像唐朝吐納呼吸的軀體一樣，反映著這個王朝內在的政治機理。

研究政治學的李拯，在對唐代人物的敘述時，自始至終貫穿著難得的冷靜思考。他顯然是在有意識地擺脫傳奇的軌道，將更深層次的政治學思考融入歷史研究之中。是否準確，是否完整，並不重要，關鍵在於，他必須有自己的思考，有自己言之成理的歸納。在閱讀本書之後，讀者或許可以更深切地體會他發出的感慨：「中國歷史的複雜性有時讓人不知所措，熱愛它的秦磚漢瓦、唐詩宋詞，迷戀它的激情澎湃、婉約清新，就不可避免地發出沉重的叩問：偉大而美好的文明，為何難以走出治亂興替的自我循環？」

對歷史的敬畏，常常就藏匿於歷史憂患之中。

總愛說歷史是一面鏡子，其實，歷史更是一種追問。因憂患而叩問，因叩問而思考。

仰望歷史天空，一個巨大的問號，醒目地懸掛著……

二〇一六年四月二十八日於北京

推薦序二

文明基因是中華民族屹立不倒的根本

中國人民大學國際關係學院院長　楊光斌

本書作者李拯，是我在中國人民大學執教近三十年所教過的政治學專業最有才華的研究生之一。他的政治學專業知識的系統性和扎實性自不待說，文采、口才也堪稱一流。他博聞強識，熟讀《史記》、《漢書》、《舊唐書》、《新唐書》、《資治通鑑》等，能夠背誦其中大段落的敘述，是難得的人才。

讀《歷史不糊塗》給我最大的感受是，作者能把讀者很快帶入到千年前的「現場」，和唐代的那些人物一道品味「此情此景」，共度「此時此刻」。讀者不自覺地進入了歷史，而歷史中的人物也栩栩如生地回到了當下，千年的歷史，竟然構成瞬間的穿越，形成酣暢的對話。歷史不由得讓人扼腕，千古一帝唐太宗李世民，居然搞不定自己的嫡長子和嫡次子，無奈之下只有讓他並不滿意的嫡三子李治繼承皇位；而懦弱的唐高宗李治又搞不定自己的後宮，由此才有了武則天的橫空出世，李家江山險些易主。這就是制度變遷的非預期性，如果一切都按照頂層設計而來，都是一幫李氏子孫主持大局，歷史也就單調而無趣了。

歷史固然有其非預期性，但中國歷史有著自己獨特的軌跡。我們為什麼如此理解、同情歷史中的玩家，而他們又為何具有如此強烈的現實存在感？一切的一切都是因為中國人的歷史觀：歷史就是中國人的宗教。無論是唐太宗這樣的大人物，還是芸芸眾生中的小角色，中國人都如此在乎「身後事」，從而共同構築起宗教式歷史觀。所以，千萬別說中國沒有宗教。也只有在這個意義上，才能理解中國人的儒學為何被外國人尊稱為「儒教」，儒家思想確實內化於兩千年來各色人群的血液中，從而內化為不變的生活方式。「儒教」雖然只是中國歷史的一個部分，但宗教式歷史的核心脈絡就是儒家思想。也正是在這個意義上，看上去無所不能的武則天，最終未能把李家的皇權轉移到娘家人那裡，借用本書作者的話說，這叫「權力敗給了文化」。這樣的思想性提煉可謂真知灼見，我想這一觀點並不會因為唐代制度史研究成果之豐富而失去光芒。

能夠「化」人的文明的力量為何如此巨大？比較文明視野下的中國文明更彰顯其強大的生命力。在世界幾大古文明中，且不說早就滅絕了的亞述文明和瑪雅文明，古希臘—羅馬文明因野蠻人入侵而中斷了幾個世紀之後，才因「文藝復興」而成為今天西方文明的古典資源而已；古印度文明在經歷兩個世紀的殖民入侵後，其官方語言都被替代了；古埃及文明也早已式微，巴比倫文明的發源地已經變成了伊拉克這個樣子，只有中華文明雖歷經磨難卻能夠幾度中興——當下中國是新一輪的文明型國家的復興。這裡面必然有現代社會科學難以回答的奧祕，癡迷於西方社會科學的學者需要對中華文明抱有敬畏之心，否則就錯把中國當成西方了，最終必然要以西方的「藥方」來「問診」中國的「病症」，即用西方的知識來回答中國的問題，結果必然也是南轅北轍。能夠保持四千年的連續性存在，我認為是「中華文明基體論」（由文明基因組成的共同體）在起作用，這些基因包括但不限於：融合能力超強的華夏民族，最能體現民族性而四千年不變的語言和文字，大一統的國家觀，治國的民本主義，科舉制，協商政治，社會生活的家庭倫理本位和郡縣制下的皇權不下縣的社會自治。正是這些文明基因，才使得中華民族雖然幾度衰敗而最終能夠屹立不倒並再度復興。

那麼，唐代為中華文明貢獻了什麼呢？我們一般都說漢承秦制、清承明制，其實還應該加上「唐承隋制」，因為隋唐的最大貢獻之一就是夯實了大一統傳統。秦漢的遺產是統一，但隨之而來的便是三百多年的分裂歷史，這個時間長度幾乎趕上統一的漢代。也就是說，大一統的中國在漢代之後並不是必然的，很可能變成今天的歐洲那般國家林立，但是隋唐夯實了大一統。隋唐之後，又經歷了只有五十年左右的五代十國的割據局面，很快便是宋朝的一統，之後的一千年便基本上沒有了四分五裂的中國史——直到民國北洋政府時期。唐朝不僅夯實了大一統，也將科舉制發揚光大。這些都是可以說得上來的「硬貢獻」，而看不見的「軟貢獻」就是「貞觀之治」文化遺產，這份遺產不但是今天治國理政的重要參考資源，更是宗教式歷史中不可或缺的一部分。

唐代之後，中國的政治中心就由西部移至東部，而這個大轉移既是自然演化而來的，也是非預期的。西元七五五年的「安史之亂」是唐朝由盛及衰的轉折點，地方力量開始坐大，頗有點兒今人所說的「事實性聯邦主義」的味道。在這種局面下，唐朝的集權制式的財稅體制也發生了改變，導致收不上稅，而這一結果則促使地方商業中心的興起——遠離長安的開封（汴京）就是由此而來，後來成為趙匡胤首先得到的京畿之地。宋朝開封的人口已經多達百萬，真是匪夷所思，集市發達，商業繁榮，文化昌盛，鄉規民約讓百姓安居樂業，難怪日本人說宋朝已經是一個現代化的社會了。談及此，不得不感慨歷史中更多的非預期性事件。試想，如果隋煬帝早年不在江南生活而看不到江南魚米之鄉的富足，會有大運河嗎？如果不是隋煬帝在江南看到那麼多富有才華的讀書人閒散民間，會有科舉制嗎？這些改寫中國命運的大手筆，或者說建制的產生，竟然那麼偶然，那麼富有個人色彩。

當然，代表「政治正確性」的歷代史官不會這樣書寫歷史，我們的歷史觀深受史官敘事的影響，而史官的敘事必然是具有高度選擇性的。這樣，在「唐書」（《舊唐書》、《新唐書》）那裡，曾為建立唐朝做出卓越功績的徐世勣，因晚年支持武則天當皇后就屬大逆不道了，因為在儒家「夫為妻綱」的世界裡，武則天本身就是異數。但是，如果沒有了武則天，唐史不是缺少了許多色彩？何況武則天治下的唐代並不像傳統史書論述的那樣不堪。這是從「回到歷史」的角度看待武則天和徐世勣。而如果以今天的「政治正確」的標準評價武則天，比如以女權主義的標準，武則天與慈禧太后都是重要人物，需要重新認識。這不是笑談。曾經，美國的傑克遜總統為推廣白人民主化立下了汗馬功勞，因此在美國有「傑克遜式民主」即大眾民主之稱，但因其對印第安人搞今天意義上的「種族清洗」，他的圖像被從二十美元鈔票上拿下。歷史可真是一部「觀念的矛盾體」，因此評價歷史人物需要超越「二十四史」。

是為序。

二〇一六年四月三十日

前言

時間的力量

我曾在北京郊區的潭柘寺看到這樣一個場景：千年古樹前面排起了頂禮膜拜的長隊，其中有白髮蒼蒼的老人對著古樹閉目祈福，神情專注，良久方罷。我被這個場景深深震撼。

那只不過是一棵樹木而已，為什麼能夠激發人們最為深沉的敬畏之心？又是什麼力量賦予了這棵樹木超越自身的精神特性？顯然，古樹粗壯的樹幹、茂密的枝葉只是從審美的角度增添了情趣，並不能自在自為地產生精神的飛躍。我思來想去不得其解，後來突然意識到，或許正是這棵古樹裡面凝聚的時間，才讓人們感受到一種更高的價值和存在。

人們在這棵樹下冥想、祈禱或禮拜，寄託的對象並不是這些有形且繁茂的枝葉，而是這棵古樹歷經滄海桑田而積累下來的時間，是它經歷的無數個夕陽西下、清風朗月和人事輪迴。這棵古樹，不過是變動不居的時間所代表的一個具象符號，而人們向古樹祈禱，實際上是在向時間表達敬畏。

一個人、一棵古樹，這樣一個意象再恰當不過地揭示出人類精神的祕密：時間擁有一種更為本質的力量，而人類在內心深處對這種力量存有敬畏。而環顧世界，再沒有哪個民族比中國人對時間和歷史更加敏感、更為重視的了。中國是世界上唯一一個未曾斷代、在幾千年裡保持了連續性的文明體系，而且中國古人注重書寫歷史、延續歷史。黑格爾也承認，「歷史必須從中國帝國說起，因為根據史書的記載，中國實在是最古老的國家」，「中國『歷史作家』的層出不窮、連續不斷，實在是任何民族所比不上的」。中國人生活在歷史之中，精英階層也以青史留名作為人生的最高追求，歷史所代表的時間之軸是中國人的精神寄託。

直到今天，年輕人仍然能夠從司馬遷的《史記》中獲得啟迪，從李白、杜甫的詩歌中尋找美感。正如杜維明所言，傳統思想將永遠存在於中國的歷史長河中。正因此，時間的延續、歷史的視角是思考中國的基座。美國漢學家孔飛力早就認識到，中國的現代化只能基於中國自己的條件，而不是其他國家的經驗。因此，與走向未來一樣重要的是回歸傳統。

而回歸傳統，首先應該理性地認識歷史和傳統。米蘭·昆德拉在《生命中不能承受之輕》裡面說過這樣一句話：「橘黃色的落日餘暉下，一切都被蒙上一種懷舊的色彩，哪怕是斷頭台。」這句充滿了詩情畫意的話，其實飽含著深刻的方法論智慧。就像落日的餘暉一樣，時間的累積本身就會因為厚重而產生一種溫情，而這種溫情有時候會讓人不自覺地忽視歷史錦袍上的蝨子，只是關注錦袍自身的美好。或者說，越是古老的事物，越是能夠勾起人們內心的美好想像，而這有可能導致人們不假思索地將傳統浪漫化或者完美化。歷史之中，既有豐富的智慧，也有深刻的教訓。

因此，回歸傳統的前提是客觀地、理性地認識傳統，而在傳統之中孕育未來，既包含對傳統的自然延伸，也包括從傳統中得到的反思和教訓。本書中選取的十四個唐朝人物（人物群體），其中很多人是時代思想的精華，是傳統文化裡面王侯將相、才子佳人的理想代表，也有一些人窮凶極惡，書寫他們故事的著作不勝枚舉，道盡了他們人生的各個層面。但本書只是採擷他們人生中最閃光的一個點或者窮極一生的困惑，並以此觀察他們的思考與掙扎，最後對中國的傳統政治文化進行理性的反思，形成一幅揭示中國政治傳統的認知圖景。

中國政治傳統中最具有本體意義的問題或許是：偉大且美好的文明，為何難以走出治亂興替的自我循環？就像唐朝命運所展示的一樣，唐朝曾經創造出當時世界上最輝煌的文明，最後仍然陷入了自我瓦解，而它之後的歷朝歷代仍在延續著「自我重建、自我毀滅」的劇情。歷史不僅僅是忠實的記錄者，更像是一個鐵面無私的審判者。歷史從不糊塗，也不會打盹小憩。古代的那些帝王將相稍有懈怠，它都會了然於心，並啟動治亂興替的機制，創造新一輪的改朝換代。歷史不糊塗，任何人都別想蒙混過關。

本書不是一部學術著作，因此不追求宏大而嚴密的邏輯體系，它只是想通過一個個人物的掙扎或困惑，去觸及一些值得思考的問題。或許本書的結論並不能得到所有人的贊同，甚至還會遭到尖銳的批評。但是結論並不重要，重要的是它給大家提出的問題，以及這些問題所展現出的歷史景深和某些字句給人帶來的靈光一閃的啟示。淺閱讀能從本書中體會治理藝術、處世之道與命運無常；深閱讀能從中領悟政治與人性中的深層奧祕，而文字本身還能給人帶來一種穿越歷史的美好體驗。看見什麼或許言人人殊，但觀察的視角卻應該盡量多元化，這本書就力圖展示出不一樣的視角。

波赫士曾引用這樣一句話：「太陽底下無新鮮事，對新事物的認識無非是一種回憶。」其實，無所謂過去、現在與未來，因為現在就包含著過去，也預示著未來。因此，歷史不是關於過去，而是關於現在和未來。或許，這本書呈現的十四個唐朝人物（人物群體）的命運軌跡，能夠讓人們透過時間去凝視永恆之物，既在歷史之中，又在歷史延伸的未來之中。

第一章

李密
「預言自我實現」的魔咒

李密的一生就像流星劃過夜空，驟然照亮了無邊的黑暗，但正當這些許光亮給人帶來希望時，卻在頃刻間歸於沉寂。在隋末唐初起義的諸侯中，李密首倡大義、引領風氣。然而，李密似乎也只是歷史的報幕員，就像陳勝、吳廣只是為劉邦、項羽鳴鑼開道一樣，為後來者搭建起「逐鹿中原」的舞台。

在「諸神之戰」的黃昏，李密曾被寄予撥亂反正的厚望，他征服的領地曾東至大海，南至江淮，在諸侯中獨占鰲頭；而從「吾任天下之智力以道御之，無所不可」的角度，他的麾下更是濟濟多士、群英薈萃，例如秦叔寶、單雄信、程咬金、王伯當、徐世勣等人都是勇冠三軍、天下馳名的英雄好漢，尤其從秦叔寶、程咬金、徐世勣後來輔佐李世民蕩平天下的事蹟就足以說明李密麾下人才之盛。但是，占據地利人和的李密，為何不能完成削平群雄、定於一尊的事業？

老子把「不敢為天下先」當作「三寶」之一，李密的失敗似乎應驗了這條權謀學的經典語錄。然而，如果仔細審視李密旋起旋滅的曲折人生，他的成功、得意、失敗，又遠非權謀或厚黑所能解釋。當他振臂一呼、天下響應之時，他所利用的政治資源來自中國古代政治的一個隱祕傳統，即上至天子、下迄庶民都深信不疑的「圖讖」之學；當他損兵折將、進退失據之際，促使他投靠李唐並因此墜入失敗深淵的原因，則揭示出中國古代政治的一個心照不宣卻從未捅破的祕密，即君臣之間並非如同股肱手足，而是往往處於利益的對立面。用現代的話說，員工與老闆的利益並不一致。

「預言能夠自我實現」。童謠或圖讖所蘊含的神奇力量，其根源都在這句話之中。李密本是名門之後，曾祖父是北周的太師——魏國公李弼，父親是隋朝的上柱國——蒲山郡公李寬。家庭出身高貴並不是李密籠絡人心的最大優勢。在群雄間能夠一呼百應的根本原因則是李密故意將自己解釋為「應在圖讖」的真龍天子。隋朝末年，天下群盜蜂起，江山風雨飄搖，而在易代之際，人們總是相信圖讖能夠揭示出未來的重大變革。在當時，幾乎所有的圖讖都說，李氏將取代楊氏坐擁天下。李密正是在這一點大做文章，在思想輿論上爭取人心，讓人們相信他就是圖讖所預言的救世主。預言的魔力，把李密送上了人生的巔峰。

然而，虛無縹緲的圖讖之學，畢竟敵不過堅硬的權力法則。在被王世充逼退洛陽之後，李密跌入了人生的低谷，但他並未輸得血本無歸。部將徐世勣仍然統領著黎陽，王伯當還占據著河陽，即便是兵敗之後，他還有兩萬多人的散兵游勇。人生足可以東山再起、捲土重來，不至於一戰成擒。就在這時，李密遇到了中國歷史上很多英雄人物都曾面臨的問題：他作為「主公」想要捲土重來，而部屬卻想投靠李唐。利益訴求的對立，在這時以命懸一線的方式呈現出來。

然而，李密在應該堅強的時候軟弱了，在應該決斷的時候猶豫了，以至於他最終被部屬的私利捆綁，走上了投靠李唐的不歸路。李密或許會死不瞑目：為什麼投降不符合他的利益，卻符合部屬的或者說「官僚集團」的利益？

初次革命的失敗

許多叱吒風雲的人物都有一個不同凡響的少年時期，李密也在少年時就初露崢嶸、與眾不同。由於蒙承祖蔭，李密被選拔到皇宮裡面做侍衛，年紀輕輕就混到了皇帝身邊，前途可謂一片光明。但隋煬帝楊廣只見了他一次，私下就對宇文述說：「個小兒視瞻異常，勿令宿衛！」楊廣初睹其面便產生了某種不祥之兆，這個細節更像日後李密舉兵反隋的隱喻。

宇文述只好煞費苦心地對李密說了一番勸退的客氣話。換作別人，或許會為失去工作而哭哭啼啼，但李密卻表現得識度不凡，「大喜，因謝病，專以讀書為事」。

因此才有了「牛角掛書」的千古佳話。有一次，李密騎著一頭黃牛，將《漢書》一帙掛於牛角上，一手捉牛靷子，一手翻書閱讀。茫茫天地間，一個少年不為路邊的櫻紅柳綠所擾，亦不為踢踢踏踏的牛蹄聲所動，悠然自得地沉浸於閱讀的精神世界裡，這幅畫面對讀書人具有不可思議的吸引力和感染力。被打動的人中間就包括在路上偶遇李密的隋朝尚書令楊素。於是楊素按轡追上李密，好奇地問道：「何處書生，耽學若此？」李密自然認識名重天下的楊素，於是下牛再拜，自言姓名，楊素與語大悅，愈益奇之。弔詭的是，李密讀的恰是《項羽傳》，這似乎也暗示著他會像項羽一樣驟起驟落。

楊素是歷事兩朝的勳臣宿將，不僅戰功卓著，而且是經營政治的高手，當時在位的皇帝楊廣，就是在他的力挺和密謀下，挫敗原來的太子楊勇而登上皇位。通過扶持器重自己的皇帝，來保證自己的權勢能夠代際傳承，楊素對子女的安排真可謂「父母之愛子，則為之計深遠」。楊素看重李密，一方面說明李密確實是人中龍鳳，另一方面也有楊素自己的私心作祟，那就是為子孫後代籠絡李密。楊素對兒子楊玄感等人說：「吾觀李密識度，汝等不及。」於是，楊玄感傾心結納，與李密情好日篤。

按照楊素的設計，楊玄感繼承父爵，而李密正可作為楊玄感的幕後智囊，以此確保楊家富貴長久。然而，事情的發展卻完全與期望背道而馳，楊素已經位極人臣，他兒子楊玄感站在這樣的起點，如果還想有什麼人生抱負的話，再往上走就只能當皇帝了。而楊玄感恰恰就有此狼子野心，他的志向不是守住父業，而是在此基礎上奪取皇位、竊取天下。楊玄感與李密，兩位職業革命家就這樣走在了一起。從此，天下再無寧日。

西元六一三年，也就是大業九年，隋煬帝第二次東征高麗，楊玄感受命「於黎陽監運」。當此之時，天下騷動，按捺不住的楊玄感終於決定起兵，並立刻派人把李密接了過來。李密為楊玄感獻出了三條計策，上策是直接占領薊縣，截斷隋煬帝的退路，使隋煬帝進無所攻、退無所守；中策是西入長安，占據隋煬帝的巢穴，以此號令天下；下策是攻打洛陽，「頓堅城之下，勝負殊未可知」。這三條計策，既展現出掌控全局的戰略能力，也表現出不擇手段的心狠手辣，尤其是心狠手辣這一點，既成就了李密的輝煌，也將摧毀所有的繁花。沒想到，楊玄感對前兩條計策嗤之以鼻，說：「公之下計，乃上策也。」但一切正如李密所料，洛陽鏖戰，進有堅城阻隔，退有官軍夾擊，楊玄感旋即以失敗而告終。革命失敗，元惡既誅，協從被罪，李密難以獨善其身，也被官軍抓捕了。

但職業革命家向來都有金蟬脫殼的辦法，他用金子賄賂執行任務的官差，因此成功出逃。跨出這一步，就意味著他與朝廷徹底一刀兩斷，從廟堂之高走向江湖之遠，走向廣闊的天地、蒼茫的雲野和陌生的人群。革命進入低潮，革命家的人生也陷入低谷。李密開始進入漫無目的的流亡歲月，他先是投靠平原的黑社會，在遇冷後又前往淮陽，隱姓埋名、聚徒教授。而在這段鬱鬱不得志的時間裡，李密常常詩書遣懷：「樊噲市井徒，蕭何刀筆吏。一朝時運會，千古傳名諡。寄言世上雄，虛生真可愧。」時來運轉之際，市井徒、刀筆吏、屠狗輩都能千古留名，何況於我？李密滿身都在蓄積能量，就像千年火山在伺機噴發。

很快，機會就會來敲門了。翟讓、王伯當、徐世勣、秦叔寶、程咬金等綠林好漢正嘯聚山林，這群烏合之眾，缺少一位能將眾人力量組織起來的領袖，一種將黑幫團夥轉變為軍事集團的革命理論，更需要一張能激發信念、為所有人指明奮鬥方向的未來藍圖。這一切，似乎都等待著李密的粉墨登場，等待著李密畫龍點睛的關鍵一筆。

從隱姓埋名到峰迴路轉

烏合之眾與政治集團的區別就在於，前者只是亡命之徒的鬆散結合，沒有明確的政治目標，也缺少嚴密的組織體系；而後者不僅具有鮮明的政治藍圖和奮鬥目標，而且有制度化的組織架構和決策體系。儘管如此，二者卻完全可以表現為相同的「肉身」。同樣是嘯聚山林的綠林好漢，翟讓為首，就是烏合之眾；李密為首，則為政治集團。

這就像馬克斯・韋伯筆下的「超凡魅力型領袖」，李密恰好扮演了這樣一個角色。一個政治領袖最需要具備的素質是什麼？對這個問題的回答或許言人人殊、莫衷一是，但是有一點共識，那就是政治領袖應該描繪未來藍圖，並將這種藍圖灌輸給普通人，成為其理想信念，使他們自覺為之不懈奮鬥。而李密恰恰就是規畫未來藍圖的高手，他既有預言家的高瞻遠矚，也有演講家的煽動能力，不僅善於用美好的藍圖打動人心，而且能以激情洋溢的話語取信於人。

顯然，翟讓等人嘯聚山林，可以說是有了一個政治集團應有的「肉身」，但是他們只知道打家劫舍、鋤強扶弱，並沒有遠大的目標，因此，也可以說是沒有靈魂、沒有方向；而李密雖然獨自一人，但是腦袋裡面卻裝著縱橫四海、經略天下的理論和藍圖，他只是缺少一個實現戰略構想的現實載體。可以說，翟讓等綠林好漢需要一個戰略藍圖，而李密則需要一支現成的軍隊，如果雙方真能完成「肉身」與「靈魂」的結合，那豈不是要搖身一變成為極具實力的政治集團？而事情的發展，正朝著這個方向不斷靠近。

李密在淮陽又遭到舉報，於是再次逃到東郡，聽說當地的賊帥翟讓「聚黨萬餘人」，於是前往投靠。翟讓這邊有人知道李密是楊玄感的亡將，於是勸翟讓祕密將其殺害，翟讓遂將李密囚禁起來。然而，最冰冷的絕望，往往能激發最熱烈的激情，李密在臨近鬼門關時，將其煽動能力發揮到極致，他通過賊將王伯當向翟讓獻計：

「當今主昏於上，人怨於下，銳兵盡於遼東，和親絕於突厥，方乃巡遊揚、越，委棄京都，此亦劉、項奮起之會。」意思是說，現在皇帝昏庸、民怨沸騰，從外部形勢看，東征高麗拖垮了精銳部隊，也斷絕了與突厥的和親，隋朝已經陷入孤立無援的境地；從內部形勢看，隋煬帝竟在這時巡遊揚州，這正是起義的好機會！於是，一幅逐鹿中原的藍圖就印在翟讓心中，讓這個只知打家劫舍的莽漢怦然心動。接下來，李密順水推舟說道：「以足下之雄才大略，士馬精勇，席捲二京，誅滅暴虐，則隋氏之不足亡也。」這是以「席捲二京」的未來預期來引誘翟讓心中躁動的野心與渴望。果然，一言之下，翟讓不僅不再把李密當作朝廷的通緝罪犯看待，而且「深加敬慕，遽釋之」。

接下來，李密就開始用系統的革命理論和戰略部署來改造這群烏合之眾。他深知現在聚眾為盜、自給自足固然沒有問題，但如果想要成大事、謀大業，就必須要獲得自己的土地、財政與源源不斷的人才。於是，李密為翟讓規畫出第一步戰略部署：「未若直取滎陽，休兵館穀，待士勇馬肥，然後與人爭利。」也就是說先占據滎陽，獲得一個革命根據地，然後再深根固本、以圖天下。有目標、有藍圖、有部署，起於草莽之間的翟讓等人哪裡想過在打家劫舍之外，還有這麼宏偉壯麗的事業；在落草為寇之外，還有躋身王侯將相的美好未來？

而李密不是一個紙上談兵的書生，他在規畫藍圖之後，更能親自領軍上陣殺敵，將藍圖變為現實。滎陽通守張須陀驍勇善戰，曾經大敗翟讓，這讓翟讓一直心有餘悸。於是，攻打滎陽時，聽說張須陀率兵來戰，翟讓竟「大懼，將遠避之」。李密這時便向這些綠林好漢展示出智慧謀略比單純的暴力更能克敵制勝。他對翟讓說：「須陀勇而無謀，兵又驟勝，既驕且狠，可一戰而擒之。」於是自己分兵設伏於樹林間，讓翟讓假裝戰敗撤退，等張須陀趁勢追來，李密則繞到敵軍身後，翟讓亦當其前，前後夾擊，「大破之，遂斬須陀於陣」。奪取滎陽，既證明了李密戰略部署的正確性，也向眾人展示了其有勇有謀的人格魅力。而李密「躬服儉素，所得金寶皆頒賜麾下」，大得人心，這些都為李密取代翟讓埋下伏筆。

在攻下滎陽之後，李密又開始規畫遠景目標，他繼續對翟讓說：「今東都士庶，中外離心，留守諸官，政令不一。明公親率大眾，直掩興洛倉，發粟以賑窮乏，遠近孰不歸附？百萬之眾，一朝可集，先發制人，此機不可失也！」換言之，這次的戰略目標是：攻打洛陽、直接去襲擊興洛倉，徹底擺脫江湖草寇的身分，並開倉發粟、賑濟貧弱，以吸收有生力量、壯大軍隊。更為重要的是，一旦打下興洛倉，直逼朝廷的東都洛陽，就像一把尖刀直插朝廷的心臟，也就直接走上了與朝廷對抗的擂台，從此就要真正開始逐鹿中原的事業。至此，翟讓不僅完全被說服了，而且也認識到一旦走上逐鹿中原的道路，自己便沒有能力擔任領袖職務，連說：「僕起隴畝之間，望不至此。必如所圖，請君先發，僕領諸軍，便為後殿。得倉之日，當別議之。」所謂「得倉之日，當別議之」，實際上是在含蓄表明，一朝攻下興洛倉，便以主公之位相讓。

果然，破倉之日，翟讓即率領眾人推李密為主，號為魏公。李密剛獲得一塊可進可退的根據地，就立即命人寫下討伐隋朝的戰鬥檄文，盡數隋室之罪，這實際上是為自己造反製造正當理由。「未有暴虐臨人，克終天位者也」，而自己則是要結束隋朝暴虐統治的救世主。李密終於走出人生的低谷，展開排雲而上的翅膀，開始了一飛沖天的奮鬥。

可以說，正是李密的鼓動，為這群烏合之眾指明了奮鬥方向，使之正式成為逐鹿中原的政治集團。李密一介書生，卻掌握了「思想」這個最鋒利的武器，能夠在無形之間斬斷所有刀槍劍戟，為這支隊伍賦予了嶄新的「靈魂」，讓這群綠林好漢如鳳凰涅槃般獲得重生。

而在這個過程中，李密不僅使用了理性的力量，還發揮了有勇有謀的人格魅力。

用「預言自我實現」籠絡人心

李密懂得應該積極開展「政治行銷」，揭開中國古代政治最為隱祕的傳統，並從中獲得超乎尋常的力量，為自己在諸侯之間贏得了無人企及的威望。

李密這次使用的武器，就是預言的力量，也就是啟動「預言自我實現」的功能，為自己問鼎中原製造神祕的信念，以此取信天下、籠絡人心。「預言」在中國古代政治有兩種最常見的表現形式，一種是童謠，另一種是圖讖。在治亂交替的中國歷史中，一旦天下大亂，往往就會出現包含預言未來的童謠或者圖讖，而它們具有宗教先知般的巨大魔力。

圖讖是把預言與巫術結合起來，讓人們相信某種政治預言並自覺為之奮鬥。說白了，圖讖是一種融合了超自然力量的預期管理。這就像股票的漲跌仰賴於預期一樣，當所有人都相信一支股票會漲價，即便它事實上不會漲，人們的預期也會促使需求增加、股票漲價。這正是「預言自我實現」的奧祕，而中國古人很早就開始將之運用於政治生活中。陳勝、吳廣起義，把「大楚興，陳勝王」的字條放在魚腹中，讓士兵覺得這是天意；曹丕代漢自立，就在「代漢者，當塗高也」的圖讖上大做文章，宣揚「當塗高」即是「魏闕」。

在隋末唐初的亂世歲月中，童謠與圖讖同樣應運而生，而且都神祕地指向「李氏將興」的目標。當時，天下流傳「李氏當為天子」的圖讖，加上隋煬帝本來對門族強盛的郕公李渾心存嫉妒，於是找理由殺了李渾宗族三十二人。楊廣對李姓大臣大開殺戒，不僅促使後來成為唐高祖的李淵最終起兵造反，而且更重要的是，讓「李氏當為天子」的預言更加具有可信度。道理很簡單，如果「李氏當為天子」的預言是假的，皇帝為什麼如此重視？皇帝為此大動干戈，本身就說明這一預言具有極高的可信度。而李密的聰明之處在於，他把自己對應為圖讖裡面所說的那個「李氏」，而且方此兵荒馬亂之際，他是地盤最大、兵力最強的諸侯，這更加堅定了他就是「應在圖讖」的真龍天子。

與此同時，童謠也開始爆發相應的力量。當時有個叫李玄英的人從東都洛陽逃來，經歷諸賊，求訪李密，並說：「斯人當代隋家。」別人問為什麼，李玄英開始「道破天機」：最近民間有一首叫作〈桃李章〉的童謠，「桃李子，皇后繞揚州，宛轉花園裡。勿浪語，誰道許！」這看上去像是前言不搭後語的天書，解讀之後則暗藏玄機：「桃李子」，說的是逃亡的李氏之子；「皇與后」，都是皇帝的稱呼，意指隋煬帝；「宛轉花園裡」，是說隋煬帝巡遊揚州；「勿浪語，誰道許」，是說那個真命天子的名字是「密」！到這裡，一幅清晰的政治預言圖景呈現出來：隋煬帝將死於揚州，李密取而代之。李密能夠將他的政治構想灌輸給那些綠林好漢，一個重要的媒介就是童謠與圖讖的魅力。在聽說這個「楊氏將滅，李氏將興」的預言後，群盜皆以為然，「由是漸敬密」，李密的思想由此而進入人心。

李密不僅善於運用正面的預言來經營自己的形象，也善於用負面的預言來詆毀對手。他在討伐隋朝的檄文中，就將中國古代的圖讖、星象等超自然學問發揮到極致。在數落隋煬帝的十項罪名之後，李密接著指出：「故讖籙云：『隋氏三十六年而滅。』此則厭德之象已彰，代終之兆先見。」意思是說，隋朝暴虐，不僅引起人怒，更招致天怨，圖讖裡面早就說隋朝只有三十六年運數，而且「厭德之象已彰」，李密接著舉出最近出現的異常天文地理現象，例如「歲星入井」、「正陽日蝕」、「川竭山崩」，說白了都是預示著隋朝將要「宗廟為墟」的怪象。借助天人感應的神祕信念，李密不斷論證隋朝將亡，而自己將取而代之，以此不斷製造輿論、爭取人心。

總之，那些對李密有利的圖讖與童謠，若放在現代，可能被視為是一番鬼話，但在當時卻抓住了人們認知系統的盲點。其實，任何邏輯建構、話語體系都無所謂正確或荒謬，關鍵是要有人相信。信則有，不信則無。李密可以說是深諳此道，通過詭祕莫測的圖讖、童謠和天人感應學說，不僅贏得了一支驍勇善戰的軍隊，而且贏得了天下威望。

一次失敗而墜入懸崖

雄兵甲於諸侯，威望著於天下。李密的人生似乎樹立起一架拔地而起的天梯，只需要拾級而上，就可以實現「併海內，兼諸侯」的千秋功業。然而，「福兮禍之所伏，禍兮福之所倚」，在表面的繁華之下，問題的毒瘤正在悄然萌芽。

首先，堡壘都是從內部攻破的。翟讓主動讓賢之後，李密與翟讓的關係就比較敏感了。對李密而言，翟讓雖有禪讓之德，但正因此，也是他穩固權力的最大隱患，尤其是隨著李密的事業越做越大，利益的蛋糕也越來越大，更讓二人的關係處於微妙的緊張狀態。翟讓的哥哥完全不懂這中間的道理，竟對翟讓說：「天子止可自作，安得與人！」這話傳到李密那裡，無論翟讓本人是否有意奪回權力，懂得零和遊戲規則的李密定會先下手為強。於是，李密擺下鴻門宴，殺死了翟讓，還把翟讓的部將徐世勣給砍傷了。注意這個細節，它將會在關鍵時刻決定李密的命運。

翟讓一死，李密看似穩固了地位，但實際上得不償失。其一，手刃恩人，留下了抹不去的道德汙點；其二，翟讓的老部下即便不會反抗，也會在心裡留下疤痕，播下猜忌的種子。李密以一個外來人的身分突然成為整個集團的領袖，憑藉的是他胸中的戰略藍圖以及圖讖賦予的神祕光環，而他與各位部將的關係卻不會因此而立刻穩固，需要假以時日慢慢鞏固。李密還沒有坐穩位置，就殺害了對自己有禪讓之恩的翟讓，也必然會讓將士寒心。從此，這支令行禁止的軍隊就因為舊主翟讓之死而出現了深深的裂痕，這為後來關鍵時刻時李密眾叛親離做足了前戲。

而這時，天下擾攘，群雄逐鹿，李密與王世充鏖戰洛陽，互有勝負。李淵與李世民起兵於晉陽，正要驅兵入關，占長安以號令天下。在此形勢下，李密犯了一個致命的戰略錯誤。他的謀士柴孝和勸諫說，現在不應該鏖戰洛陽，而應該「親簡精銳，西襲長安」。歷史何其相似！這曾經是李密向楊玄感獻出的計策，這時又有人對李密獻出同樣的計策，而且楊玄感不聽從李密的勸諫，與此時李密不聽柴孝和的勸諫，也如出一轍。李密勸諫別人的事，自己卻做不到，正所謂「旁觀者清，當局者迷」，誠不我欺！

而老謀深算的李淵恰好看到了這一點，為了讓李密與王世充繼續交戰，而給自己攻破長安留下空間，他給李密寫了一封卑躬屈膝的信：「天生蒸民，必有司牧，當今為牧，非子而誰？老夫年餘知命，願不及此，欣戴大弟，攀鱗附翼。惟冀早應圖籙，以寧兆庶。宗盟之長，屬籍見容；復封於唐，斯榮足矣！」意思是說，現在天下大亂，而能蕩平天下的，非李密而誰？李淵也懂得利用「圖讖」的預言來抬高李密，勸李密「惟冀早應圖籙，以寧兆庶」，而自己則「年餘知命，願不及此」，這是在有意自我貶抑。顯然，李淵在表面的卑微恭順之下，真實目的就是要捧得李密得意忘形，從而忽略自己這個潛在敵人。李淵的目的達到了，李密不僅把信公之於眾，而且洋洋得意地宣稱：「唐公見推，天下不足定也！」他哪裡知道，「鷙鳥之擊也，必匿其形」，李淵就是要穩住他，使之繼續對抗王世充，為自己占領長安爭取時間。

李密缺少李淵的能屈能伸與忍辱負重，卻比李淵更加愛慕虛榮，心狠手辣，而老謀深算卻不足。他具有卓爾不凡的煽動能力，卻缺少在紛繁複雜的局勢中條分縷析的能力，常能以理動人、以情感人，卻難切近事機、隨機應變。前者讓他能夠在政治宣傳中籠絡人心，後者則讓他在具體實踐中走向失敗。

不久後，李淵果然從太原一路向西攻下長安，占據了正統的地位，而李密則在與王世充的鏖戰中失利，與部下棄甲曳兵、落荒而逃。失落、沮喪、氣餒等負面情緒籠罩著整支軍隊。雖然是一次慘敗，但是李密當時的地盤足夠廣大，還不至於山窮水盡，完全有資本東山再起。當時，徐世勣統領黎陽，兵多糧廣；王伯當占據河陽，地狹勢蹙。李密如果前往黎陽，或許歷史就會改寫，但是他因殺翟讓時傷害過徐世勣而耿耿於懷，關鍵時刻又沒有「相逢一笑泯恩仇」的胸懷。而逃往河陽的結果，則是帶上王伯當一起亡命天涯。未來何去何從？是繼續舉旗爭霸，還是投降他人？李密遇到了歷史上不少英雄人物都曾面臨的抉擇。

李密「欲南阻河，北守太行，東連黎陽，以圖進取」，也就是他想繼續舉旗爭霸，但是部屬都說，現在眾心危懼，人情不願，肯定難以成功。潛台詞是，咱們還是找個人降了得了！接著就有人出主意說您與唐公李淵同姓，雖然沒有一起舉兵，但是鏖戰東都，使唐公不戰而據京師，您也是大功一件。潛台詞是，降了唐公李淵是個不錯的選擇。

古人云：「成大事者，不謀於眾。」李密的性格弱點這時暴露無遺，他沒有信大義於天下的胸襟，猜忌徐世勣從而斷了後路，也缺少統合眾人意志的決斷力，曲意逢迎部屬進而毀了前路。投降李唐的結果是部屬官復原職，而李密身首異處。

部分利益綁架整體利益的深思

聽聞李密這個潛在勁敵前來投靠，李淵當然喜形於色，特地遣使迎勞，相望於道，李密也望之大喜，滿心期盼「豈不以一台司見處乎？」然而，李密自廢武功，束身就擒，當所有功業都已是明日黃花，他憑什麼來換取禮遇？

投降沒多久，李密就感到命運對自己的無情嘲弄。一方面，在李唐「禮數益薄，執政者又來求賄」，讓他心鬱鬱、意怏怏；另一方面，戰敗的部將並不歸附王世充，他如果當初不投降李唐，足可與李淵、王世充、竇建德等諸侯鼎足而立、以爭天下，如今卻寄人籬下，這讓他扼腕嘆息、追悔莫及。在痛苦的折磨下，他決定謀求出關，招攬舊部，捲土重來。於是，他向李淵彙報，願前往山東說服舊部歸順，實際上是想金蟬脫殼。李淵一開始被表面的利益迷惑，竟答應了他的請求，後來大臣勸諫不能放虎歸山，李淵才恍然大悟，立即追召回京，而李密這時正急速亡命，只好公開叛變。然而，天地之大，李密竟無處可逃。

李密英雄一世，最終慘死在一個叫作桃林的小縣城，悄無聲息地像塵埃一樣從歷史的縫隙中落下。他本該在歷史長河中投下巨石、掀起巨浪，最後卻淹沒在歷史的浪花之中，只留下波瀾不驚的水面。

當代金融大鱷索羅斯曾說，參與者的看法影響事件的發展。因為現實選擇是「未來投到當下的影子」，可見預期對人的行為的重要影響。李密的失敗，證明了那些童謠或圖讖的虛幻，也說明預言並不總是能夠自我實現。王夫之在評價童謠的預言功能時，這樣表達質疑：「豈果禍福之機，鬼神早洩其祕於童稚之口哉？」確實，童謠的產生並不是因為鬼神，而是來自於人的創造。馬克思說，不是宗教創造了人，而是人創造了宗教。其實並不存在所謂超自然的預言能力，政治精英不過是利用巫術傳統影響輿論、爭奪人心。

當年北周與北齊兩雄爭霸，北周有韋孝寬，善用間諜；北齊有斛律光，善於用兵。斛律光不僅兵權在握，而且是北齊後主高緯的老岳父，權勢熏天。韋孝寬抓住機會，製造童謠云：「百升飛上天，明月照長安」、「高山不推自崩，槲木不扶自舉」，以此「預言」高氏將崩、斛律將興，結果北齊皇帝高緯對「童謠」深信不疑，果然處死了大將斛律光，為北齊覆滅埋下了伏筆。高緯哪裡知道「童謠」並不是得之於天，而恰恰來自競爭對手的編造。

這說明，童謠或圖讖所產生的預言會影響人們的預期。但有時候預言與謠言僅有一步之遙，如果把謠言當作預言，則會在扭曲的預期中將現實推入萬丈深淵。因此，可以利用預言管理預期、爭取人心，但無法將成功完全寄託於預言的「自我實現」。羅素在《權力論》中說：「輿論是萬能的，其他一切權力形態皆導源於輿論。」但他也承認這需要一個「交互的過程」，或者說，在「預言」與「自我實現」之間，還需要跨越重重現實阻隔，而李密就在部屬的私利面前折戟沉沙，遭遇了失敗的滑鐵盧。

李密熟讀史書，難道沒有讀過魯肅勸孫權抗曹的章節？曹操八十萬大軍壓境，是戰是降，在孫權的江東集團引發了激烈爭論。孫權面臨的問題與李密此時的處境可謂如出一轍。

魯肅在關鍵時刻說出的一段話，雖是異時異地，卻充滿對官僚政治的深邃洞察，足以彪炳古今。魯肅對孫權說，江東誰都可以迎曹，唯將軍不可迎曹！為什麼？因為官僚迎曹，無非是換個主子打工，猶不失「乘犢車、從吏卒、交遊士林」，而將軍迎曹，只有被軟禁甚至謀殺這兩個結果！官僚利益與整體利益的對立，在這時表現得如此赤裸裸而又血淋淋。這才有孫權「此天以卿賜我也」的感慨，才有以弱抗強、以小博大的勇氣。

可惜，李密的身邊卻沒有一個像魯肅這樣的人。同樣的道理，所有人都可以降唐，唯有李密不可，因為部屬無非易君而事，官品不丟，俸祿不減，甚至還會獲得更大的晉升空間。只有李密才代表李密集團的整體利益，這個集團的任何一個零件，都會考慮它自身的窮通榮辱，而不會把整體利益放在首位。這就像在一個企業裡面，企業家才代表企業的整體利益，承擔了全部的風險，企業倒閉了，企業家將一無所有，而領取固定工資的員工，只需要換一個地方打工。李密的困境就在於此，他失敗了，但是部屬還可以換個老闆打工。

事實上，這正是部分利益對整體利益的異化。如果說這時二者的衝突以極端方式呈現出來，那麼在制度的日常運轉中，這正是朝廷意志難以貫徹到底的根源。害怕農民起義、擔憂江山易主，這是皇帝從整體利益出發感到的壓力與責任，這種壓力也是皇帝不斷整頓吏治、懲治腐敗的根本動力。然而，這種壓力與責任在沿著等級森嚴的官僚體系向下傳遞的過程中，也必然會遭遇層層遞減的困境，因為官僚不會像皇帝那樣從大局和整體利益出發考慮問題，而只會考慮自己耳目所及的小局和部分利益。韓非子以極其強烈的對比，將君臣之間的利益衝突直白地道出：「主利在有能而任官，臣利在無能而得事；主利在有勞而爵祿，臣利在無功而富貴；主利在豪傑使能，臣利在朋黨用私。是以國地削而私家富，主上卑而大臣重。」

這與李密在危急時刻面臨的困境何其相似。一家一姓的王朝可以更替，但是無論誰執政，都需要籠絡精英治理天下，於是，官僚的利益從根本上就與皇帝的利益出現分歧。這就是為什麼，皇帝必須不斷地強調「忠君體國」的重要性，宣揚「修齊治平」的價值，為的都是從道德層面讓官僚更多地從朝廷存亡和整體利益出發來考慮問題。只可惜，皇帝與官僚「委託—代理」的鏈條越長、層級越多，道德約束作用越層層遞減，整體利益最容易在基層被部分利益異化。

李密曾借助預言的魅力散發出耀眼的光芒，卻終究屈從於堅硬的現實法則。如果他「牛角掛書」讀的不是《項羽傳》，而是《魯肅傳》，他的人生是否會改寫？

李密之後，李淵在他的兒子李世民的輔佐下，最終建立了唐朝的百年基業。而李世民繼承皇位之後，選賢任能、勵精圖治，也一度克服李密曾經面臨的難題，使得官僚集團共襄貞觀盛世。然而，李密沒有成功，所以不必考慮權力繼承的問題，而這個問題，卻會噬咬李世民的心靈。

第二章

李世民
尋找合法性的失敗

西元六四三年，李世民登基做皇帝已經十七年了。他腳下的土地，東西南北都延伸到人力所及的極限；他治下的社會，據說達到了「夜不閉戶、路不拾遺」的境界。這是貞觀之治的鼎盛時期，天下一統，四海昇平，蠻夷外服，百姓安居，而已屆不惑之年的李世民，正值政治生命成熟之時，一切都是那麼美好。

可勝敗興亡，從來只是轉瞬之間。外患既除，內憂將興。憂從何來？貞觀十七年正是盛世景象下的一個轉折點。歐陽修曾評價這位盛唐皇帝，「除隋之亂，比跡湯、武；致治之美，庶幾成、康」，他有著睥睨群雄的文治武功，但也在這一年面臨著重大考驗——選擇接班人，確保權力平穩傳遞。這曾經難倒了中國歷史上偉大的君主們，而李世民也只欠缺這最後一塊政治拼圖了。

只可惜，正是這個千古難題對他的身心造成了嚴重打擊。一場太平盛世下的宮廷風波，終於在貞觀十七年歸於平靜。帝國的權力繼承，就像疾馳而過的列車在他心頭輾過，那疼痛只有他自己懂得。太子李承乾由於謀反被廢為庶人；魏王李泰則被貶往京外；晉王李治，一個暗弱、無能、多愁善感的男人成為最後的贏家。一母所生的親兄弟，竟視彼此為仇人、如路人。

李世民的選擇出於他人所不知的隱衷，也有著難以言喻的痛苦。皇權的絕對性決定了他只能選擇一個兒子，同時必須捨棄其他兒子；也決定了諸子奪嫡是一場零和遊戲，骨肉相殘的結局不是魚死網破，就是你死我活。然而，人非草木，孰能無情？人性之光也會在某個時刻從政治鐵幕的罅隙中散發清輝，李承乾死的時候，他為之罷朝；李泰死的時候，他憂形於色。政治就是把親情埋進土裡，但還是會有疼痛的感覺，李世民千古一帝，無數的政治風波練就了他的鐵石心腸，卻仍然不免為親情留下一份柔軟。

難道權力繼承與脈脈親情真的無法統一，注定只能在劇烈衝突中撕碎皇帝的心？這涉及皇權繼承的根本問題。李世民本想通過自己的掙扎，為千秋萬代確立一個穩定的規則，能夠讓政治與親情兩全其美，讓權力繼承不再以血流成河和骨肉相殘作為代價，也讓後世帝王不再忍受他曾經的煎熬。只可惜，他征服了廣袤的土地，卻無法打敗文化的基因。

可以說，在中國古代漫長的歷史上，千古一帝李世民從哲學層面而不是技術層面觸及過這個問題。太子李承乾與魏王李泰互爭雄長，後來李承乾蓄意謀反，提前出局。按說，禮賢下士、素得人心的李泰成功奪嫡應該是順理成章的事。然而，李世民在關鍵時刻做出了一個出人意料、堪稱驚天逆轉的決定。而這背後，正隱藏著他對這一問題從哲學層面的深刻思考。

那麼，李世民的思考究竟是什麼？

太子失德

李世民的思考與掙扎，是從諸子奪嫡開始的。

在太宗諸子之中，長孫皇后的三個兒子是皇位最有實力的競爭對手。太子李承乾在李世民登基時就立為皇儲，魏王李泰禮賢下士、聲震朝野，晉王李治則比較低調，看似是最不可能被選中的人。除此之外，還有一個有力競爭者，就是才兼文武的吳王李恪，他的母親是隋煬帝之女，出身高貴，李世民又常「稱其類己」，為李恪贏得了「名望素高，甚為物情所向」的聲名。

李承乾小時候本來「性聰敏，太宗甚愛之」，《貞觀政要》曾記錄李世民善於從生活小事教育太子的溫馨故事。看到太子將要吃飯，就教育說：「凡稼穡艱難，皆出人力，不奪其時，常有此飯。」看到太子乘馬，就勸誡說：「能代人勞苦者也，以時消息，不盡其力，則可以常有馬也。」看到太子蕩舟湖上，就啟發說：「舟所以比人君，水所以比黎庶，水能載舟，亦能覆舟。爾方為人主，可不畏懼！」看到太子休息於樹下，就教導說：「此木雖曲，得繩則正，為人君雖無道，受諫則聖。」從日常生活中發掘治國智慧與政治哲理，寓大於小，春風化雨，李世民教育太子的良苦用心，可見一斑。

然而，李承乾長大之後，卻性情大變。他沉溺聲色、漫遊無度，把李世民嘔心瀝血的教導拋諸腦後，盡情與群小親狎款昵。李承乾也非常狡猾，自己縱情無度，但也懼怕其父知曉，於是索性跟李世民玩起了陽奉陰違的「兩面人」：朝堂之上，「必言忠孝之道」，退朝之後，「便與群小褻狎」。但是，天下沒有不透風的牆，李承乾對此也早有防備。等到劣跡暴露，東宮的大臣如果要進諫，李承乾「必先揣其情，便危坐斂容，引咎自責」。知道別人要勸諫，自己先三省吾身，深自譴責一番，好讓別人無可置喙，其狡黠如此。李承乾口才極佳，在他舌粲蓮花之際，「群臣拜答不暇，故在位者初皆以為明而莫之察也」。

李承乾有一位寵愛的伶人方才十餘歲，「美姿容，善歌舞」，而李承乾對他也特加寵幸，稱呼他為「稱心」，這觸及了李世民忍耐的極限。果然，「太宗知而大怒，收稱心殺之，坐稱心死者又數人」。李世民的本意是通過誅殺「稱心」而讓李承乾痛改前非，但這反而加劇了李承乾的牴觸和反叛。他認為這是魏王李泰出於爭寵的目的，故意向李世民通風報信、告訐其事，於是「怨心逾甚」。李承乾痛悼「稱心」不已，不僅「於宮中構室，立其形像」，還「數至其處，徘徊流涕」、「贈官樹碑，以申哀悼」。李承乾對這位伶人的寵愛可謂有情有義、有始有終，但在李世民看來，這是在菲薄名教的道路上越走越遠。

於是，李世民派出于志寧、孔穎達、張玄素等當世大儒前往匡正。這些人為了教育太子也是拚盡全力，光于志寧就寫了長達二十卷的《諫苑》，李世民為了嘉獎于志寧和孔穎達，「二人各賜帛百匹、黃金十斤」。然而，李承乾再次辜負了其父的一片教子之心，不僅不為所動，反而暗中派刺客暗殺他們。就這樣，李承乾「侈縱日甚」，而離經叛道的荒唐事也越來越多，「常命戶奴數十百人專習伎樂，學胡人椎髻，翦彩為舞衣」，他還經常帶領部下模仿突厥人設穹廬、烹羊肉、演胡樂，扮演突厥部落、彩排突厥葬禮。李承乾的生活，混雜著王孫公子的富貴氣息、打破常規的想像力以及某種後現代的率性而為。這些放到現代社會，沒準會收穫大批忠誠的擁躉，但在當時卻犯了大忌，也意味著李世民所有挽救措施的失敗。

太子失德，對於皇位傳遞意味著風險的倍增。一般而言，太子在位，皇子們還要開展奪嫡競爭；如果太子被廢，東宮虛位以待就更助長了各個潛在皇位繼承人的野心。他們會像一群餓狼一樣，撲向「儲君」這塊會在將來富有四海的「肥肉」。

魏王爭寵

李承乾既已無藥可救，各位皇子自然會對東宮之位躍躍欲試，而魏王李泰這時表現得最為突出，其奪目光彩足以掩蓋其他皇子的光芒。奪嫡遊戲看上去不會經歷複雜的混戰，只會在李承乾與李泰的「一廢一立」中輕鬆結束。

李泰雅好文學、敬賢禮士，這兩點就表明他具有成為儲君的潛質，由此也博得了李世民的歡心。於是，在李承乾逐漸失去聖眷時，李泰卻在一步步取代李承乾在皇帝心中的位置。李世民特批李泰可以自行設立文學館，以延攬人才，而且由於他「腰腹洪大，趨拜稍難」，給予他「乘小輿至於朝所」的特權，其見寵如此。

而李泰也不是那種無所事事的紈絝子弟，他知道李世民「馬上得天下」飽經戰亂之苦，於是傾心於偃武修文、大行教化。他帶領當時的文學才俊修撰了一部《括地志》，「乃分道計州，編輯疏錄，凡五百五十篇，歷四期成」，不僅保存了六朝地理書中的珍貴資料，而且創立了一種新的地理書體裁。此書獻上御覽，李世民自然會為李泰喜不自勝，皇帝的喜悅轉化為豐厚的賞賜——「詔藏祕閣，所賜萬段」。皇帝的賞賜之重實際上是一種政治上的風向標，尤其是在太子李承乾失寵之際，更會引起易儲的猜想。

李世民本就寵愛李泰，此時更加寄望甚重，尤其是與自甘墮落的李承乾相比，李泰更是顯得出類拔萃。深沉蘊藉的李世民也開始公開表現出他的偏愛和私心了。每月賜給李泰的財物「過皇太子遠甚」；同時還命李泰入住武德殿，與皇太子比鄰而居。當時，李承乾還未被廢黜，而對李泰的偏愛已遠出於皇太子之上，這超越了長幼有序的宗法規範。褚遂良疾言勸諫：「庶子雖愛，不得超越嫡子，正體特須尊崇。」[①]這更說明在李世民心裡，李承乾與李泰的份量已經悄然改變。

方此之時，李世民對李承乾日益疏遠，對李泰日見倚重，雙方實力的對比越來越對李承乾不利，而就在關鍵時刻，李承乾又犯了足疾，「託疾不朝參者輒逾數月」，更引起了皇帝的嫌惡。這時，李泰認為韜光養晦應該告一段落，是主動發起進攻的時候了。於是，李泰外組朋黨，內結權臣，引駙馬都尉柴令武、房遺愛等二十多人寄以腹心、結為聯盟，對李承乾形成了內外夾擊的態勢。而李承乾自幼占據東宮，絕不會束手就擒，也開始醞釀用武力的方式最後一搏，於是，「尋與漢王元昌、兵部尚書侯君集、左屯衛中郎將李安儼、洋州刺史趙節、駙馬都尉杜荷等謀反，將縱兵入西宮。」李承乾的思路非常簡單：領兵造反，弒父自立。李承乾與李泰已經處於劍拔弩張的對峙狀態，一場骨肉相殘的宮廷鬥爭即將爆發。

編者註

①．引言摘自《新唐書》，其中「嫡」指東宮太子，「庶」指其他皇子。

然而，就像經濟學名言說的那樣，應該發生的事情從未發生，宮廷鬥爭也向來都不會一條主線走到底。李泰咄咄逼人，李承乾絕地反擊，在雙方就要刀光劍影、短兵相接的決戰之際，斜刺裡殺出了齊王李祐這個偶然變數，讓李承乾還未來得及大動干戈就束手就擒，也讓李泰在幾乎要成功時卻功敗垂成。而晉王李治，一個從未在奪嫡遊戲中嶄露頭角的人，卻出人意表地贏得了一場自己從未參與的鬥爭。

旁逸斜出的宮廷劇情

誰都沒想到，太子與魏王的明爭暗鬥，竟會因為齊王李祐的一場略顯滑稽的兵變而畫上句號。這真是「無窮的遠方，無數的人們，都與我有關」。

齊王李祐，具有紈袴子弟的一切特性，先封楚王，後徙燕王，終授齊王，並赴齊州任都督。李祐發動的兵變，完全是一場慌不擇路的政治鬧劇，事情起因於他與朝廷欽差權萬紀的衝突。權萬紀本為吳王李恪的長史，「有正直節」，而李祐在齊州吃喝玩樂無所不為，李世民就讓權萬紀來匡扶他。

權萬紀為人剛直不阿，但是十分褊隘，對齊王李祐不僅停留在犯顏直諫的話語層面，而且還落實到「專以嚴急維持之」的行動層面，試圖讓李祐從花天酒地一躍而進入聖徒般的禁欲生活。關閉城門，解散鷹犬，最「過分」的是，還放逐了李祐特加寵信的群小昝君謨、梁猛彪等人。李祐狎昵群小，曾經朝夕相處，無日無之，如今卻勞燕分飛，各奔東西，自然情誼難捨。於是，在情感的驅使下，李祐與昝君謨等人決定冒天下之大不韙，策畫暗殺朝廷派來的欽差權萬紀，殄除元凶，恢復舊好。

然而，事未發而謀先洩，權萬紀先下手為強，追捕凶手於前，上奏朝廷於後。事態迅速升級，朝廷派來了刑部尚書，並召權萬紀入朝調查。李祐陷入了恐懼中，權萬紀一旦回京，李世民作為一位嚴父，肯定會追查到底、嚴加懲罰，自己雖以人子之親，恐怕也不能得到李世民的原諒。於是，李祐在手足無措的情況下，派人將權萬紀殺死，這雖然阻止了權萬紀進京，但給自己帶來了更大的麻煩。在沒有退路的情況下，造反是死，不反也是死，昝君謨等人遂勸李祐起兵造反。這樣一場事起倉促的兵變，其結果可想而知。雖然李祐的部屬對官軍誇下「右手持酒啖，左手刀拂之」的豪言，但是朝廷軍隊一到，李祐甚至沒有抵抗就被生擒了。

這場兵變，是掙扎求生的無奈之舉，也是困獸猶鬥的自全之計，本來是毫無意義的一場滑稽劇，卻在無意間進入了宮廷諸子奪嫡的劇情中，從而一舉改變了太子李承乾與魏王李泰的命運。在齊王李祐舉兵之前，李承乾就已經決定要發動政變了。李承乾作夢都不會想到，政變這事兒竟然還有人搶跑。不但如此，李承乾所倚重的勇士紇干承基，竟然還先去參加了齊王李祐的造反，這讓李承乾很是憤恨，他責怪紇干承基說：「我西畔宮牆，去大內正可二十步來耳，此間大親近，豈可並齊王乎？」意思是說，我離皇帝只有二十步，這麼親近的距離，簡直就是為造反而天造地設，齊王住得那麼遠還造哪門子的反？沒想到，齊王敗北，紇干承基入獄，這段話也自然傳到了皇帝耳朵裡。就算李世民再有為父的胸懷和「虎毒不食子」的仁慈，聽到兒子不惜弒父自立的話，如何不感到徹底的絕望？

於是，李承乾順理成章地被廢了。而李泰認為時機成熟，於是每天都殷勤地侍奉皇帝，李世民也當面答應立他為太子，並向身邊的大臣描繪那幅充滿父子深情的畫面：「泰昨入見自投我懷中云：臣今日始得與陛下為子更生之日也。」兒子投入父親懷中，訴說著心有靈犀的溫情，也憧憬著父子交接的願景，這將是一幅怎樣融化人心的溫暖場景？

但這邊廂密送款曲，那邊廂卻暗藏危機，李承乾在墜入萬丈深淵之前還不忘在政治生命的最後時刻捅魏王李泰一刀。他在最後的陳詞中對李世民說了這樣一段話：「臣貴為太子，更何所求？但為泰所圖，特與朝臣謀自安之道。不逞之人，遂教臣為不軌之事。今若以泰為太子，所謂落其度內。」這幾句話說得既狠且準、字字見血。意思是說，我墮落至此，並不是自己有所企圖，而是被魏王李泰所逼，如果立李泰為太子，那就正中其下懷，使其奸計得逞了。李承乾這是要與李泰玉石俱焚、同歸於盡：既然我東宮不保，你也別想火中取栗。從心理角度分析，這段話說得著實高明。把自己的墮落歸結為李泰的步步緊逼，實際是讓李泰也分擔一部分罪責，而李世民千古一帝，怎麼會甘願落入李泰的算計中？

李承乾在政治生命的最後時刻，還從希望的尾巴上薅下來幾根毫毛，足以在他含恨而終時給自己些許安慰。但他永遠不會知道，李世民廢黜魏王李泰，不是因為他的激將，而是出於對權力繼承的深刻思考。

退而求其次的選擇

齊王造反，太子蓄謀，魏王窺伺，骨肉之間的猜忌、爭奪甚至互相殘殺讓李世民心力交瘁。而朝廷大臣也為儲君的選擇分裂為兩大陣營：岑文本、劉洎請遂立李泰為太子，而長孫無忌、褚遂良執意請立李治。滿朝文武的分裂，朝廷政治前景的不確定，都在啃噬著李世民的心靈。

經過撕心裂肺的掙扎、傷心欲絕的悲痛之後，李世民終於在涕淚縱橫間下定決心，做出抉擇。他把文武百官都支開，只留下長孫無忌、房玄齡、李勣（徐世勣）等勳臣宿將，對他們說：「我三子一弟，所為如是，我心誠無聊賴！」在心灰意懶之際，他甚至「自投於床，抽佩刀欲自刺」，胸中苦痛，竟到了引刀成一快的程度。長孫無忌等人馬上「爭前扶抱」，趁機問皇帝究竟想立誰為嗣，李世民說：「我欲立晉王。」長孫無忌，這位皇后的兄長，太子李承乾、魏王李泰和晉王李治的舅舅，立刻回應道：「謹奉詔。有異議者，臣請斬之。」於是，李世民用一種近乎戲謔而假裝輕鬆的方式對李治說：「汝舅許汝，宜拜謝。」就這樣，權力繼承的政治風波以戲劇性的方式塵埃落定，李治贏得了一場他從未參與的鬥爭。

然而，還有諸多疑點尚未澄清，一場李承乾與李泰為主角的爭奪，為何讓暗弱無能的李治漁翁得利？李世民是真的傾心於李治，還是退而求其次的無奈選擇？從史料分析，李世民對李治並不滿意。在太子李承乾與魏王李泰角力之時，提起晉王李治，李世民唯一的印象只有李治出生時，太原出現了「治萬吉」的碑文，可見對李治並無特殊印象。而立李治不久後，李世民又心存廢立之意，想立吳王李恪為太子。雖然後來在長孫無忌等人的爭取下「其事遂輟」，但從李世民的反覆和猶豫來看，他選擇李治，實屬無奈之舉。

那麼，既然對李治並不滿意，李世民為什麼不立李泰？從表面上看，這似乎是一種「爭是不爭，不爭是爭」的權謀辯證法使然。李泰太過積極進取，必欲取之而後快，反而引起了李世民的反感；而李治則仁孝為懷，看上去無欲無求，恰恰贏得了李世民的歡心。這確實有案可稽。在李承乾剛剛被廢時，李世民曾當面許諾立李泰為太子，褚遂良等人建議：如果一定要立李泰，就請安置晉王，「始得全矣」，否則魏王一立則晉王必然遭遇不測。沒想到李世民老淚縱橫直說：「我不能。」這就可見，晉王的暗弱成功博取了皇帝的同情，也悄然占據了心理上的優勢。

李泰的咄咄逼人更加劇了李世民對李治的憐憫與垂青。李泰擔心李世民會立李治，於是恐嚇李治說，你和漢王李元昌關係好，現在李元昌參與太子謀反東窗事發，你難道不擔心受到牽連嗎？李治因此憂形於色，李世民感到奇怪，屢問其故，李治才把李泰這番話和盤托出。結果，「上憮然，始悔立泰之言矣」。這在後來的對話中也得到印證，李世民從容對侍臣說：「泰立，承乾、晉王皆不存；晉王立，泰共承乾可無恙也。」李世民雖是傑出的皇帝，但更是仁慈的父親，他仍然飽含著深沉的舐犢之情，在權力鬥爭之外盡力保證皇子們的生命安全。

「爭是不爭」的邏輯確實存在。比如說康熙不喜歡太過追求權力的八王胤禩，而選擇了一味隱忍的雍正；魏明帝曹叡能夠博得曹丕的歡心，很大程度上是因為在打獵時，看到曹丕射殺母鹿時說：「陛下已殺其母，臣不忍復殺其子。」美國前總統尼克森在他的名著《領袖們》中，引用戴高樂的一段話來表明追求權力的辯證法：尋求高位一定要如同向女人求愛那樣，「你追她就逃，你退她就跟。」有時，得到權力的最好的辦法似乎是不要去求它。就像一個偉大的演員知道自己何時應該退場一樣，政治人物更應知道進退有度。

李泰對權力追求確實過於進取，逼迫李承乾造反、給李世民施壓、暗中籠絡朝中大臣……李泰從來都是以積極的方式主動追求，卻不知道迴環曲折的力量，不懂得「天下之至柔，馳騁天下之至剛」的道理。而李治一直是不在場的潛在競爭者，從來未曾拋頭露面，也沒有表現出「必欲取之」的決心，但最後卻實現以退為進、無為而無不為的成功逆襲。可以說，「爭是不爭」的邏輯，確實是促成李世民選擇李治的原因之一。

故事本應到此圓滿結束，唐朝皇室的諸子奪嫡無非是為道家「爭是不爭」的權謀學寫下生動註腳，這個故事也只是中國歷史上諸多宮廷遊戲之一，除了演員和場景不同之外也並無新鮮之處。但是根據史書後面的記載，這並不是根本原因和最終考慮。李世民原來在「爭是不爭」的權力法則之外，還看到了更加本質的東西，使得這個故事突然具有了超越權謀的哲學啟示。

李世民思考的深度、看見的遠方已經超越了「夫唯不爭，故天下莫能與之爭」的權謀學。他在後來才揭示出廢魏王、立晉王的深意：「我若立泰，則是太子之位可經營而得。自今太子失道，藩王窺伺者，皆兩棄之，傳諸子孫，永為後法。」這才是李世民結束這場權力鬥爭的根本原因，他要為立儲制訂一條萬代不易的規則，那就是封死「可經營而得」的通道。魏王李泰積極經營，雖然才兼文武，一樣要被捨棄。只有樹立這樣的導向，千秋萬代之下才不再有人去積極謀求儲君之位，也才能杜絕權力繼承的血腥競爭，讓政治與親情能夠兩全其美。

即便沒有那些文治武功，僅僅這一句話就足以讓李世民閃耀在中國的歷史星空。

權力合法性需要超越現實的道德基礎

李世民的思考透過了權力鬥爭的表象而觸及了本體意義上的問題：權力繼承為何總會引發無休無止的權力鬥爭？

在他看來，原因就在於「太子之位可經營而得」。正因為皇權可以經營而得，所以窺伺之心不絕，爭競之路不斷，「成王敗寇」成為唯一的邏輯，權力爭奪也將永無寧日。因此，他開出的藥方就是要斬斷皇權與經營之間的橋樑，為皇權奠定一個超越於世俗之上的合法性基礎，既不能為鬥爭所獵取，也不能為暴力所取代，這樣才能徹底斬斷宮闈之間的權力鬥爭，讓權力的繼承不再以碾壓親情為代價，徹底消滅中國政治「成王敗寇」的邏輯。

也就是說，在李世民輾轉難眠的煎熬之夜，他已經隱約從哲學層面觸及中國古代政治的核心問題：怎樣建構皇權的基石才能避免「成王敗寇」的邏輯？他還沒有足夠的思想資源能夠回答這一問題。因此，他只能用樸實的做法來踐行他的想法，那就是斬斷皇權與「經營而得」之間的橋樑。他想用失敗的結果導向，來回答他隱約觸碰到的那個問題。

其實，這就是權力的「合法性」問題，或者說是權力的道德基石問題。儒家對此有一整套明確的價值系統：皇權的基礎是「德」，有德就要調和陰陽、惠及民生，所謂「天視自我民視，天聽自我民聽」。儒家思想是根據執政績效和百姓憂樂來判斷君主的合法性。它的優勢在於注重實際與功利導向，它的劣勢卻在於太過強調實際，因為實際的執政績效是時好時壞的，如果執政績效暫時處於低谷，那就可以置「君臣」於不顧，光明正大地通過競爭來爭取皇帝權力。這正是李世民所面臨的問題，因為皇帝權力「可經營而得」。因此，無論是皇子之間的爭奪，還是君臣之間的猜忌，都將永無寧日。

顯然，儒家先賢認為，如果君主不能給百姓帶來實惠，那就到了改朝換代的時候，就應該讓更能代表天命的人來取而代之。所以「湯武革命」的旗號是「弔民伐罪」，得到的評價是「順天應人」。孟子在聽到有人質疑武王伐紂屬於「臣弒其君」時，只說這是「誅一夫紂矣」。正所謂「皇天無親，唯德是輔」。在儒家的理想國裡面，君主沒有永恆的譜系，也不可能永遠獲得命運的眷顧，如果失德，就會被取而代之。著名哲學家趙汀陽在《惠此中國》中一針見血地指出，周朝的天命觀念以「有德」為得天下的正當理由，這等於論證了革命的合法性，逐鹿也因此師出有名。因此，為了反對無德的君主，以下犯上就被賦予了正義性，這也是社會推陳出新的一種機制。因此，中國的古代歷史沒有萬世一系的敘事，只有改朝換代的循環。

這種「民本主義」合法性的來源雖然體現了「民為貴」的導向，但是也帶來了這樣一個問題：如果君主可以被取而代之，那麼所謂「忠孝仁義」等價值就不具有絕對的尺度，而只是基於現實的一種權宜之計。君主可以被取代的可能性一旦打開，那麼「可經營而得」就會像夢魘一樣籠罩著統治者，使之始終成為眾矢之的，陷入永無休止的不安之中，這也正是李世民痛苦與糾結的根源。

更有可能出現的情況是，君主的合法性如果建立在執政績效這個不穩定的基礎上，那麼任何一個權力的挑戰者都可以聲稱在位者失德。哪怕君主實際上幹得很好，但是為了師出有名，為自己製造合法性，奪權者完全可以主觀上聲稱君主失德。曹丕篡漢、司馬懿篡魏、劉裕篡晉……發生在中國歷史上的無數次篡位事件，哪一個篡位者不是把自己比作「湯武革命」？哪一個篡位者不是一邊手握雄兵、用盡陰謀，一邊堂而皇之地宣稱曾經效忠的君主已經德不配位？

這並不是說儒家倫理秩序不好，而只是從客觀上來說，它並未給君主或者說皇權製造一個絕對的合法性基礎和道德基礎。結果，「立嫡以長」雖然是繼承的原則，但是就像李泰那樣，他可以通過聲稱太子失德而破壞這一規則；「忠君體國」也是最基本的倫理，但是大臣可以通過聲稱皇帝失德而行篡逆之事。由於道德變成騎牆的權宜之計和投機選擇，因此道德也就失去了評價功能，並不是因為「有德」而獲得勝利，而是因為勝利才宣稱自己「有德」。有德無德並不重要，重要的是勝利還是失敗。順天應人也好，德配於天也罷，都只是勝利者在勝利之後尋找的說辭，並不是勝利的依據。而獲得勝利的過程可以無視仁義道德，無所不用其極。於是，正義和道德成為勝利的點綴，就像在柏拉圖的《理想國》裡面，關於正義辯論的觀點，「正義不過是較強者的利益」、「只有強者的利益不論在什麼地方都是正義的」。如果真是這樣，那麼權力鬥爭根本就難以平息。

可以說，在為立儲之事輾轉難眠時，李世民已經觸碰到中國古代政治的根本問題。他憑藉個人直覺做出選擇，想要在執政績效之外，為權力製造一種超越於功利性的絕對基礎，用司馬光的話說就是「以杜禍亂之原」。然而，李世民缺少構建一整套權力合法性學說的思想資源。

比如說，日本皇室萬世一系的合法性基礎正是來自於天照大神的神性，日本天皇一直扮演著半人半神的存在，而不是一個世俗的個體，因此幕府可以攫取世俗權力，但是絕不可能僭號稱帝。再比如說，西歐的封建王朝相對穩定是因為在君權神授與貴族血統的雙重庇護下能避免其他人對君主之位的窺伺，從而使整個社會產生一種各安其位的穩定。英國克倫威爾雖然革命成功，卻只能自稱「護國主」，無法僭位稱王。因為君主之位的基石，不僅在於權力鬥爭的勝利，更在於絕對性的道德基礎。

這並不是說日本或西歐的傳統比儒家倫理更加優越，它們雖然為君主權力製造出普通人難以僭越的道德基礎，但是犧牲了整個社會的流動性，在它們的傳統下，不可能出現凡夫俗子的逆襲故事。儒家思想為君主的可替代性打開了大門，促進了整個社會的流動性，就連石頭縫裡蹦出的孫悟空也能喊出「皇帝輪流做，明年到我家」的豪言壯語，但是犧牲了皇權的穩定性，使得權力鬥爭永無止息。

由於權力缺少超越世俗的合法性支持，通往權力的道路就必然會由陰謀、爭奪、殺戮來鋪就，而「成王敗寇」則是唯一的路標。李世民死後不久，李治就處死了曾經把他送上皇位的長孫無忌和褚遂良，而這只是武則天奪取權力的前奏。只要「成王敗寇」的邏輯還在，殘酷的權力鬥爭就只會以更加殘酷的方式上演。

晚年的李世民獨自站在凌煙閣，追憶起往昔的崢嶸歲月，再多的繁華也將隨風而去，再大的功勳也將化為塵埃。他廢黜李泰的選擇無法解決中國政治傳統的根本問題。歷史，仍將在既定軌道上前行。

「仰幽岩而流盼，撫桂枝以凝想。將千齡兮此遇，荃何為兮獨往？」李世民的寵妃徐惠在八歲時寫下的詩，似乎冥冥中預言了李世民的孤獨。

而比李世民更加孤獨的則是他的左膀右臂——長孫無忌。長孫無忌力排眾議將晉王李治送上皇位，居國公之尊，享國舅之親。本來應該在成功的巔峰盡覽美好風光，卻不知道正是無人企及的成功為自己最終掘墓。殘酷的權力鬥爭仍將上演，而長孫無忌的人生際遇將揭示出皇權的另一個本質特徵。

第三章

長孫無忌
權力與安全感的悖論

長孫無忌就像一個奮不顧身的攀登者，用一生的時間在權力的山峰上奮力攀爬，但是在他終於到達巔峰時，卻發現前面不是「一覽眾山小」的旖旎風光，而是萬丈深淵。多麼具有反諷意味，一輩子的攀爬只是為了給自己堆積一座懸崖。

是的，在權力的遊戲中，還沒有誰像長孫無忌的人生這樣充滿了槍口反轉的戲劇性。他從追隨李世民開始，就一直在唐朝的權力結構中占據高位，但是誰能想到，他竟然死在了自己一手扶上皇位的唐高宗李治手裡。他曾經利用誣陷、牽連、告密等手段排除異己，在對手一一倒下之後，他竟然倒在了自己熟稔於心的政治手腕之下。砰！權力之槍再度響起，只不過這一次，槍口對準的是自己。

唐高宗顯慶四年，也就是西元六五九年，長孫無忌被中書令許敬宗、吏部尚書李義府誣陷謀反，被流放黔州，必欲除之而後快的許、李二人旋即派人逼他「自縊而死」。那一刻，在陰冷潮濕的蠻荒之地，曾經權傾朝野、如今引頸受戮的長孫無忌會想到什麼？他一定會感到莫大的冤屈，他一定會感嘆天意弄人，他一定會感慨人間竟無公道。

然而，長孫無忌冤死，有人會在九泉之下仰天大笑，感謝老天開眼、社稷有靈，這其中就包括曾經屢建奇功的江夏王李道宗，還有曾是皇位有力競爭者的吳王李恪。他們本來是皇室子孫的佼佼者，卻無端被長孫無忌誣告謀反。從他們的視角來看，長孫無忌的下場是罪有應得，是多行不義必自斃，是因果報應的證明，長孫無忌有什麼資格談冤枉？

冤枉別人以至於被人冤枉，每個人都只是權力遊戲的犧牲品，這無關正義和道德，只有成敗之分、勝負之別。封建王朝的權力鬥爭是如此殘酷，每一個手握權力的人都缺少安全感，都在尋求安全。權力越大，就越有能力實現安全，但是也意味著鬥爭愈加殘酷，因此更加劇了恐懼心理，反而降低安全感。於是，越追求權力，就越缺少安全感；越缺少安全感，就越追求權力。這種以獲取權力的方式追求安全，結果卻適得其反，這正是權力遊戲中的「安全悖論」。顯然，皇帝位居權力金字塔的頂端，擁有至高無上的權力，也有著無人能及的不安。

長孫無忌、許敬宗、李義府等人都看到了皇權擁有者的深度不安，於是他們都知道打敗對手最便捷的途徑，就是——「誣告謀反」，哪怕只是誣陷、造謠、誹謗，也會引起皇帝的深深顧慮。在這方面，長孫無忌可以說是頂尖高手，他通過「誣告謀反」將強勁對手接連扳倒，也充當了許敬宗的「老師」，而許敬宗可以說青出於藍勝於藍，通過一番莫須有的「造反」說辭，便讓唐高宗李治決定對長孫無忌實施「不待時而斬之」的處決，用今天的話說，就是不經過審判而立即處決。

那麼，許敬宗究竟跟李治說了什麼讓李治產生了如此巨大的恐懼？長孫無忌英雄一世，曾經將「誣告謀反」運用得游刃有餘，為什麼到頭來自己卻倒在了「誣告謀反」的槍口之下？「誣告謀反」能夠立刻奏效的背後，潛藏著哪些值得深思的東西？

家庭出身與後天努力的完美結合

長孫無忌集先天優勢和後天優勢於一身，他比別人出身更好、天賦更高，又比別人更努力、刻苦，這樣的人無論放在哪個時代，都會躋身社會的精英階層，踩著失敗者的累累白骨爬上社會金字塔的頂端。

長孫無忌的祖先屬於北魏的拓跋氏，「宣力魏室，功最居多，世襲大人之號」，由於是宗室之長，因此改姓為長孫氏。後來魏室西遷，他的高祖、曾祖隨之來到長安，依然身居高位，是隋唐時期「關隴集團」的核心成員。數代人的代際積累，讓長孫無忌一出生就站在巨人的肩膀上，也讓他能夠與李世民相逢於微時，結下深厚情誼。他在年少時就與李世民交好，這份「一起同過窗，一起扛過槍」的淳樸情感，成為二人無論經歷多大政治風波都能保持信任的堅固基石；而他的姐姐年輕時就嫁給李世民為妻，即名垂青史的文德皇后，親戚關係讓他與李世民的關係日益穩固。

出身高貴而又天資穎悟，志懷遠大而又人脈廣泛，長孫無忌從踏入仕途開始，就沒有經歷「宰相必起於州部，猛將必發於卒伍」的底層逆襲路線，而是直接進入核心決策層，尤其是在策畫「玄武門之變」中，長孫無忌發揮出決定性的作用，也由此奠定了在太宗一朝的穩固地位。當時，太子李建成與秦王李世民的矛盾日益公開化，已經到了劍拔弩張、你死我活的程度。在這千鈞一髮的時刻，長孫無忌「奉旨密召房玄齡、杜如晦等共為籌略」，也就是說長孫無忌相當於李世民集團的召集人，是比房玄齡、杜如晦更能博得李世民信任的人。後來，李世民通過「玄武門之變」誅兄戮弟、逼父退位，成為新任皇帝，長孫無忌由於居功最高，成為實至名歸的「二號首長」。

唐朝初年，群星璀璨、人才輩出：李靖「才兼文武、出將入相」；房玄齡「孜孜奉國、知無不為」；溫彥博「敷奏詳明、出納惟允」；戴胄「處繁治劇、眾務畢舉」；魏徵「恥君不及堯、舜，以諫爭為己任」；王珪「激濁揚清、嫉惡好善」。而在這璀璨群星中，李世民眼中最亮的那顆星自然非長孫無忌莫屬。無論是下詔褒獎還是列地分封，無論是朝廷儀式還是圖形凌煙閣，長孫無忌永遠都名列首位、拔得頭籌。李世民曾這樣公開表達對他的信任：「朕今有子皆幼，無忌於朕，實有大功，今者委之，猶如子也。」名則君臣，親則父子，李世民對他可謂恩寵莫比、親信無二。

當然，長孫無忌永遠不會吃關係的老本，他懂得如何運用與李世民的深厚淵源鞏固權位，但也明白關係只是靜止的存在，並不能一勞永逸地保證榮華富貴。長孫無忌具有極高的「政治智商」，他不會恃寵而驕，只會默默不斷擴大自己的權力版圖。他深諳「日中則昃，月滿則虧」的道理。在李世民不斷賜予官爵之時，他深以盈滿為誡，上書辭讓。他雖然懂得苟合取容、諂媚皇帝的藝術，李世民在歷史上也以從諫如流而聞名，但是即便如此，長孫無忌也不會像魏徵那樣為了致君堯舜而彰君之惡。他太懂皇帝了，沒有哪個手握至高權力的人喜歡拂逆己意，也沒有哪個君臨天下的人能禁得起美語甘言。在他看來，進直言只能得虛名，拍馬屁才能得實惠。李世民曾公開要求大臣「言朕愆失」，長孫無忌帶頭表態：「陛下聖化致太平，臣等不見其失。」

長孫無忌總是能抓住皇帝最深層的心理訴求：中國古代的皇帝除了希望萬邦來朝、青史垂名之外，就只對泰山封禪最為嚮往了。泰山之巔是天子與上天的交流之所，正因此，泰山封禪就具有超出世俗政治的宗教意義，是歷代皇帝為了表明自己治理業績的最重要的儀式。李世民千古一帝，大治天下，雖然自己出於謙虛不願意主動提出泰山封禪，但心裡豈不心嚮往之？長孫無忌曾數次帶領群臣要求李世民封禪，在李世民假裝謙讓之後，他早就探知上意，於是帶領群臣向皇帝「示威」，「逼」皇帝封禪，李世民只好「半推半就」地同意了。這樣既滿足了皇帝的虛榮心，又顯得不是皇帝刻意追求，而是眾望所歸、民意難違，把人臣之分發揮到如此極致，哪個皇帝能不喜歡？

於是，在太宗一朝，長孫無忌所向披靡，就連皇位的繼承人，也是在他的圈定之下才最終確立下來。此時的長孫無忌離皇權只有一步之遙，但正是這一步之遙卻是皇帝最為忌諱的戒備之所。長孫無忌倒在了這一步的距離上，他力排眾議精心選出的接班人，竟是為自己選定的掘墓人，當然，這是後話。在引起皇帝的戒備之前，長孫無忌一直翻手為雲、覆手為雨，通過擊倒政敵尋求安全。

以「誣告謀反」擊倒政敵

隨著李世民春秋漸高，長孫無忌也開始對未來積極部署。文德皇后三子，太子李承乾、魏王李泰、晉王李治都是長孫無忌的外甥。太子李承乾失德，廢在朝夕，魏王李泰禮賢下士、聲震朝野，李世民在廢掉太子之後也曾許諾將其立為太子，但是長孫無忌卻堅決反對，他向皇帝推薦的人選是晉王李治，最終將李治扶上了皇帝的寶座。

都是親外甥，長孫無忌為何無意李泰，而傾心李治？長孫無忌在輕重權衡之間，自有一番長遠考慮：李泰才華橫溢，如果立為太子，將來必為一代雄主，將他扶上皇位，不僅難以挾制，自己作為前朝元老，反而會陷入尷尬處境；而李治暗弱無能、沒有主見，容易受人影響、被人操控，如果把皇冠戴在李治的頭上，就能產生「弱君強臣」的格局，自己就能更好地控制皇帝。顯然，長孫無忌的如意算盤是棄李泰、立李治，最終也如願以償，成功把李治送上皇位。然而，「機關算盡太聰明，反誤了卿卿性命」。長孫無忌哪裡會想到，李治固然容易被人操控，但既可以被他操控，也可以被別人操控，如果是後者，那就會帶來槍口反轉的悲劇。命運就是這樣，從來不會按常理出牌，也從來都是出乎意料。

當然，在此之前，長孫無忌還有足夠的時間來經營自己的權力帝國。長孫無忌通過「誣告謀反」的利器，同時除掉了江夏王李道宗和吳王李恪這兩個對手。江夏王李道宗是李世民這一輩的宗室兄弟，十七歲就跟隨李世民東征西討，在討伐北方軍閥劉武周、擊破突厥頡利可汗的重大戰役中頗建戰功。在諸多宗室弟子中，時人以江夏王李道宗和河間王李孝恭為最賢。長孫無忌為什麼與李道宗積怨已深，史書裡面並沒有明確寫明原因，只說「長孫無忌、褚遂良素與道宗不協」，但可以推測李道宗的卓越軍功引起了長孫無忌的妒忌。

與之相比，長孫無忌視吳王李恪為眼中釘、肉中刺則是出於保護既得利益的本能。李恪才兼文武，沉毅英勇，自身條件出類拔萃，加上母親又出身高貴，是隋煬帝的女兒，李世民生前就經常誇李恪「類己」，時常流露出立李恪為太子的意思，這使得李恪成為皇位的有力競爭者。而真正促使長孫無忌動了殺機的是在他極力維護李治當上太子之後，李世民還暗中想要改立李恪為太子。如果李恪成功，長孫無忌就會因為站錯隊而被打入另冊，一念及此，長孫無忌肯定會脊背發涼。正因此，為了鞏固李治的地位，更為了捍衛自己的權力，他必須除掉李恪這個潛在的威脅。

江夏王戰功卓著，吳王物情所向，他們都是難以撼動的實力派，而且搞不好還會留下屠戮宗室的罵名。但唯其艱難，更顯得「誣告謀反」是多麼管用。就像壁立一旁的獵人等待獵物的出現，暗藏殺機而又不露聲色，長孫無忌也是這樣敏銳地窺視著政局的微妙變化，時刻準備向敵人扔出手中的投槍匕首。他沒有刻意安排，只是應勢而動、順勢而為，側面突圍、曲線救國，等待合適的機會只需輕輕順水推舟，即刻一劍封喉。

機會終於出現了，而故事得旁逸斜出從房玄齡的兒子房遺愛說起。一代名相房玄齡在太宗一朝名重當時，自己一世英名，善始善終，卻沒有解決好子女的問題。房玄齡有三個兒子，大兒子房遺直繼承爵位，這本符合宗法秩序下的繼承規則，但二兒子房遺愛偏偏娶了李世民的女兒高陽公主，一個是房家嫡長，一個是皇家駙馬，這下兄弟二人頓成分庭抗禮之勢。而高陽公主生性桀驁不馴，又不願意屈居老大之下：憑什麼房遺直繼承房玄齡的政治地位？

高陽公主生性放蕩，在李世民在世時，她就與《大唐西域記》執筆人高僧辯機擦出火花，讓李世民頗為難堪。或許正是因為這種放蕩不羈的性格，高陽公主做事時也缺少有條不紊的思路，她開始密謀「黜遺直而奪其封爵」，但行事方式卻荒誕不經，她與房遺愛策畫謀反，擁立荊王李元景為帝。可令人匪夷所思的是，謀反這事不能高調啊！高陽公主還主動到唐高宗面前告發房遺直，這簡直是手段背叛目的、行為反對目標，而朝廷的調查結果是，房遺直終獲清白，而自己的陰謀卻暴露了。

這本是幾個小丑導演的一場鬧劇，是一件微不足道的小事，但是長孫無忌卻從中看到了寶貴的機會。這時，長孫無忌的「政治智商」再次表現出來，他懂得因小圖大、見縫插針，讓一個小小的騷動成為政治槓桿，以此借力來扳倒強大的對手。房遺愛甫一伏誅，長孫無忌就告發說李道宗和李恪都參與其事，於是皇帝立刻下令處死二人，都沒有給二人任何申訴的機會。房遺愛是功臣之後又是皇家駙馬，有實力也有影響力，而李道宗曾經掌兵，李恪向來深孚眾望，這些人如果聯合起來，唐高宗肯定會感到地位受到挑戰。於是，唐高宗在恐懼的驅使下，不分是非曲直就對李道宗和李恪做出了判決。就這樣，沒有處心積慮的布局，也沒有深文周納的陷害，沒有片刻的遷延，也沒有公正的審判，只需帶上寥寥數筆，長孫無忌就像擦掉灰塵一樣抹去了那兩條與他同樣高貴的生命。然而，日後長孫無忌將會感慨「他人經受的我必經受」。

李恪臨刑時大聲疾呼：「社稷有靈，無忌且族滅！」他只能把沉冤昭雪的希望寄託於「社稷有靈」。歷史發展滿足了李恪的願望，但是靠的不是「社稷有靈」的超自然力量，而同樣是「誣告謀反」的不二法則。

命運的指針開始逆轉

歷史的有趣之處在於它的足夠豐富性，從不同的角度可以領略到截然不同的風光；命運的詭譎之處則在於它的充分多變性，每當人們希望滿懷的時候，也一定是遭到命運玩弄並徹底失望的時候。

長孫無忌的如意算盤打得啪啪響，人生應該自此步入「無處惹塵埃」的極樂境界：皇帝言聽計從，強敵凋零殆盡，接下來的時光應該在權力巔峰上閱盡世間風光，獨享成功尊榮。然而，命運的指針有時會在最高點開始逆轉，長孫無忌還沉浸在美好的憧憬中，全然不知命運的辯證法已經開始發揮作用了。

長孫無忌以為李治暗弱無能，容易控制，因此就能避免他們之間的潛在衝突。

然而，權力的規律並不會因此而失效。《史記》有言，「勇略震主者身危，而功蓋天下者不賞」，其實揭示出一個普遍存在的問題：在權臣與皇帝之間，由於安全感的缺失，雙方無論如何都會存在難以消除的不安與猜忌。長孫無忌以為他是皇帝的親舅舅，又一手將其送上皇位，應該能避免這種不安與猜忌，但是溫情脈脈的親情卻難以抵擋權力法則射出的寒光。

長孫無忌與李治之間開始出現分歧，並不是李治直接主張自己的權力，而是因為斜刺裡殺出了一個武則天，突然改寫了既定的劇情，倒逼李治公開與長孫無忌決裂。當時，作為先朝嬪妃已落髮為尼的武則天與前往寺廟弔唁亡父的李治擦出了愛情的火花，而武則天作為先朝嬪妃被選入後宮已經引起長孫無忌、褚遂良等顧命大臣的不滿。接下來，長孫無忌苦心經營的一切似乎都在為武則天作嫁衣。長孫無忌選擇李治不是因為他暗弱無能、易於操控嗎？此時此刻，武則天以女人的嫵媚和愛情的魔力牢牢控制住了李治的心智，長孫無忌的如意算盤這時竟適得其反。

長袖善舞的武則天先是用計謀陷害王皇后，然後開始謀畫成為皇后。於是，宮闈床笫之間的爭奪終於演變為選邊站隊的政治鬥爭：李治執意要立武則天為皇后，滿朝文武究竟是支持還是反對？

長孫無忌與褚遂良選擇堅決反對。從道義上來說，長孫無忌在這時確實展現出一位大臣應有的操守與氣節。他雖然為了追求權力而無所不用其極，但並不是心中只有權力、把玩弄權力當作終極追求的政客，而是在權力之上還有不能被權力汙染的大道大義。武則天作為先朝妃嬪如果被立為本朝皇后，這樣的亂倫就是對儒家倫理秩序的公開褻瀆。長孫無忌受顧命之重、握一國之權，豈能坐視這樣大逆不道的事情發生？關鍵時刻，長孫無忌展示出他的道德修養與氣節操守，也表現出他作為貴族應有的高貴精神。

當然，這只是事情的一面，如果從另一面來考慮，長孫無忌堅決反對武則天成為皇后或許也有著深刻的利弊權衡。有人說，所有的政治鬥爭，歸根結柢就是「新貴族」向「舊貴族」發起的挑戰。方此之時，李治只能算是身在局中的局外人，而武則天的橫空出世則多少讓長孫無忌感受到朝廷新貴蠢蠢欲動的挑戰，也由此感受到武則天對其地位的威脅。

一開始，武則天也不想與「舊貴族」公開抗衡，也想在「新貴族」與「舊貴族」的妥協中實現平穩過渡。為了立武則天為皇后，皇帝也不惜放下身段，向長孫無忌求情，「帝乃密遣使賜無忌金銀寶器各一車、綾錦十車，以悅其意」，皇帝雖然主動獻上殷勤，但長孫無忌依然不為所動。後來，武則天的母親親自拜訪長孫無忌，「屢加祈請」，最終也鎩羽而歸。之後，禮部尚書許敬宗又屢申勸請，卻換來「無忌嘗厲色折之」的結果。皇帝與武則天的姿態已經放得夠低了，也給足了長孫無忌台階和面子，而長孫無忌的堅決否定無異於公開搧了皇帝一耳光。從此，對立與衡突將在所難免。

最後，皇帝李治終於第一回找到了做皇帝的感覺，那就是行使皇帝本就享有的乾綱獨斷的權力，「竟不從無忌等言而立昭儀為皇后」。接下來，武則天就要替皇帝撕開他與權臣之間的溫情面紗，將權力鬥爭最為殘忍的一面暴露出來。

因「誣告謀反」身死族滅

定罪需要還原真相、依法裁決，但是「誣告謀反」卻能促使皇帝不審而判、不教而誅。長孫無忌曾以此擊倒強敵，而武則天一黨的馬前卒許敬宗給長孫無忌來了個「請君入甕」，這其中「以其人之道，還治其人之身」的辯證法讓長孫無忌的命運帶著莫可名狀的無奈與悲哀。

長孫無忌大權在握，怎樣才能扳倒他呢？武則天一黨還是選擇了「誣告謀反」這條捷徑，這時許敬宗就粉墨登場了。許敬宗作為當時的著名史家，主動充當武則天的槍手，也是為了攀附新貴，在權力重組過程中分一杯羹。而許敬宗將長孫無忌最為擅長的方式運用到長孫無忌身上，直接促使李治下令對長孫無忌實施「不待時而斬之」的裁決。許敬宗也不會像長孫無忌那樣迴環曲折，而是主動出擊、直奔主題，他在派人勸唐高宗封禪時，直接「稱監察御史李巢與無忌交通謀反」，皇帝就命許敬宗等人進行調查，而許敬宗恰好可以通過一番早已構思好的說辭，讓皇帝在絕望與恐懼中做出非理性的決策。

皇帝見到許敬宗的第一句話就開始抱怨：「我家不幸，親戚中頻有惡事。高陽公主與朕同氣，往年遂與房遺愛謀反，今阿舅復作惡心。近親如此，使我慚見萬姓。」顯然，皇帝在調查結果出來之前，已經對長孫無忌做了「有罪推定」，所謂「今阿舅復作惡心」，是在調查之前就認定長孫無忌犯下罪孽。

許敬宗抓住皇帝的疑心，首先向皇帝分析長孫無忌謀反比房遺愛謀反更加嚴重。他說，房遺愛只是乳臭小兒，怎麼能成事？但是長孫無忌與先帝李世民一起謀取天下，還做了三十年宰相，眾人服其智，百姓畏其威，可以說是「威能服物，智慧動眾」。許敬宗這是要向皇帝表明長孫無忌擁有足以傾覆皇室的資源和能力，這就能在事實還原之前就激起皇帝的恐懼，也能為立即處置奠定邏輯前提。於是，他接著說，擔心長孫無忌一旦知道事情敗露，攘袂一呼，嘯聚羽翼，「必為宗廟深憂」。所以說，對皇帝來說最保險的做法，就是「不日即收捕，準法破家」。

許敬宗非常聰明，他巧妙地運用了中國古代政治中「勇略震主者身危，而功蓋天下者不賞」的法則。長孫無忌炙手可熱的權勢、貴為國舅的地位曾經是光耀門楣的資本，現在被許敬宗這麼一解讀，卻成為皇權的巨大威脅，也成為導致長孫無忌速死的觸媒。而暗弱無能的李治，顯然陷入了恐懼之中。

許敬宗已經動搖了帝心，因為李治接下來說，他不忍心處分長孫無忌，怕後代史官說他不能和諧親戚。可見，皇帝從內心深處已然同意許敬宗的處理方案，唯一的顧慮是擔心史書「留名」。許敬宗「不愧」為《晉書》、《姓氏錄》等諸多史書的主要撰稿人，他再次引經據典，說漢文帝是公認的明君，但舅舅犯法，一樣誅戮，史官「不以為失」，長孫無忌犯下的罪行比漢文帝的舅舅嚴重多了，有什麼不可以殺？在解除皇帝的最後的顧慮之後，許敬宗再次發出警告：「大機之事，間不容髮，若少遲延，恐即生變，惟請早決！」就是說，現在不立即行動，恐怕就會被長孫無忌反撲。許敬宗把一件莫須有的事情說得驚心動魄、千鈞一髮，彷彿李治馬上就要皇位不保。結果，李治「竟不親問無忌謀反所由，惟聽敬宗誣構之說」，立刻發出長孫無忌去官爵、流黔州的詔令。

沒有真相，沒有取證，沒有審判，長孫無忌就這樣隕落了。他與皇帝的親情一筆勾銷，與皇帝恩斷義絕。長孫無忌在不知不覺間倒在了自己曾經屢試不爽的利器之下。

縱覽許敬宗的話語文本，自始至終都沒有在事實層面留下半點口舌，對長孫無忌是否存在謀反的證據避而不談，而是緊緊圍繞長孫無忌如果謀反就會帶來的危害誇大其詞、步步緊逼，直到說得皇帝脊背發涼、手心冒汗。許敬宗的意圖非常明確，他不是在朝廷上做還原事實的辯論，而是在密室裡面直戳皇帝內心的深層恐懼。其實，長孫無忌曾經打倒江夏王李道宗和吳王李恪不也是同樣利用了這個心理武器嗎？這再次說明，缺少理性公正的司法審判，沒有對事實與真相的還原，沒有人是絕對安全的，長孫無忌可以因此而害人，同樣可以因此而被害。

「權力安全悖論」源於恐懼

命運，就是對它寵愛的人也不會慷慨無度。長孫無忌居於九天之高，卻在輝煌的頂點跌入萬丈深淵，他的命運令人唏噓，他的身上充滿了各種悖論。「誣告謀反」，同樣的政治法則，他曾屢試不爽，卻也在他如日中天時成為自己的奪命神器。一旦告人謀反，就能光明正大地繞開必要的司法程序，直接進入真相缺席的不審而判。這一點觸及了中國古代政治的一個根本問題，它揭示出皇權的深層不安，顯露出「臥榻之側，豈容他人酣睡」的敏感性和警惕性。

關於這一點，許敬宗顯然是讀透了，看明白了，而且用得穩、準、狠，恰到好處。「誣告謀反」哪怕只是造謠，也會在皇帝心裡投下巨大的陰影，為了保持江山永固，也為了保險起見，一般的皇帝都會「寧信其有，不信其無」。於是，「誣告謀反」也成為權力鬥爭中一本萬利的利器。

當然，「誣告謀反」能夠在長孫無忌身上立竿見影的一個重要背景就是，他已經身處「勇略震主」、「功蓋天下」的危險位置。在中國古代歷史上，皇帝與權臣的關係是一個永遠沒有答案的難題，他們的和諧相處最需要彼此信任、襟懷坦蕩，但是他們總會出於自我保護的本能而缺少安全感，猜忌的種子一旦播下，一個莫須有的謠言就能引發殘酷的零和博弈。

這樣的例子不勝枚舉，在易代之際，皇帝與權臣的關係往往表現為繼任皇帝與託孤大臣之間的矛盾。漢代的霍光廢除了在位僅二十七天的昌邑王，而後親自選擇了流落民間的劉病已作為皇帝。但是劉病已對霍光的感情十分複雜，一方面感恩戴德，另一方面心存忌憚，與之交往時「若有芒刺在背」。霍光死後，他的子女就因謀反而家破人亡。隋朝的楊素歷事三朝，功勞最高，也是出於富貴常保的考慮，幫助晉王楊廣挫敗了位居東宮的楊勇，將楊廣一手扶上皇帝的寶座。結果楊廣一繼承皇位，楊素就遭到嫉妒，直到他的兒子楊玄感起兵造反而身死族滅。在顧命大臣與新任天子之間，在既得利益者與新生貴族之間，總是存在著難以調和的矛盾，這是一對世界上最難處理的關係之一。

在承平時期，皇帝與權臣的關係常常表現為皇帝與宰相之間的權力平衡，也就是通常所謂「君權」與「相權」的關係。宰相是朝廷實際上的「執政者」，職能是總統庶政、調和陰陽，在有唐一代更是禮絕百僚，哪怕皇帝見了也要躬身行禮。正因為宰相所處的崇隆地位，使得「君權」與「相權」始終處於此消彼長的博弈之中。長孫無忌讓皇帝感到莫大的恐懼，正因他為相三十年，無論是聲名威望還是實際能力，足以「攘袂一呼，嘯聚羽翼」。

而「誣告謀反」能夠奏效也是因為「謀反」在很多時候確實成功了，皇權在不知不覺間拱手讓人。南北朝時期，「江南多好臣，一年一易主」，南朝宋、齊、梁、陳，一共四次政權更迭都是權臣尾大不掉最終取代皇帝的劇情。而當僭主對原來的皇室趕盡殺絕時，每一個末代皇帝幾乎都會在飲下毒酒時悲呼：「願生生世世，再不生帝王家！」謀反的成功先例更加劇了皇帝的不安和對大臣的戒備。

皇帝與權臣之間的緊張關係其根源就在於皇權的絕對性與完整性，因為一旦失去皇權，就意味著失去一切。對於皇帝和他身後的皇位而言，要嘛是完完全全的得到，要嘛是徹頭徹尾的失去，這中間沒有分權的緩衝地帶和妥協空間。正因為皇權不可分割的絕對性，皇帝比權力階梯上的任何人都更需要安全感，也更容易產生恐懼和猜忌。因此，一旦聽到「謀反」的消息，皇帝基本上在來不及進行司法調查的情況下，就被恐懼驅使著進行間不容髮的處理。在這裡，權力才是決定一切的自變量，事實並不重要，皇帝如果行動遲緩，被對手占據先機，那麼送上審判席的就會是自己。在這樣的邏輯之下，公正獨立的司法程序無從產生，而皇帝也只有從不斷的鬥爭和勝利中獲得安全感。結果，在這場權力遊戲中，沒有人會獲得最終的安全感。

羅素在《權力論》中說過這樣一段話：「一切服從的現象，根源都在於恐懼，不論我們所服從的領袖是人還是神。」這說明「恐懼」在塑造權力過程中的重要作用，人們因為恐懼而服從，而皇帝也會出於恐懼而尋求安全感，結果就是對任何潛在挑戰的風聲鶴唳。

這不是基於「權謀」的技術性分析，而是深刻地影響著中國古代的歷史進程。由於皇權的深層不安，皇帝視大臣為潛在對手，導致整個制度設計無法追求更高的目標，而在如何保住皇權、防止謀反、強君弱民上花費了太多精力。韓非子就明確表示，「萬乘之主，千乘之君，所以制天下而征諸侯者，以其威勢也」，並赤裸裸地宣稱，君主的最大敵人不是敵國，而恰恰是本朝的大臣。

一部中國古代政治制度史，有一條脈絡非常清晰，就是隨著歷史發展，制度設計越來越把「防止謀反」作為一個重要的考慮因素，主要表現就是削弱宰相權力、地方發展和社會活力。比如，根據宋代的軍事制度，帶兵打仗的統帥只能臨時選擇，不是為了提高戰鬥效率，而是為了防止串通謀反；元代奠定的中國行省制度中區域劃分不是為了更好地促進地方發展，而是把膏腴之地分割，將山川形勝打散，使得任何一個地方都無法與朝廷對抗。以「防止謀反」為出發點的制度設計背後是皇帝與大臣、中央與地方隱然對立的潛意識，這當然能保住皇權，但是犧牲了社會發展的效率、多元與活力，也無法為公正獨立的司法審判提供生存空間。

在聽到李恪大聲疾呼「社稷有靈」的時候，長孫無忌或許只是捻鬚一笑。然而，如果只有赤裸裸的權力鬥爭，那麼誰也不會是安全的。九泉之下，長孫無忌當有切身體會，也應有深刻反思。

而在武則天立為皇后的政治風波中，有長孫無忌、褚遂良等大臣從高位墜落，也有勳臣宿將隨波逐流、明哲保身，這其中就包括向來以正人君子、忠君愛國自居的一代名將徐世勣。徐世勣一向以忠義之名著稱於世，但是在立武則天為皇后的事情上，他卻沒有像長孫無忌那樣表現出大臣應有的操守與氣節。真誠已經墜落，虛偽得以保存，而徐世勣終於在人生的最後階段撕開了偽善的面具，也讓人窺見這位偽君子持續一生的華麗的道德表演。

第四章

徐世勣「道德理想國」的虛偽表演

徐世勣，後來以「李勣」之名聲震史冊，前半生是綠林裡的英雄好漢，後半生是廟堂上的忠臣義士。「功定華夷，志懷忠義」，《舊唐書》已迫不及待地將他塑造為完美的道德楷模。然而，就是這樣一個「道德楷模」，實際上進行了一輩子的偽裝表演。那一片奪目的道德之光，不過是用偽裝堆砌的海市蜃樓。

當然，徐世勣並不是「大奸似忠」那類臉譜化人物，他只是一個善於將「私利」穿上道德外衣的高手。他以黑社會的身分起家，有出人頭地的渴望和建功立業的野心，但是他的出生入死，從來都不是出於表面標榜的忠君愛國，而只是為了他自己的寵祿及身與富貴長保，在慷慨激昂的道德面具下進行著個人利益的精打細算。他不像李林甫在道德的外表下包藏禍心、口蜜腹劍，他不是衛道士，但也不會窮凶極惡，他只是一個小心翼翼的、精緻的利己主義者。

不可否認，徐世勣卓著的戰功為他的政治生涯打下了堅實基礎。他追隨李世民打敗了王世充，平定了劉黑闥，戰勝了輔公佑，與李靖一起趕走了突厥，與李孝恭一起收復了江南。直到唐高宗時，已屆耄耋之年的他還率領各路大軍征服了高麗，完成了隋煬帝、唐太宗的未竟事業，以此達到了人生輝煌的頂點。徐世勣的軍事才華無與倫比，但是從他的政治生涯來看，戰功卓著僅僅只是奠定了基礎，道德偽裝才推動了他的政治飛躍。

在瓦崗寨嘯聚山林時，他就以江湖義氣而聞名。後來追隨李密逐鹿中原，他又以講信義、重然諾而身居要職。在追隨李密投降李唐之後，他仍然不顧李密曾經對自己的傷害，對已經失敗的李密念念不忘，這份不忘舊恩的「忠誠」深深打動了唐朝的李氏父子。徐世勣剛剛進入李唐集團，就得到了李淵「實純臣也」的評價；他曾在皇宮舉杯豪飲，醉倒後受到李世民御袍加身的禮遇。如果徐世勣的生命到此結束，那麼他的偽裝也將天衣無縫，他的美名也將永世長存，只可惜，命運卻非要在他畢生表演行將結束時，把道德外衣倏然撕碎。

在徐世勣行將就木的晚年，是否立武則天為皇后考驗著每一位朝廷大臣的操守與堅持。而徐世勣在這一問題上的趨炎附勢，成為武則天登上皇后位置的最大推動力，這險些斷送了唐朝的大好河山，也終於掀開了徐世勣的道德偽裝。「歲寒，然後知松柏之後凋也」，只可惜，他沒有通過終極考驗，人們也由這一個汙點窺見了他在道德外衣下的虛偽本質。

徐世勣為自己編織了一個加厚的保護網，他懂得權力鬥爭的法則，卻從來不露出絲毫狡猾；他深諳偽君子的表演藝術，達到了「假作真時真亦假」的至高境界。他言必稱忠孝、行必重仁義，永遠站在道德制高點憑臨眾生，但在他的內心，卻始終計算著一己私利的複雜方程式。

自始至終，他的飛黃騰達都是一個巨大的諷刺：在追求道德完美的儒家政治體系中，一個善於偽裝的人為什麼能平步青雲？如果仁義道德可以通過偽裝而達到以假亂真，那麼追求道德純潔性、構建道德理想國又會帶來哪些問題？

詭詐與仁義的兩面性

徐世勣一生戰功卓著，幾乎參與了初唐時期所有的重大戰役，是有唐一代最耀眼的明星將領，沒有之一。秦叔寶、尉遲敬德、程咬金、李靖等人都是後人津津樂道的名將，而秦叔寶、程咬金、尉遲敬德在諸侯爭霸的過程中出盡風頭，李靖在削平四夷的事業中盡領風騷，但這些人當中，唯有徐世勣經歷了唐朝肇建的所有重大戰役。

唐太宗李世民評價說：「朕今委任李世勣於并州，遂使突厥畏威遁走，塞垣安靜，豈不勝遠築長城耶？」比於長城之固，可見倚重之深。因此，認識徐世勣的內心世界也應該從理解戰爭出發。

《孫子兵法》有言：「兵者，詭道也。故能而示之不能，用而示之不用，近而示之遠，遠而示之近。」也就是說，軍事將領如果要戰勝對手，必須要兵不厭詐、善於偽裝，這從根本上就與仁義禮智信等道德價值背道而馳。與此同時，《孫子兵法》又說：「視卒如嬰兒，故可與之赴深溪；視卒如愛子，故可與之俱死。」軍事將領還必須懂得愛撫士卒、團結隊伍，使之願意與自己榮辱與共、赴湯蹈火，這就需要軍事將領重承諾、講義氣，增強隊伍的凝聚力與向心力。因此，詭詐以應敵，仁義以撫下，一個傑出的軍事將領，應該兼具詭詐與仁義的兩面性，應該做到對內仁義、對外詭詐。

徐世勣作為傑出將領，就將詭詐與仁義結合得天衣無縫，演繹得爐火純青。在與李靖一起攻打突厥時，當時唐軍得利，突厥後撤，而朝廷的持節使者恰好剛剛抵達頡利可汗的部落。從道德立場出發，朝廷使者到來表明朝廷願意與突厥對話協商，至少突厥人盛情迎接唐朝使者是從心裡接受使者帶來的和平信號，自然會放鬆警惕、疏於戰備，那麼唐朝軍隊講信義的做法應該是勒兵以待，這時發動進攻不單是背信棄義，也是置朝廷的信譽於不顧。然而，徐世勣絕不會同意這樣的書生之見，他從中看到了稍縱即逝的戰機，「今詔使唐儉至彼，其必弛備，我等隨後襲之，此不戰而平賊矣」。結果當然是詭詐獲勝，徐世勣贏得了平定突厥的不世功勳。

與此同時，徐世勣對待部屬，卻可以說是極盡仁義，不僅懂得「財聚人散，財散人聚」的道理，「前後戰勝所得金帛，皆散之於將士」，而且善於運用「推人之功，納己之過」的統治藝術，「事捷之日，多推功於下，以是人皆為用，所向多克捷」。在追隨李密的時候，徐世勣攻下了黎陽倉，「就倉者數十萬人」，這些人中間就有日後飛黃騰達的魏徵、高季輔、杜正倫、郭孝恪等文人學士。徐世勣「一見於眾人中，即加禮敬」，把這些士大夫「引之臥內，談謔忘倦」，這不僅贏得了「有知人之鑑」的美名，而且救人於危難之際、拔人於未顯之時，也足以彰顯徐世勣的信義為懷。

徐世勣起於草莽，他所標榜的義氣也帶著極其濃烈的江湖氣息。他在追隨李密東征西討時，與單雄信結下了深厚的同袍情誼，本該是一個戰壕作戰的手足兄弟，卻因為命運的跌宕而勞燕分飛。李密在敗給王世充之後降了李唐，徐世勣隨後也加入了李唐集團，而單雄信則投靠了王世充。後來，李世民平定王世充後，單雄信遭到生擒，按照慣例應該以死論處，徐世勣這時表現出足夠的兄弟義氣，「勣表稱其武藝絕倫，若收之於合死之中，必大感恩，堪為國家盡命」，而且願意以自己的官爵贖單雄信一命。無奈唐高祖李淵不許，在單雄信臨將就戮之時，徐世勣「對之號慟，割股肉以啖之」，而且正氣凜然地為其送終，「生死永訣，此肉同歸於土矣」。此情此景，此言此行，將義氣二字演繹得感人肺腑，真可謂見者驚心，聞者落淚，無不為之心有戚戚焉。單雄信死後，徐世勣收養了他的兒子，將這份手足之情堅持到底，善始善終。

不能不說，徐世勣不僅有軍事將領獨有的血性與尚武精神，而且有與尚武精神相伴而生的江湖義氣，他以一把仁之劍、一把義之劍，取人心於無形之間，為他自己樹立起崇高的道德感召力，甚至在他死後，「聞者莫不淒愴」。然而，一旦將這份義氣用於粉飾自己的道德形象，並以此作為博取君王信任的資本，那麼道德也就失去了作為價值標準的純粹性而被異化為克敵制勝、俘獲人心的工具，難免會造成一種真假難辨的道德偽善。

在兩軍對陣的沙場，詭詐以應敵，仁義以撫下，二者可以各司其職、涇渭分明。但是，當戰場從有形的軍事轉向無形的政治，敵我之分瞬息萬變，詭詐與仁義也就相互交織、彼此滲透，直到你中有我、我中有你，而詭詐更是包裹在仁義的外表之下，殺人無形而又不知所終。而這正是理解徐世勣的關鍵。

精緻的道德表演

徐世勣動合時宜、進退有度，既能敏銳地捕捉皇帝的需求，也能精確計算個人利益最大化的最優路徑，更懂得如何把個人私利包裝在慷慨激昂的道德面具之下。

他的偽裝藝術如此之高，如果不進行抽繭剝絲的思辨，很容易「亂花漸欲迷人眼」，被「崇高」的表象所迷惑。從表演藝術來說，徐世勣是真正的大師。

徐世勣初入江湖就與翟讓等人在老家聚眾為盜，他當時年僅十七，就對翟讓說：「今此土地是公及勣鄉壤，人多相識，不宜自相侵掠。且宋、鄭兩郡，地管御河，商旅往還，船乘不絕，就彼邀截，足以自相資助。」意思是說，在老家都是父老鄉親，下不去手，不如換個地方做強盜。從強盜的素養來說，徐世勣能放過鄉土的熟人也算是良心未泯、盜亦有道，但是熟人與陌生人都是人，殺熟人有所不忍，殺陌生人就能心安理得嗎？可見，這份對熟人的選擇性憐憫並不是真正的天地良心。

後來，徐世勣投靠李唐集團，入伙的第一次發聲就刻意帶著高亢的道德音色。當時，李密兵敗降唐，徐世勣作為李密的部將還統領著黎陽，不久就占據了李密原有的土地與兵馬，但此人此土未有所屬，徐世勣也缺少自立門戶、舉旗爭霸的意志，於是也決定隨之歸順李唐。按照一般人的思路，直接向李淵俯首稱臣是順理成章的事，但徐世勣卻抓住這次機會，在李淵面前進行了一次華麗的道德表演。他並沒有直接向李淵上表，而是「具錄州縣名數及軍人戶口，總啟魏公，聽公自獻」，也就是獻給李密，讓李密轉獻給李淵。

為什麼要拐這麼一道彎？徐世勣對此有一番深思熟慮，他認為，如果直接把土地和人口獻給李淵，那對於曾經的老闆李密來說，就是「利主之敗，自為己功」，也就是賣主求榮。所以說，講義氣的做法應該是把土地和人口交給李密去敬獻，那樣舊主恩情不忘、新主邀寵未減，可謂兩得其宜。果然，李淵在聽說徐世勣這番苦心後，大喜曰：「徐世勣感德推功，實純臣也。」這顯然是為徐世勣的「忠義」所感動，「純臣」的評價也不可謂不高。徐世勣在李淵心中留下的第一印象，就打上了「忠義」的烙印。

表面上看，徐世勣如此不忘舊恩不正是對「忠」的最好解釋嗎？其實，這是徐世勣處心積慮的一場「道德秀」。如果真心不要「利主之敗」，那就根本不用歸順李唐；換句話說，只要歸順李唐，無論以什麼方式投降，都是在「利主之敗」。於是，對徐世勣而言，投降成為一個兩難的選擇，如何既能從表面上逃避「利主之敗」的道德指摘，又能向新主證明自己的忠誠？

這時，徐世勣對權力法則的深刻洞察就派上了用場。在中國古代，君主考察一個人是否忠誠的重要檢驗方法之一，就是看這個人如何對待曾經的首領。如果是人走茶涼，那麼自己也可能是同樣的下場；如果是慎始善終，那就說明這個人氣節不改、忠貞不移。一代名臣魏徵曾經是隱太子李建成的幕僚，看到秦王李世民立下不世功勳，「陰勸太子早為計」，後來李世民率先發動「玄武門之變」殺死了李建成，李世民於是責備魏徵離間皇室兄弟，魏徵則直言不諱地說：「太子蚤從徵言，不死今日之禍。」按道理，這句話應該會觸怒李世民，但李世民「器其直，無恨意」，就是因為魏徵對舊主忠貞不移讓李世民認識到魏徵並不是見風使舵的小人。顯然，徐世勣深諳此道並由此找到了兩全其美的解決辦法：把土地與人口交由李密敬獻，既顯得仍然忠於舊主，也能讓新主看到自己對舊主的態度。可以說，經由李密轉交，不是在表達政治忠誠，而是在玩弄權謀技巧。

對舊主「感德推功」並非真正對舊主心懷感恩，而都是表演給新主看的。對於這場「道德秀」，徐世勣也時時不忘做到有始有終、滴水不漏。

後來，李密反叛伏誅，徐世勣表請收葬並且舉行了一場盛大的祭奠儀式，「勣服衰絰，與舊僚吏將士葬密於黎山之南，墳高七仞，釋服而散」。徐世勣的做法再次贏得了上至天子、下及群臣的讚揚，獲得了「朝野義之」的美名。但是認真推敲，如果真正忠誠於李密，李密逃亡的時候，徐世勣就應該舉兵相隨；李密被殺的時候，徐世勣更應該起兵護主。而在這些關鍵時刻，徐世勣又在哪裡？斯人已逝，屍骨已寒，而後在死者的墳塋上大做文章，對死者，如許「忠誠」來得太遲，對生者，這樣表演卻恰逢其時。

這樣的偽裝可謂「天衣無縫」，真實的目的被包裹在冠冕堂皇的理由之下，人們還沒來得及去拷問本質，就已然為表面的道德熱忱感動不已。「理性是激情的奴隸」，在理性思考萌芽之前，道德感動就將人心攫住，並讓思考流失於熱淚縱橫之間。在以後的政治生涯中，徐世勣不斷用偽裝鋪就進身之階。

道德外衣下的苟合取容

人性是最厲害的武器，人總是傾向於相信表面的美好，徐世勣顯然抓住了人性的這個弱點。因此，他的表演總是大獲成功。

徐世勣以大氣凜然的「忠義」，在皇帝的內心激起巨大回響，不斷穩固著皇帝的寵愛與信任。有一次徐世勣驟得暴疾，據說要用鬍鬚燒成灰才能治好，李世民立刻剪掉自己的鬍鬚，為其和藥。徐世勣自然「頓首見血，泣以懇謝」，而李世民只是淡淡地說了一句「吾為社稷計耳，不煩深謝」，其見寵如此。

李世民直到彌留之時，對徐世勣寄以託孤之重，並做出了「思之無越卿者」的評價，而理由恰恰是「公往不遺於李密，今豈負於朕哉！」還是那一套邏輯，對舊主一以貫之，對新主豈會始亂終棄？徐世勣也認準了這一邏輯，通過李密這個政治失敗者，盡情演繹著他的「忠誠」，並讓皇帝看到「山無稜，江水為竭，冬雷震震夏雨雪，天地合，乃敢與君絕」的堅定性，這真是戳準了皇帝心中最柔軟的那個部分。

但實際上，即便排除這份「忠誠」的表演成分，剩下的也不過是無原則的苟合取容、阿諛奉承。唐太宗李世民曾要求群臣指出自己的過錯，徐世勣的回答是「陛下以盛德致太平，臣等愚不見其過」。李世民文治武功、千古獨步，說「不見其過」還能勉強搪塞，但是暗弱無能的唐高宗李治總不能也沒有什麼過失吧？李治有一次說，隋煬帝拒諫而亡，朕常以為戒，但是現在無人進諫，這是為什麼？徐世勣回答說：「陛下所為盡善，群臣無得而諫。」把「無人進諫」說成是「無得而諫」，這是非常高明的概念偷換，「無人進諫」暗含的意思是皇帝不能虛心納諫以至於言路壅蔽，而「無得而諫」的意思是皇帝的所做所為堪稱盡善盡美以至於群臣百官沒有什麼可挑剔的。寥寥數字悄無聲息地把皇帝納諫的問題變成了對皇帝的歌功頌德，皇帝能不心花怒放？

有意思的是，武則天在臨朝稱制後曾問群臣，何為「忠」？有一個人的回答最令人滿意：「外揚君之美，內正君之惡。」也就是說，忠於君主，除了對外宣揚君主的美德令譽之外，關起門來還要匡正君主的過失。忠，並不是無原則地逢迎拍馬，而必然包括堅持原則、謹守底線，甚至在皇帝犯錯的時候，敢於犯顏直諫、以正君惡，這才是對皇帝和朝廷負責任的「忠」。正所謂「嘴不饒人心必善，心不饒人嘴必甜；心善之人敢直言，嘴甜之人藏謎奸」。而徐世勣的忠，以苟合取容為能事，以迎合上意為光榮，即便認識到君主的過錯，也必然文過飾非，這恰恰是一種「偽忠」。這一點將在決定唐朝命運的關鍵時刻助紂為虐。

當然徐世勣心裡也清楚，道德外衣再華麗也不過是博人眼球的外衣。政治，最重要的還是實際的權力法則。李世民畢竟是千古一帝，臨死時既用「思之無越卿者」的高度評價來正面激發徐世勣的忠誠，也從反面對徐世勣做出了一番深思熟慮的安排：李世民認為繼任皇帝李治對徐世勣無恩，於是先將徐世勣貶官出京，李治登基後再提拔為宰相，以博取他的感恩戴德；相反，他要是徘徊顧望，就立刻處死。李世民的矛盾態度說明他至少對徐世勣表現出來的忠誠有所懷疑，而徐世勣對此也早有防備，因此也能再度以偽裝而棋高一著。詔令一出，徐世勣連家都不回，立刻赴任。徐世勣何苦「不至家而去」？

徐世勣太清楚這一道詔令的用意了：一方面，李世民即將撒手人寰，徐世勣有尾大不掉的可能，調任地方則可以剪除潛在威脅；另一方面，先皇令抑，嗣帝後揚，是為了給李治騰地方。因此，徐世勣的任何遲疑都可能被視為政治上的別有用心。而他「不至家而去」，迅速果斷地執行皇帝詔令，尤其在權力交接、人心浮動的敏感時期更能顯出對皇室的絕對服從，也足以讓李氏父子放心了。

這一番「不至家而去」的道德表演將暗流洶湧的政治博弈隱藏在幕後、化解於無形，再次顯示出徐世勣高超的偽裝藝術。

人生最後時刻的暴露

徐世勣的偽裝成就了他自己，卻差點斷送了大唐的錦繡山河。但也是在這一次，長孫無忌、褚遂良等輔政大臣或誅或貶，而徐世勣依然穩坐官位，安然度過了人生的最後一次政治風波。

唐高宗登基後，立即召回徐世勣，而他也知趣地立刻回朝，配合得天衣無縫。隨後，一場政治風波暗流湧動，在大唐政治版圖下不斷奔突，最後終於湧到台前。李治決意要廢掉原配，改立武則天為皇后。這表面上看只是皇后的廢立，但實際上是一場波譎雲詭的政治博弈，朝廷大臣由於對武則天的不同態度裂變為兩大陣營。武則天能否當上皇后關係到朝廷政治版圖的一次重新洗牌。

支持武則天還是反對武則天，這一選擇決定了每個人的政治命運。在這關鍵時刻，徐世勣無法通過偽裝而蒙混過關，只有做出明確的選擇。按照慣例，李治邀請長孫無忌、褚遂良、徐世勣等大臣入宮，討論皇后廢立的大事。顯然，這時李治發出了有意廢后的信號，但是他的決心有多大，尚未可知，因為如果他決心已定，就會以廢立皇后是朕家事等理由拒絕群臣進諫，也不必再請大臣商議了。皇帝的態度與決心模稜兩可，這時進宮亮明自己的態度，不管支持還是反對，都有可能與皇帝的想法相悖，都有可能是錯的，也都有可能招致殺身之禍。隔著這層「無知之幕」，徐世勣聰明地選擇了「稱疾不入」。

他想要「謀定而後動」，看看別人怎麼說，皇帝怎麼回應，等這些都摸清楚了之後，再來發表自己的看法，這樣自己就能立於不敗之地。從他個人的角度來看，這或許可以稱之為明哲保身的「政治智慧」，但是對於國家而言，這就是對朝廷綱紀的不負責任，對道德敗壞的放任自流。

為什麼？答案很簡單，因為從道義上來講，李治不應該立武則天為皇后。武則天是李世民寵幸過的嬪妃，先朝嬪妃如果成為當朝母儀天下的皇后，就有亂倫的嫌疑，這顯然有悖大唐立國的道德基礎與倫理價值。再者說，皇帝的原配皇后並無過失，作為母儀天下的象徵性符號，如果無罪被廢，就難免引發非議、擾亂朝綱。更何況武則天玩弄權術，「入門見嫉，蛾眉不肯讓人；掩袖工讒，狐媚偏能惑主」，更是朝野上下人盡皆知的事實。如果徐世勣真正踐行他所標榜的「忠義」，這時就應該挺身而出、捨生取義、維護道統，而不是身為國家大臣而匍匐於權勢，更不能當縮頭烏龜，不敢擔當。重大關頭往往是終極考驗，可惜徐世勣裝了一輩子，卻在這次考驗中穿幫露餡了。

徐世勣的觀望確實為他爭取了戰略空間，也等到了一個確定的答案。褚遂良作為託孤大臣，對皇帝動之以情、曉之以理，甚至還動情地引用李世民臨死前的話勸諫說：「先帝不豫，執陛下手以語臣曰：『我好兒好婦，今將付卿。』」如此苦口婆心，卻給自己帶來了一貶再貶的下場。長孫無忌由於堅決反對立武則天為皇后，竟被誣告謀反而遭到流放，最後慘死在南蠻荒野。長孫無忌一手把李治推上皇位，又是李治的親舅舅，恩則君臣，親同父子，竟能遭此下場，皇帝的決心不是顯而易見嗎？於是，徐世勣也有了自己的答案。不久後，李治問起徐世勣的意見，他只是輕描淡寫地說這是皇帝的家事，「不合問外人」。簡單幾個字，就明確表達了自己的態度，也堅定了李治的決心。

冊立武則天為皇后的儀式，由徐世勣親自主持。徐世勣擔任這一角色簡直是最合適的人選了，他是三朝元老，由他出面為武則天站台，足以為名不正、言不順的武則天提供道義支持。這是他人生最後一個閃耀時刻，他或許看不到武則天誅殺李唐宗室的那一天，也無法預見武則天掀起「酷吏革命」的那一幕，但他為了保全自己，不惜給一個王朝留下巨大隱患，這樣的代價也太過高昂。而這個王朝，曾是他發誓要以死效忠的，多麼具有諷刺意味。

如果徐世勣在此之前就去世，那麼他的形象或將完美無缺，但是在冊立武則天過程中的趨炎附勢暴露了他包裹在道德外衣下的詭詐，也終於撕開了他精心製作的道德外衣，讓人能夠觸摸到偽善的本質。王夫之在《讀通鑑論》中一針見血地指出：「徐世勣始終一狡賊而已矣。」

道德純潔性帶來普遍偽善

徐世勣最後在榮華富貴中安然離去。據史書記載，他在死前就像得到某種神祕的啟示，突然跟家人說病情好轉，可以置酒宴樂。於是歌舞起於堂上，子孫列於簷下，這時徐世勣對家人做了一番囑託，說房玄齡、高季輔等一代名臣辛苦做得門戶，卻遭到後世癡兒破家蕩盡，子孫後代應以此為戒。人之將死，其言也善，徐世勣這番話說得樸實而又坦誠。但直到離世前，他最為掛懷的還是一家一姓的沉浮安危，這與他忠君愛國的形象形成強烈對比。

他走了，但是他提出的問題還縈繞著中國古代的政治傳統。

在漢武帝獨尊儒術之後，中國古代政治就走上了政治與倫理、權力與道德混合的道路，這其中把父子關係擴展為君臣關係，「移孝作忠」是儒家倫理實現政治化的核心步驟。「孝」是對父母的忠，「忠」則是對君主的孝。皇帝用人，最看重的是「忠」，而「忠」也是評價個人德行最核心的標準。司馬光在《資治通鑑》中說：「故才德全盡謂之『聖人』，才德兼亡謂之『愚人』；德勝才謂之『君子』，才勝德謂之『小人』。」

一部治亂交替、盛衰循環的中國歷史中，王侯將相何其多也，太平盛世何其壯也，而其中平天下、治盛世的所有經驗歸根結柢就是用人問題，正如《貞觀政要》

的概括，「為政之要，唯在得人」，而用人的所有經驗，說到底就是用君子、退小人，正如諸葛亮的總結：「親賢臣，遠小人，此先漢所以興隆也。」進賢退佞，是歷朝歷代都推崇備至的用人寶典，卻隱藏著人性層面的根本漏洞。這個漏洞，被徐世勣無情地挑開了。

「親賢臣，遠小人」的前提是需要分辨誰是賢臣，誰是小人，而辨別賢佞的關鍵不在才能高低，而在德行善惡；不在能與不能，而在忠與不忠。如果說能力的考察更容易標準化，更具有操作性，那麼德行的判斷則容易撲朔迷離。尤其是，當「忠」可以偽裝，當「德」可以表演，安能辨我是忠奸？如果君子與小人難以區分，甚至到了以假亂真的程度，那麼親賢臣也就變成了親小人，遠小人也就變成了遠賢臣，朝廷就會失去辨別賢臣與小人的能力，那麼「親賢臣，遠小人」又如何真正付諸實踐呢？就像徐世勣帶來的反諷那樣，李世民臨死之際授予託孤之重，是寄望於他的「忠義」，希望他能夠輔佐繼任皇帝保住社稷、造福天下，但徐世勣的「忠義」僅僅是一種表演，他在關鍵時刻露餡兒，差點兒讓大唐江山斷送於武則天之手。

其實，關於忠孝在行為層面的偽裝問題孔子早有洞察。孔子曾批評說：「今之孝者，是謂能養。至於犬馬，皆能有養；不敬，何以別乎？」在孔子看來，「孝」不僅是贍養，更應該包括心中的敬畏。如果只是贍養，那麼連犬馬都能做到這一點。推而廣之，「孝」與「忠」的關鍵是「敬」，是存乎一心的真誠與敬畏。《禮記·

中庸》有言：「故君子慎其獨也。」宋朝的朱熹這樣註解道：「獨者，人所不知，而己所獨知之地也。」事實上，孔子所謂的「敬」，也屬於「己所獨知、人所不知」的自律領地。心中有「敬」則富貴不能動其心，爵祿不能改其志，生死不能阻其行。但是問題在於心中無「敬」，行為上也可以偽裝，表面上表現得正氣凜然、忠貞不貳。內心的真假，無法通過行為來判斷，只有在極端考驗下才能辨別善惡真偽，孔子對此也早有先見之明，他說：「歲寒，然後知松柏之後凋也。」

這正是道德政治在人性層面的根本悖論。不可否認，將道德修養作為評價標準寄託了中國古人對官員人格的美好期待，對美化風俗的崇高追求，但是道德可以作為內心約束，它屬於因信稱義、心誠則靈的隱祕世界，一旦把道德化為一個普遍標準，並以此作為陟罰臧否、選賢任能的準繩，就必然帶來普遍的偽善。事實上，這一點在東西方歷史上都具有共性。宗教改革之前，天主教內部由僧侶集團掌握著信仰的特權，也試圖控制著每個信徒的內心世界，結果帶來的是教會的藏汙納垢、言行不一與普遍虛偽。宗教改革引入了「因信稱義」的原則，每個信徒都可以直接面對上帝，從而將僧侶集團從人心中放逐出去，讓信仰與道德回歸個人的心靈。說白了，好的制度不是要捨棄道德標準，而是要讓道德回歸內心，讓行為受到約束，讓真小人無法作惡，讓偽君子難以高升。

人與動物的本質區別在於人擁有與生俱來的道德判斷能力，這正是人稱之為人的高貴所在。因此，追求崇高的道德境界也是人類所有文明的共同志向。然而，對道德的追求容易陷入「泛道德化」的陷阱，即把內心的道德擴張為外在的一般標準，尤其是與政治和權力結合起來，就更容易走向反面，適得其反，帶來以假亂真的表演和言行不一的虛偽。

徐世勣並不是空前絕後的人物，在他之前和之後，歷史上都有大量以道德名義攫取權力財富的人。那些長袖善舞的偽君子會比真君子表現得更道德、更高尚。歷史反覆在證明這一點：在道德政治中脫穎而出的不是敢於面折廷爭的忠臣義士，而是善於阿諛奉承的假道學、偽君子。可以說，追求道德純潔性的結果正是普遍的道德偽善，而建造「道德理想國」的結果則是真君子無用武之地，偽君子有進身之階。

徐世勣晚年這樣總結自已的一生：「我年十二三時為亡賴賊，逢人則殺。十四五為難當賊，有所不愜則殺人。十七八為佳賊，臨陣乃殺之。二十為大將，用兵以救人死。」當盜賊是「逢人則殺」，而成為官軍之後，殺人是為了救人。在他看來，黑社會是「流寇」，所以可以肆無忌憚地殺人；而政府則是「坐寇」，因此不能殺雞取卵、竭澤而漁。總之都是殺人，黑社會與政府的區別僅僅在於目的的不同。一個對政治的理解如此冷血的人，他只會像狐狸般狡猾與像獅子般殘忍。只可惜，他在張開利爪時戴上了綿羊的面具。

徐世勣在人生最後時刻的敗露，讓懷著狼子野心的武則天登上了皇后的寶座。

而徐世勣撒手人寰之後，武則天先是垂簾聽政，與李治二聖並立，接著臨朝稱制，將繼位的皇帝架空，對皇室子孫趕盡殺絕，更掀起了中國歷史上令人膽戰心驚的「酷吏革命」，在歷史典籍上留下了斑斑血跡。環顧宇內，天下之大已經沒有任何力量能夠阻止武則天了。就在關鍵時刻，曾為徐世勣當作表演道具的倫理道德，在這時爆發出驚人的能量，在不知不覺間攫住了武則天堅若鐵石的心靈。

第五章

武則天
時間進程的「一個斷點」

武則天就像歷史的一個斷點，傲然游離於時間的進程之外。如果把中國歷史比作一幅水墨畫，武則天就是那座遺世獨立的孤傲山峰。她創造了空前絕後的奇蹟，也遭遇了亙古未有的孤獨。

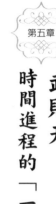

中國古代英雄輩出，但還是很少有人像武則天那樣複雜，即便是千載之後，也很難蓋棺論定。剛剛為她的心狠手辣義憤填膺，偏偏又被她作為女性的可愛一面所吸引；正要讚賞她選賢任能的開明與氣度，卻又為她掀起的「酷吏革命」不寒而慄。無論走向哪一個單向的維度，都會陷入劍走偏鋒的困局。她就是這樣令人捉摸不定，也因此自有一種不可抵擋的魅力。

她是一個複雜的矛盾體，在她的身上，融合了太多極端對立的元素——政客的陰險與女人的柔情，造反的狡詐與明君的胸襟，放肆的情欲與敏銳的洞察，愛美的心境與殺人的陰冷……或許正是這些內鑠於心的多重性格，才讓她在人生的不同階段履險如夷，在不同的人群間游刃有餘。她不是一個單向維度的人，永遠不會一條路走到黑，因此她能左右逢源、無往不勝。

政治是關於可能性的藝術，而武則天證明了中國歷史的一種可能性，那就是女人也能當皇帝。她不同於之前臨朝稱制的漢高后，也不同於之後垂簾聽政的慈禧太后，她們的權力雖然擬於人君，但還是借著與男人的關係「狐假虎威」，她們權力的合法性仍然依靠與男人的關係來支撐。與她們相比，武則天後來「周革唐命」、改變正朔則是直接把男人這棵大樹砍倒，讓女人成為權力的來源和主體，因此更有天馬行空的想像力，也更有挑戰一切的魄力。無論如何，把不可能變成可能，這一份想像力與膽魄就具有十足的現代性。

然而，悲劇就在於，當武則天站上權力的巔峰，她已經把整個時代踩在自己的腳下，卻發現這就是她人生的終點。真正是前無古人、後無來者，她發現自己站立在一個游離於時間之外的斷點，進一步是萬丈深淵，退一步也是萬丈深淵，由此她感到了徹頭徹尾的挫敗感。武則天費盡心機奪走了皇帝權力，卻發現她的權力根本無法傳承下去，她成為儒家政治秩序的一個棄兒。在經歷痛苦的掙扎後，她決定把權力還給大唐子孫，既革大唐之命，還復大唐之權，這相當於宣告自己一生的努力歸於失敗。究竟是什麼打敗了這個曾經戰勝一切的女人？

武則天創造了歷史，但是她無法贏得未來。她在成功的時候，證明了「政治是關於可能性的藝術」；而她在失敗的時候，則揭示出中國政治超穩定結構的哲學基石。她戰勝了所有人，也踐踏了有形的政治制度，卻不能打敗無形的政治哲學。那麼，作為女人，武則天怎樣一步一步爬上權力的巔峰？最後，她又怎樣在晚年時光敗給了那個雖然無形卻又無處不在的政治哲學？

不惜殺死女兒以搏出位

武則天在十四歲時就表現出與眾不同的思維與膽識。那時，她正值及笄之年，天生麗質難自棄，養在深閨之時，芳名就已驚動當朝皇帝李世民。於是一道詔書，招她入宮。女兒一朝選在君王側，自然是好事一樁，但畢竟宮廷凶險，年少入宮前途未卜，於是武則天的母親「慟泣與訣」，但她卻談笑自如說：「見天子庸知非福，何兒女悲乎？」宮闈之間，往往危機四伏，一位芳齡十四的女孩竟無所畏懼地樂觀前往。武則天的人生，就這樣拉開了序幕。

武則天的人生軌跡屬於典型的「否極泰來」的辯證風格。在李世民駕崩之後，她作為先朝嬪妃出居宮外，入寺為尼，人生可以說是陷入了難以挽回的低谷。李世民生前，武則天在後宮佳麗中未曾顯達；李世民死後，她在名義上又是先皇的女人，哪個男人敢娶為妻室？武則天似乎只有落髮為尼、遺世獨立這一條逼仄的道路了，卻在渺然不知所歸的人生低谷迎來了驚天逆轉，繼任皇帝李治經常到感業寺弔唁先皇，竟與武則天擦出了愛情的火花。而武則天心裡明白，李治是她的唯一希望，因為只有皇帝能夠拯救皇帝的遺孀。

武則天善於抓住稍縱即逝的機會，她看準了李治多愁善感的性格，決定以自己的似水柔情與悲慘境遇來抓住李治的心。有一次，李治在感業寺路過佛舍，而武則天遠遠看到皇帝過來，悲從中來，且見且泣，淚光盈盈，楚楚可憐，李治的心果然為之融化，「帝感動」。可以說，此時此刻，李治已經暗下決心，哪怕將先朝嬪妃納入後宮要遭到非議，他也要把武則天從深淵中解救出來。而這時，後宮王皇后與蕭淑妃爭寵也恰恰為武則天提供了機會。王皇后久無子嗣，蕭淑妃方見寵愛，王皇后為了挾制蕭淑妃需要引入外援，而恰在此時聽說了李治與武則天暗送秋波的事情，於是決定將武則天「引內後宮，以撓妃寵」。於是，在李治的憐愛與王皇后的算計共同推動下，武則天越出了禮教大防的底線，再次進入後宮。王皇后還不知道，她引入的不是隊友，而是自己的掘墓人。

在後宮鬥爭中初露崢嶸，武則天已經將毒辣、冷酷與狡猾展現得淋漓盡致。她先是與王皇后聯合打倒了紅極一時的蕭淑妃，而後開始用反間計來對付曾經的恩人王皇后。俗話說「虎毒不食子」，但是武則天為了獲得權力，卻不惜賭上親生女兒的性命。當時，王皇后與武則天共同打倒蕭淑妃，結下了共同戰鬥的同袍情誼，王皇后對武則天尚未產生戒心。在武則天生下女兒後，王皇后欣然前往並毫無防備地抱著嬰兒玩耍，皇后哪裡知道，在抱起嬰兒的一剎那，自己已經大禍臨頭。武則天等皇后走後，竟親手用被子將女兒悶死。

故事發展至此，足見武則天泯滅人性的陰毒，而之後對整個陰謀的設計則體現出她洞悉人性的狡猾。她殺死女兒之後並不是哭哭啼啼向皇帝誣告皇后，而是裝作什麼事都沒有發生。等皇帝來看小公主，她歡笑如常，假裝打開被子，竟「發現」女兒已死。武則天偽裝得十分驚訝，「責問」太監宮女出了什麼狀況，而左右都回答說：「后適來。」聽聞之下，武則天什麼都不用說，只需要呼天搶地、搥胸頓足，做無可奈何的悲痛狀，皇帝自己就找到了她預設的答案──「后殺吾女」，並通過想像還原「真相」：王皇后自己沒有子嗣，對武則天心生嫉妒，竟不惜親手殺死她的女兒……

武則天成功做到了「看不見的說服」，能把誣陷做到如此極致，狠毒與狡猾缺一不可。如果她到皇帝面前誣告皇后，在後宮鬥爭如此激烈的背景下，皇帝也不可能只相信她的一面之詞。然而，武則天還有更大的計畫，親手殺死女兒只是第一步，更重要的一步是引皇帝上鉤。於是才有了後面的劇情，她自己假裝不知情，而在皇帝發現女兒已死的瞬間安排太監宮女以第三方的身分弱弱地說一句「皇后剛剛來過」，皇帝就能自然發揮想像力還原「真相」。她什麼都不用說，但是什麼都說了。

結果，皇帝對皇后益愈疏遠，而對武則天日見信愛，直到皇帝決定廢舊立新。就像她十四歲就冥冥中感受到的神祕啟示——見天子庸知非福，她已經實現了人生的逆襲。只是，手段太過殘忍。

殘忍並未因為勝負已分而停止，在她獲得成功之後，命人砍掉了皇后與蕭淑妃的手足，並將她們放在釀酒的甕裡，就這樣一直到死。而蕭淑妃的兩個女兒義陽公主、高安公主也遭到幽禁，年近四十而不嫁。武則天的殘忍狠毒令人毛骨悚然，但即便鐵石心腸如她，也會留下心理陰影。在以後的歲月裡，她總是產生幻覺，常常看到皇后與蕭淑妃「被髮瀝血」，無論怎樣「巫祝解謝」，總也揮之不去。然而，史書沒有記載，她在君臨天下之時，有沒有想到過那個剛剛出生、滿身還散發著嬰兒香的女兒。如果她想到了哪怕一秒鐘，相信那一定也是撕心裂肺的疼痛。

這時的她，或許當得起這樣八個字的評價：面若桃花，心如蛇蠍。

用「酷吏革命」掀起白色恐怖

流血一旦開始，就不會輕易停止。武則天奪取權力的過程充滿了血腥，而鞏固權力的過程只會有過之而無不及。

她與皇帝雙峰並峙、攜手臨朝，稱為「二聖」。她能夠準確地把握唐高宗李治的心理弱點：對付這個暗弱無能的皇帝，只需要永遠保持進攻態勢，就能讓他不斷妥協。李治也曾對武則天日益上升的權勢感到恐懼，於是命西台侍郎上官儀「草詔廢之」，左右侍從竟馳告武則天。她突然出現在皇帝面前，一番傾訴之後，皇帝不僅回心轉意，而且感到「羞縮」，更為自己辯解說：「是皆上官儀教我！」經過這番心理挫折之後，李治對武則天更加俯首帖耳、唯命是從，甚至一度「將下詔遜位於后」，被宰相郝處俊固諫乃止。

李治一朝撒手人寰，苦心經營多年的武則天就迫不及待地廢掉了繼任皇帝，開始了君臨天下的歲月。如果說皇帝曾經是她登上權力巔峰的梯子，那麼她現在已經不需要這把梯子了。而激盪在武則天腦海裡面的未來想像已經不是重演歷史上皇太后臨朝稱制的陳舊故事，她將要在一個父系社會創造女人的神話，那就是潛圖革命、自稱皇帝！皇太后臨朝稱制，是以前朝皇帝之妻、當朝皇帝之母這樣的身分行使權力，是以與男人的關係來定義自己的存在。武則天要做的事是擺脫這種限制，她要確立女人獨立的主體性存在。

然而，要實現這一目標，在一個男權社會又是何其艱難！潛圖革命、以周代唐甚至自稱皇帝，這樣的勃勃野心必然會激起不斷的反抗。於是，在當權歲月，武則天如坐針氈，始終把滿朝文武當作假想敵，擔心有人會謀反。在恐懼心理的驅使下，她掀起了中國歷史上最恐怖黑暗的「酷吏革命」，始終以猜忌而不是信任來治理天下。從此，「告密」正式成為一種統治術。

武則天昭告天下，公開鼓勵所有人舉報謀反，通過大臣之間陷入內訌而獲得皇位穩定。史書記載：「時四方上變事者，皆給公乘，所在護送，至京師，稟於客館，高者蒙封爵，下者被賚賜，以勸天下。」也就是說只要是告密的人，地方官要護送，到了京城還要住在朝廷客館，說得好的還能加官封爵，差點兒的也能獲得金銀賞賜。不但如此，「凡言變，吏不得何詰，雖耘夫蕘子必親延見，稟之客館」，只要是告密，官吏都不能阻擋，即便是村野耕夫，武則天也要親自接見。武則天就這樣用國家力量鼓勵天下告密。於是，「故上變者遍天下，人人屏息，無敢議」。在重賞之下，周興、來俊臣、索元禮、丘神績等酷吏應運而生，使得社會陷入了「一切人反對一切人」的內戰狀態，極大地破壞中國傳統的社會信任和政治生態。

來俊臣等人本來大字不識，但都通過告密而平步青雲。他們深知武則天鼓勵告密是為了挾制大臣，而不是真正存在多少造反的陰謀，於是這些人紛紛「以夷誅大臣為功」。時間一久，他們發明了無中生有的告密模式，即「告密—誣陷—升遷」的路徑，開始肆無忌憚地濫用「告密」的特權。他們的程序往往是：首先選擇告密對象，其次動用極刑，最後在屈打成招後入大獄、誅九族。告密的理由必然是「意欲謀反」，而告密對象的選擇往往與謀反沒有任何關係，或是消滅異己，或是出於報仇，或僅僅是因為看上了別人的老婆，所以不惜通過告密將其迫害致死，其荒謬如此！

用刑之手段更是慘絕人寰。索元禮喜歡用鐵籠戴在「囚犯」頭上，「以楔，至腦裂死」，還喜歡把「囚犯」掛在樑上，縋石於頭，而極刑一開，「相牽聯至數百未能訖」。如此殘忍無度卻得到武則天的嘉獎，「后數引見賞賜，以張其威」。來俊臣審判時，不問輕重先把醋灌進鼻子，然後掘地為牢，絕其糧食，囚犯「嚙衣絮以食，大抵非死終不得出」。來俊臣還製作了十種大枷，後來製成鐵製頭盔，人戴上後「宛轉地上，少選而絕」。後來，來俊臣都不需要動用極刑，只需要展示這些刑具就足以讓人「莫不震懼，皆自誣服」。關於告密的程序、用刑的步驟、刑具的使用，來俊臣將其分門別類，寫出集大成者的《羅織經》成為告密與極刑文化的濫觴。

告密成風、大獄屢興，骨鯁之臣朝不保夕，狄仁傑、魏元忠、宋璟、張說、姚元崇等名臣都曾在鬼門關走上一遭，而被酷吏誣陷謀反而招致家破人亡者，更不知凡幾。其中受到傷害最大的莫過於唐朝宗室子孫。在鎮壓了韓王李元嘉的起義之後，武則天把宗室視為更大的潛在威脅，十多個親王及家族遭到陰誅顯戮，「自是宗室諸王相繼誅死者，殆將盡矣」。

「酷吏革命」達到了道路以目、人人自危的境地，武則天的統治看上去日益鞏固。然而，正如法國哲學家傅柯所言，權力是一種流動的關係，「哪裡有權力，哪裡就有抵制」。武則天為了挾制群臣、剪除宗室而推動「酷吏革命」，只是贏得了表面的服從，卻造成了內心的反叛，人心思唐已成定局。這種方式實際上是為淵驅魚、為叢驅雀。

然而，如果只有鎮壓這一種方式，武則天就不是武則天了。她懂得「胡蘿蔔加大棒」的法則，在「忤逆者誅戮」的同時實行「附順者拔擢」，在殘酷之外還給了天下士子一個若有若無的希望。這是她複雜的地方，也是她厲害的地方。

用政治吸納安撫精英階層

如果只有「酷吏革命」帶來的絕望，那麼在「反也是死，不反也會被誣陷致死」的邏輯之下，天下士林一定會選擇魚死網破、玉石俱焚，那樣武則天掀起的白色恐怖就會適得其反。然而，武則天才不會一條道走到黑，她在絕望的肅殺中還夾雜著絲絲暖風，融化著人們內心的戾氣。

如果僅從治國理政的能力出發，武則天與那些男性皇帝相比也是不遑多讓，甚至可以說遠出於大多數君主之上。她雖然陰險狠毒，為了權力可以無所不用其極，但是她清楚地知道權力的邊界在哪裡，並做出了一副維護禮法秩序、尊重知識分子的樣子。

有這樣一個故事就非常具有代表性。僧人薛懷義本來是洛陽街頭的無賴，受人推薦得到武則天的寵幸。武則天為了掩人耳目，讓他假裝剃度出家，以僧人身分出入宮禁。從此，這個昔日的無賴就開始飛黃騰達。他不僅成為皇室修建宮殿的總監，還統領了數十萬大軍北討突厥，寵榮冠於當世。「子系中山狼，得志便猖狂」，薛懷義一旦小人得志，便有恃無恐、目無法紀，什麼王孫貴胄、文武百官都不放在眼裡，甚至公開凌辱士大夫。

當時，有一位名叫蘇良嗣的宰相，向來以剛直不阿而聞名。有一次薛懷義在宮中遇到蘇良嗣，神情傲慢，舉止無禮。殊不知，唐朝宰相當國，地位崇隆，史書上稱為「禮絕百僚」，即便是皇帝，見了宰相也應行禮。薛懷義一向傲慢慣了，後面又有武則天撐腰，偏偏要耍一耍宰相。沒想到，蘇良嗣見此大怒，命侍從打了薛懷義一巴掌。薛懷義自然會到武則天那裡打小報告，按照武則天的陰險狠毒來推斷，故事的結局極有可能是蘇良嗣大禍臨頭。

令人意想不到的是，武則天竟批評薛懷義說：你應該從北門出入，南衙屬於宰相，「毋犯之！」這說明，武則天為了得到權力可以踐踏底線，但是在使用權力上仍能做到謹守邊界，她會因為害怕謀反而濫殺無辜，但絕不會縱容私欲而破壞朝廷典章。她有冷酷到令人顫抖的一面，同時也有開明君主所應有的節制與氣度。

這一點，在她用人方面體現得更明顯。現代政治學研究表明，政治體系保持穩定的關鍵是最大限度地將政治精英吸納進政治體系內部。正因為此，唐太宗李世民感慨「天下英雄盡入吾彀中矣」，而知士庶安心、天下大治。武則天也深諳此道，而且比李世民走得更遠。為了吸納精英、安定人心，給人向上流動的希望，武則天使出的殺手鐧就是濫賞官爵、濫封官位、濫發官祿。

史書記載說：「太后不惜爵位，以籠四方豪桀自為助，雖妄男子，言有所合，輒不次官之。」凡是引見科考的舉人，「無問賢愚，悉加擢用」，不管水準高低，都委以重任，運氣好的可以「試鳳閣舍人、給事中」，等而下之也能「試員外郎、侍御史」。中國歷史上的「試官」就濫觴於此，所謂「試」，類似於今天的「見習」，實際上是閒官冗員、人浮於事，徒有其名而無其實。當時有人嘲笑說：「補闕連車載，拾遺平斗量。杷推侍御史，椀脫校書郎」，就可見冗員氾濫到了何種程度。後來，有個舉人在這首打油詩後面續了一句譏刺當局的話，御史認為是誹謗朝政，「請杖之朝堂」。沒想到武則天哈哈大笑，說：「但使卿輩不濫，何恤人言？宜釋其罪。」

武則天果然洞悉居上御下、駕馭人心的奧祕，只要以士大夫為代表的精英階層被吸納進朝廷內，不管是實職也好，閒差也罷，只要他們接受這個名位並且懷著在權力階梯向上攀爬的心思，那麼他們就不會到朝廷外舉兵造反，政權就能獲得穩定。這是大邏輯、大政治，幾句略帶嘲諷的打油詩又有什麼要緊？

而武則天的知人善任，恐怕也是大臣名士樂於歸心的理由。一代名臣狄仁傑、宋璟、姚崇等人，都是武則天一手提拔重用，與武則天也都有一段不能不說的佳話，尤其是宋璟，向來以剛直不阿聞名。在張昌宗、張易之兄弟最為得勢的時候，連武三思、武承嗣這樣的皇親國戚都爭著鞍前馬後地伺候，宋璟就敢視若無物。當時，舉朝上下稱呼張易之為「五郎」，張昌宗為「六郎」，唯獨宋璟特立獨行，他訓斥大臣們說，你們並不是人家的家奴，為何要稱之為「郎」呢？從此與二張有隙，兩位內寵不僅伺機中傷，還派人刺殺，但都因為武則天的庇護，宋璟才能倖免於難。顯然，武則天對骨鯁之臣的容忍很大程度上起到了收買人心的作用，即便只是做做樣子，她也表演得非常成功。至少，如果沒有她留下的宋璟、姚崇等政治遺產，唐玄宗很難開創歷史上的「開元之治」。

武則天透析了政治統治的本質，她非常清楚所謂「為政之要，唯在得人」，說的不僅是技術層面的用人，更重要的是完成對精英階層的「政治吸納」。她抓住了這一統治奧祕，將朝廷大門向所有人敞開，於是那些夢想著「學成文武藝，貨與帝王家」的士大夫們，突然就忘記了她的殘忍，抱著一絲宏圖大舉的僥倖心理心甘情願地落入彀中，半推半就地維持著她的血腥篡權和殘忍統治。

武則天的一柔一剛、一陰一陽準確地掌握著天下士子脆弱的心靈。他們因恐懼而屈從，又因希望而順從，被動與主動相輔相成，武則天調和得恰到好處。

在時間的荒原鎩羽而歸

一手拿著足以讓任何有志之士都為之膽寒的利劍，一手又握著天下士林都趨之若鶩的官帽，武則天獲得了前無古人的巨大成功。然而，當她的雙腳踏上權力的巔峰，她的身體卻在時間的沖刷下迅速老去。

晚年的武則天仍然愛美，這曾是她打動李世民的奧祕，也是她征服李治的武器。雖然年屆古稀，已是「視茫茫，髮蒼蒼，齒牙動搖」，但她仍然懷著少女般的愛美之心，「雖春秋高，善自塗澤，雖左右不悟其衰」。有一段時間，她竟然重新長出了兩顆牙齒，高興得馬上下詔改元為「長壽」。只可惜，駐顏之術不能抵擋時間的侵蝕，「長壽」雖是美好的期望，終究難以掩蓋現實的窘迫。武則天該認真考慮權力的傳遞問題了。

權力與時間的關係本來就充滿了緊張。喬治．歐威爾在小說《一九八四》裡面這樣形容它們之間的張力：「誰控制了過去，就控制了未來；而誰控制了現在，就控制了過去。」也就是說，定義歷史可以影響未來，而掌握權力則等於掌握了歷史的定義權。武則天政權在手，當然也試圖改寫歷史，改變時間的軌跡。她把先秦時期的周文王、周武王作為新王朝的始祖，並把自己的列祖列宗都追奉為皇帝，建廟供奉、配享天地。追認周文王，是為了給新王朝製造正當性的歷史基石；追封老祖宗，則是為了給新王朝的權力傳遞書寫連續的譜系。

定義歷史，是為了改變未來。武則天如此煞費苦心地改變歷史敘事目的都是為了周朝萬世一系的延續。然而，武則天一生縱橫天下、無往不勝，這次卻要遭遇失敗的「滑鐵盧」。由於儒家倫理秩序自身的免疫力，她未能如願以償地實現「誰控制了過去，就控制了未來」的目的。

武則天是周朝的締造者，而周朝延續的前提就應該是姓武的人當皇帝。武則天不是沒有考慮過廢掉李唐的皇嗣，而改立武氏子孫。她剛剛臨朝稱制，就把唐中宗廢為廬陵王，立了睿宗當太子，卻始終嚴加防範，朝中大臣膽敢與之往來，必然身首異處，史書就記載了這樣一個故事：「尚方監裴匪躬坐潛謁皇嗣，腰斬於都市。」然而，如果說她對李唐宗室如同冬天般寒冷，那麼對待武氏子孫則如春天般溫暖。她不僅追封祖宗，而且「盡王諸武」，對武家親戚全部封官許願。在祭祀天地這樣的重大活動中，她把武承嗣排在第二，武三思排在第三。這樣的儀式性安排，折射出她內心廢李立武的想法。

在當上皇帝的前後兩個時期，她都向宰相提出立武氏子孫為太子的想法，卻以同樣的理由兩次被不同的宰相制止。第一次，她想立武承嗣為太子，宰相李昭德說了這樣一個理由：「自古有侄為天子而為姑立廟乎？」就是說，等武承嗣當了天子，他能給妳這個姑姑立廟嗎？一言之下，效果立竿見影，「后乃止」。第二次，她想立武三思為太子，宰相狄仁傑說了同樣的理由：「陛下立盧陵王，則千秋萬歲後常享宗廟；三思立，廟不祔姑。」意思也很明確，立自己的兒子盧陵王為太子，千秋萬代之後自己還能常享宗廟，如果傳位給武三思，他以後祭祀祖先會帶上你這個姑姑嗎？這次武則天不僅僅是徹底打消了立武廢李的想法，而且立刻派人把盧陵王迎接回朝。

武則天戰勝了一切有形的敵人，卻在儒家倫理秩序面前鎩羽而歸，並且感受到無可奈何的無助感。姑侄關係，在儒家倫理秩序決定的權力傳遞中注定沒有立足之地。武則天為了奪取權力，曾經掀起腥風血雨的鬥爭，曾讓多少無辜的人鮮血流盡才鋪就了一條通往權力的道路，但是她失去權力的過程卻沒有硝煙四起，也沒有曲折反覆，只是幾個儒家士大夫的一面之詞就打倒了這個不可一世的女人。

李昭德與狄仁傑不愧是當世大儒，他們看準了改變歷史軌跡的那個按鈕，只需輕輕一按，則千古江山為之一變。

儒家倫理秩序的超穩定性

波譎雲詭的政治劇情在武則天帶著女性靈動色彩的安排下，輕鬆幽默地落幕了。

盧陵王已經回朝，武則天卻把他藏了起來，故意跟狄仁傑他們玩了一個惡作劇。她把狄仁傑召來，故意問盧陵王的事，狄仁傑「敷請切至，涕下不能止」，他哪裡知道盧陵王已經回朝，這是武則天故意逗他玩呢！直到此時，武則天才把盧陵王亮出來，並不無戲謔地說：「還爾太子！」看著狄仁傑一把鼻涕一把淚，武則天肯定在心裡偷笑，這似乎是在說，你不讓我把皇位傳給武家後代，那我就做個惡作劇來逗逗你！武則天女人的一面又回來了，複雜如她，時時也有這樣直抵人心的可愛瞬間。

青山遮不住，畢竟東流去。武則天是在使盡渾身解數的掙扎之後才意識到在儒家倫理秩序面前，她是多麼的孤獨無助、勢單力薄。迎回李唐太子，政治格局已定，但朝野上下仍然嫌還政於唐的進程太慢，七十多歲的老宰相張柬之按捺不住，率領羽林軍稱兵向闕，發動兵變，刀鋒下的武則天顯得那樣虛弱無力。

她對一起發動兵變的崔玄暐說，別人都是因人而進那就罷了，你是我一手提拔的，為什麼還要反我？崔玄暐的回答堪稱機智，也可謂經典，他說：「此正所以報陛下也。」武則天聽聞之下，應該能感到那種徹骨的冰涼。這不是「忘恩負義」的世態涼薄，而是來自歷史深處的一股寒氣。崔玄暐沒有錯，按照儒家倫理，他是在做正確的事情，是在讓武則天改邪歸正、棄暗投明，回歸儒家倫理的正常軌道。崔玄暐是把匡正過失作為報恩的方式。人心如此，武則天夫復何言？唯有以沉默來應對接下來的失敗。

武則天被歷史拋棄了，她在晚年那段幽居冷宮的歲月，一定能感覺到游離於歷史之外的無助感與孤獨感。她的失敗並不是當代人的成功，而恰恰是儒家倫理秩序的榮耀。她並沒有敗給與她同時代的任何一個人，而只是敗給了人類軸心時代那個名叫孔子的哲學家而已。孔子為中國的政治運轉設計了周密的「操作系統」，而武則天的掙扎注定只是一個不能在其中繁衍生息的失敗「軟體」。

「父為子綱、君為臣綱、夫為妻綱」，三綱五常確立的是以男性和父權為基石的權力結構；君君、臣臣、父父、子子則是把父子關係擴展為君臣關係，並以此作為整個社會運轉的倫理基石。在此基礎之上，誰要是挑戰「父死子繼」的權力傳遞法則，誰就是在挑戰整個國家和社會賴以生存的根基，也必然意味著自己被歷史所拋棄。武則天曾是第一個和最後一個挑戰者，卻意外地發現遵守儒家倫理秩序還可以在兒子的供奉中獲得一席之地；無視儒家倫理秩序，必然會滑向萬劫不復的深淵，連一席之地都會是難以企及的奢望。儒家倫理秩序只留給她兩個次優的選擇，要嘛成為大唐權力譜系的橫生枝節，要嘛成為大周權力譜系的幽暗角落。兩者都意味著失去，只是，後者意味著一無所有。

武則天的失敗，為中國社會超穩定結構寫下了一個哲學的註腳。儒家倫理秩序的基礎，不是把人當作遺世獨立的個體，而是當作倫理關係中的一個結點。一個人首先扮演著某種倫理角色，然後才是他自己，因此，一個人也應該在這種倫理角色的扮演中，去尋找他存在的價值和意義。而這張倫理之網，是如此無遠弗屆而又無孔不入，每個人都被裹挾其中，放在時間流轉的座標裡，「父死子繼」的原則保持了倫理秩序的延續與再生產。

顯然，武則天一開始是這套秩序的受益者，她能夠從名不見經傳的大家閨秀，一躍而履至尊、制六合、威震四海正是因為她扮演著皇后這個倫理角色。而她最終的失敗也是因為這套倫理秩序，以皇后的名義奪國神器，已經不見容於儒家哲學對正義的定義，如果再要傳之後世，對儒家倫理秩序意味著毀滅性的打擊。這套秩序就像具有某種免疫力，這種挑戰一經出現，所有的人都會與之為敵，挑戰者將會陷入與時代作戰的絕境之中。正如金觀濤、劉青峰在其著名著作《論中國社會超穩定結構》中指出的，儒家思想成熟之後，基本上能夠與大一統的一體化要求相適應，從而形成了超穩定的意識形態結構。

更深層次的問題在於武則天自己，不僅身體無所逃於天地之間，精神世界同樣被這張倫理之網所定義。如果不是把儒家倫理秩序內化為自己的價值觀念，武則天在已經取得巨大的世俗成功之後，何苦戚戚於千秋萬代的歷史評價？何必汲汲於自己死後能在香案上占據什麼位置？儒家政治哲學不僅把印記烙在人的身上，更是烙在人的心上，因此具有某種「超穩定」的特性。它的優勢是「穩定」，它的問題是過度「穩定」，由於過度追求穩定，而犧牲了其他的可能性。這套秩序在自我強化中不斷延續，古代中國的政治體制始終難以衍生出其他可能性。

無論如何，武則天富於想像力，飽含激情，敢於打破常規，善於把不可能的事情變成可能。拋開那些權謀與血腥的一面，她的激情使她在中國歷史上具有一種獨特的精神氣質，為這個習慣於蕭規曹隨、慎終追遠的民族注入了一種敢於開拓的精神。她所在的時代也是女人最為揚眉吐氣的時代，太平公主、安樂公主、上官婉兒等女中豪傑相繼湧現，為幾千年充滿腐朽的男人氣息的歷史注入了女人的風采與神韻。她的橫空出世，為對手帶來災難，卻給歷史帶來了別樣精采。

然而，武則天是孤獨的，就像她的名字「曌」所隱喻的那樣。這個字是她自己的創造，前無古人、後無來者，但也像這個字的孤獨處境那樣，武則天只是中國歷史進程的「一個斷點」，不管聳起多高，她都注定是一座孤峰。

在武則天之後，她的兩個兒子李顯和李旦先後成為唐朝的皇帝，但是武則天帶來的影響還沒有完全消失，尤其是她為女人帶來的想像空間，注定要在更多女人的心裡埋下希望的種子。只可惜，當歷史第二次出現時，必然是一種悲劇，唐中宗李顯的皇后韋氏權傾朝野，也試圖再現武則天開創的女人時代，而此時少年英武的臨淄王李隆基率軍入宮，一舉結束了唐朝自武則天以來的動盪，而把唐朝推向了另一個盛世的高潮。李隆基不會像武則天那樣，但是他會面臨另一個困境，那就是至高無上的皇權最終腐蝕了他的人性。

第六章

李隆基
絕對皇權讓皇帝陷入「認知困境」

唐玄宗李隆基是中國歷史上一位悲慘的帝王，沒有哪個皇帝像他那樣經歷了如此大起大落的人生，曾一手締造名垂千古的開元盛世，卻又親自吹散了所有的繁花。如果說「悲劇將人生的有價值的東西毀滅給人看」，那麼李隆基的悲劇更是將他的人生徹底毀滅，因為他的成功曾經如此輝煌，而他的失敗又是那樣淒涼。那種「自我得之，自我失之」的憾恨，令人扼腕長嘆。

西元七五五年，當了約四十三年皇帝的李隆基正處於快意人生的境界，天下承平日久，財貨積於府庫，雄兵威於四夷，百姓安於農桑。這樣的文治武功，已經足以讓他躋身明君行列，接受千秋萬代的頂禮膜拜。而李隆基卻對世俗成功感到厭倦，寧願奮不顧身地經歷一場刻骨銘心的愛情。「名花傾國兩相歡，常得君王帶笑看。解釋春風無限恨，沉香亭北倚欄杆。」李隆基與楊貴妃注定是一對苦命鴛鴦，只能在浪漫的文學想像裡慰藉彼此。

就是這一年，李隆基的寵臣安祿山舉兵造反，「漁陽鼙鼓動地來」，在李隆基猝不及防的瞬間，震碎了他苦心經營的事業與愛情。西元七五六年，李隆基帶領群臣倉皇西逃，昔日的榮華富貴、錦衣玉食更加凸顯了落荒而逃的狼狽不堪。沿途官員逃散，一路忍飢挨餓，到了馬嵬驛，將士飢疲，群情洶洶，先是屠割支解了宰相楊國忠，然後逼迫皇帝處死楊貴妃。已屆古稀之年的李隆基顫巍巍地拄著枴杖獨自面對叫囂的士兵，倚杖傾首而立，良久，才默許了士兵的請求。既失天下，復失所愛，那一刻李隆基心裡經歷了怎樣的掙扎與煎熬？

然而，如果時間倒流，沒有人會想到李隆基會淪落至此。他在年輕時「儀範偉麗，有非常之表」，二十七歲時聯合太平公主提兵入宮、發動政變，殺死臨朝稱制的韋皇后，避免唐朝再次陷入外戚篡位的悲劇。接下來，他成為大唐儲君，在履位至尊之後，再次先發制人，剪除了太平公主的龐大勢力，從而一舉將唐朝政治撥回正軌。可以說，從武則天竊國篡位以來，李隆基真正結束了唐朝政治的混亂，撥亂反正，其功最高。

而後，李隆基勵精圖治，先後任用姚崇、宋璟等人為相，不數年而刑清政簡、天下大治。唐朝宰相，前稱房、杜，後稱姚、宋，他人莫之能比，可見李隆基識人之明、用人之智、容人之度。如果把時間定格在此時此刻，真可謂君明於上、臣賢於下，濟濟多士、風雲際會，太平盛世可期，海晏河清可望。沒有人會對李隆基抱有任何懷疑，也沒有人會對未來存有一絲悲觀。

但是誰能想到，就是這樣一個天縱英才的皇帝，在執政前後期竟判若兩人。他曾經任人唯賢，後來卻寵信李林甫、安祿山、楊國忠等奸詐小人；他曾經厲行節儉，後來卻賞賜無度、驕奢淫逸、聲色犬馬；他曾經從諫如流，後來卻剛愎自用、自以為是，專以打擊不同聲音為能事……李隆基判若兩人的轉變，對比之強烈，反差之懸殊，足以說明這並不是一種偶然，而是具有某種意義，有其內在邏輯與必然因素，就是權力對人性的腐蝕。

可以說，李隆基的人生軌跡揭示出人性與權力的深層關係：權力腐蝕人性，絕對皇權絕對腐蝕人性。李隆基的故事展示出人性中固有的美德，諸如自律、節制、反省等是如何在皇權的腐蝕中節節敗退，導致最終走向負面。

少年英武撥亂反正

馬克思曾說：「一切偉大的世界歷史事變和人物，可以說都出現兩次，第一次是作為悲劇出現，第二次是作為鬧劇出現。」這句話用來形容武則天和韋皇后的命運可謂允當。武則天的悲劇成就了韋皇后，而韋皇后的鬧劇成就了李隆基。

當時，武則天被迫退位，唐中宗李顯即位，李氏子孫終於奪回睽違已久的皇權，大唐政治看似就要回歸正軌，卻依然潛藏著巨大危機。李顯的權力之路充滿迴環曲折，一度被廢為庶人，又遭到武氏子孫窺伺，而在與殺身之禍相伴的人生低谷，韋皇后始終不離不棄。於是，二人約定，「一朝見天日，不相制」。李顯成為皇帝之後，韋皇后遂勢傾天下。李顯有感於患難真情，對她聽之任之，甚至看到韋皇后與武三思公然在床戲耍也一味姑息縱容。

韋皇后的權力欲望日益膨脹，於是在上官婉兒等人的引導下開始醞釀巨大的陰謀——效法武則天，臨朝稱制、潛謀革命。不久，李顯暴斃，韋皇后臨朝稱制。大唐江山歷經曲折才失而復得，如今再次陷入風雨飄搖。

世必有非常之人，然後有非常之事；有非常之事，然後有非常之功。此時此刻，千鈞一髮，皇室子孫如果沒有人挺身而出，慨然以天下為己任，挽狂瀾於既倒，扶大廈於將傾，稍有遷延，韋氏氣候一成，則無復宗廟社稷矣！就在歷史需要救世主出現的時候，臨淄王李隆基正式登場，成就了「時勢造英雄，英雄造時勢」的千古傳奇。

韋皇后離經叛道非只一日，而李隆基密謀誅逆也是由來已久。李隆基善於審時度勢、分清敵我，並依據形勢變化尋找同盟合縱連橫。武則天有兩子一女，唐中宗李顯暴亡，後來的唐睿宗李旦當時位居藩王，太平公主廣有賓客。如果說「政治就是把擁護支持自己的人搞得多多的，把敵人搞得少少的」，那麼李隆基十分清楚，政治鬥爭無非就是團結暫時的朋友對付共同的敵人。面對韋后作亂，他選擇與太平公主結為同盟，就像他日後剷除太平公主一樣，都是出於同樣的政治法則。

李隆基不僅善於判斷形勢，而且遇事機敏、果而能決，有著政治家與生俱來的決斷力。當時大事將發，有人說應該先稟告李旦，李隆基說如果父王同意，那是拉他下水；如果不同意，計畫必然失敗。「我拯社稷之危，赴君父之急，事成福歸於宗社，不成身死於忠孝」，這是青年的雄姿英發，是大丈夫的捨生取義，是英雄的正氣凜然。千鈞一髮之際，李隆基果斷提兵入宮，斬關而進，誅殺韋氏之黨，捍衛道統之正。在成功清除叛黨之後，李隆基再次把權力奪回到李氏子孫手中，他輔佐其父李旦當上皇帝，自己則成為眾望所歸的接班人。李隆基第一次嘗到了「槍桿子裡面出政權」的滋味。

但是隨著共同敵人的落幕，曾經的盟友卻反目成仇。「太平公主依上皇之勢，擅權用事，宰相七人，五出其門，文武之臣，大半附之。」她的權勢已經威脅到李隆基的安全。沒有永遠的朋友，只有永遠的利益；沒有不變的親情，只有不變的權力——宮廷內部的權力鬥爭，往往把人性中最陰暗的一面無情地挑開，這對置身其中的每個人都是智慧與良心的雙重考驗。李隆基也有過猶豫，「主上同氣，唯有太平，言之恐傷主上之意」。他深知父皇與太平公主情意深重，但如果任由太平公主恃寵而驕，干預政事，那麼大唐從武則天延續下來的女人干政就不會真正結束。於是，政治理性最終戰勝兒女情長，李隆基的決斷力在關鍵時刻再次爆發出來。他果斷發動兵變，出人意表，先發制人，將太平公主的黨羽先斬後奏，一舉清除了太平公主的權力網絡。李隆基英明果決，善謀能斷，再次嘗到了「槍桿子裡面出政權」的滋味。

至此，李隆基徹底將唐朝政治領回正軌，結束了自武則天以來的朝綱紊亂，完成了撥亂反正的歷史使命。然而，當這位年輕人意氣風發地坐上皇帝寶座，他的誓言卻將走向反面，拯社稷之危，復成社稷之禍，赴君父之急，卒亂君父之業。李隆基的人性嬗變展現為多元維度，但抓住其犖犖大端，則可以從節儉、勤政和納諫這三個方面進行觀察。

從厲行節儉到奢華無度

除天下之禍者，享天下之福；拯天下之危者，受天下之安。李隆基憑藉不世功業成為天下歸心、四海屬意的真龍天子，他在誅除暴逆中展現出來的因勢而謀的判斷力、當機立斷的決斷力和雷厲風行的執行力都是成大事、舉大業必備的素質，也因此迎合了人們心中對明君的期待。正所謂「靡不有初，鮮克有終」，李隆基擁有一個堪稱完美的開始，卻最終以山河破碎而告終。

李隆基的悲劇還不是「水滿則溢」、「日中則昃」的簡單辯證法則，而是人性受到絕對皇權腐蝕後的蛻變與墮落。就像硫酸能將世界上最堅硬的金屬腐蝕，絕對皇權也能讓世間最自律的人在無形中發生改變。它把英明神武的李隆基變得昏聵無能，把克己復禮變成奢侈無度，把心懷天下變成紙醉金迷，把虛心納諫變成剛愎自用。使用權力就像舔舐刀鋒上的蜂蜜，在嘗到甘甜之時就已經受到刀鋒的傷害。李隆基沉溺於權力帶來的甘甜，卻對日復一日的傷害渾然不覺。

權力本無形，腐蝕更悄然。李隆基的人生軌跡卻提供了清晰的樣本，透過他的前後變化，可以把權力腐蝕人性的過程變得可視化，完整地展示權力改變人性的動態過程與作用機制。

先來看從厲行節儉到奢華無度的轉變。一個農耕大國向來崇尚勤儉節約，正如《大學》所言：「生財有大道，生之者眾，食之者寡，為之者疾，用之者舒，則財恒足矣。」但凡賢明君主，無不躬行節儉，以儉治國。李隆基初登大寶，同樣從節儉入手，一革奢靡風俗，大有與民更始的態勢。他先是下詔「乘輿服御，金銀器玩，宣令省司銷毀，以供軍國之用」。李隆基隨後再次下詔，給文武百官的服飾做出了嚴格規定：三品以上，聽飾以玉，四品以金，五品以銀。其他官員嚴禁服以錦繡，飾以珠玉。並且規定「自今天下更毋得采珠玉，織錦繡等物，違者杖一百，工人減一等」。兩道詔書，前後相望，禁令明確，措辭嚴厲，其以儉治國之志可知矣。

李隆基初有天下，尚能克己復禮、躬行節儉，制伏欲望這頭亂撞的「犀牛」。開元十三年（西元七二五年），李隆基封禪泰山，沿途觀察各地官員善惡得失。皇帝巡狩四方，地方官為了博其歡心，自然要「表現一番」。這時的李隆基還沒有被欲望蒙蔽，保持了清醒的頭腦，進貢越多的地方官，卻得分越低；無所貢獻的地方官，卻得到賞識。李隆基對隨行的群臣說：「懷州刺史王丘，餼牽之外，一無他獻。魏州刺史崔沔，供張無錦繡，示我以儉。濟州刺史裴耀卿，表數百言，莫非規諫。」「如三人者，不勞人以市恩，真良吏矣！」不勞民傷財以邀寵獻媚，這正是李隆基越過欲望才看到的美德。那時的他還能以自律鎮壓住欲望的驚濤駭浪，抵擋住權力無孔不入的誘惑。

然而，「節儉悖論」隨著時間推移而日益顯現：厲行節儉的結果是財富積累，國庫充盈，而這在客觀上又會滋生奢侈之風，逐漸讓人偏離節儉的軌道。在以儉治國的數年之後，財貨山積，國庫充盈，李隆基也面臨著「節儉悖論」的考驗。由於皇權不受監督意味著皇帝可以為所欲為，於是李隆基強大的自律精神開始在欲望的進攻面前出現鬆動。一開始，宇文融推行改革，經營有方，財富倍增，因而得到李隆基的器重。李隆基提拔重用言利之官由此開始，這也是李隆基由儉入奢的一個心理轉折點，「由是百官浸失其職而上心益侈，百姓皆怨苦之」。李隆基悄然逃離了自律的約束，開始順從欲望的牽引，走向奢侈的極樂之地。

宇文融之後，楊慎矜、王鉷、韋堅、楊國忠等人都以聚斂無度、生財有道而得到李隆基重用。隨著時間推移，李隆基已經完全忘記了厲行節儉的詔書、革除奢靡的誓言，在皇權至高無上而又予取予求的情勢之下，也不可能總有人冒著殺頭的危險來提醒皇帝。於是，李隆基只能生活在一個沒有記憶的世界裡，曾經許下的諾言、內心深處的自律，在權力任性面前都已是隨風而去的過往雲煙。「上在位久，用度日侈，後宮賞賜無節」，這正是李隆基中晚期生活的真實寫照。而王鉷等人也懂得迎合皇帝的欲望，王鉷看到皇帝使用國庫的錢還是心存忌諱，於是「歲貢額外錢帛百億萬，貯於內庫，以供宮中宴賜」，並且告訴皇帝這都不是國家稅收，無預經費，可以隨意使用。結果，王鉷等人被愈加器重，朝廷的開支水漲船高。

到了晚年，李隆基的奢靡已經到了不可救藥的程度。不用看朝廷用度，僅從李隆基的賞賜就可見一斑。當時，李隆基寵愛楊貴妃，並把楊貴妃的三個姐姐分別封為韓國夫人、虢國夫人、秦國夫人，由此愛屋及烏，三家如一，並承恩澤。於是，三家「競開第舍，極其壯麗，一堂之費，運逾千萬」。這還不算什麼，建成之後，「見他人有勝己者，輒毀而改為」。外戚尚且如此奢侈浪費，李隆基的生活有多麼奢靡簡直到了無法想像的程度。

李隆基以厲行節儉開始，到最後卻走向反面，沉溺於富貴溫柔鄉難以自拔。在不受監督的權力面前，沒有人能夠自己約束自己，也沒有人能夠以自律打敗欲望。即便一時可以，長遠來看仍然會被欲望俘虜。司馬光評價說：「明皇之始欲為治，能自刻厲節儉如此，晚節猶以奢敗。甚哉奢靡之易以溺人也！」其實，「易以溺人」

的不是奢靡，而是不受制約的權力，是被權力激發起來的欲望。

從勤政愛民到怠惰因循

《尚書》有言，「天降下民，作之君，作之師」，賦予皇帝君臨天下的大權不是為了滿足一家一姓的私利，而是要用權力為天下百姓謀永福。正因此，皇帝既應該有承繼道統、延續宗廟的使命感，也應該有勤政愛民、蒼生為懷的責任感。李隆基即位初年，每以蒼生為念，常因興衰自警，朝乾夕惕，戰戰兢兢，可以說是愛百姓、明治道的楷模。

開元年間，宰相韓休為人峭直，不干榮利，甚允時望。李隆基或是宮中宴樂，或是後苑遊獵，只要怠於政事、追求享樂，韓休就會立刻上表勸諫，從不顧及時間場合，常常讓李隆基很難堪。時間一久，李隆基但凡小有過錯就先自坐立不寧，偷偷問左右說：「韓休知否？」一言甫畢，韓休諫疏已至。李隆基有一次「臨鏡默然不樂」，左右都說：「韓休為相，陛下殊瘦於舊，何不逐之？」是啊，宰相廢立，大臣進退，都是皇帝一句話的事兒，韓休既然讓皇帝如坐針氈、動輒得咎，為什麼還要把這個「刺兒頭」留在宰相的位置上？

而李隆基的回答充分表明了他對國家治理的清醒認識，對百姓的深切關懷，並以一種「捨我其誰」的使命意識去承受人間苦難，而為天下百姓帶來安寧與福音。他說：「蕭嵩奏事常順指，既退，吾寢不安；韓休常力爭，既退，吾寢乃安。」如果把皇帝的心分成兩部分，一部分屬於放任自流的欲望，另一部分屬於治國理政的理性，那麼韓休的峭直傷害的是欲望的部分，而滿足的則是理性的部分。他接著說：「吾用韓休，為社稷耳，非為身也。」任用韓休，不是為了順從自己的欲望，而是為了天下的長治久安。於是，李隆基說出了一句足以彪炳千古的話——「吾貌雖瘦，天下必肥」。

皇帝之瘦，是具體而鮮活的感受；天下之肥，是無形而抽象的效果。以皇帝之瘦成就天下之肥，需要皇帝克服一己私欲去追求萬眾喜樂。李隆基用這簡短有力的八個字道出了「權力」自身的千古奧祕：只有當擁有權力的人不那麼舒服，權力的相對方才能免受權力的傷害；相反，如果擁有權力的人過於舒坦，那麼權力也必然會被濫用。

這時的李隆基嚴於律己、捨身為國，只要是對國家有利，哪怕犧牲自己的安逸也在所不惜；只要是維護公道，哪怕是親舊犯法也絕不縱容姑息。當時，有一名供奉左右的侏儒，李隆基把他當作肉做的茶几，謂之「肉几」，憑之以行，寵賜甚厚。這名侏儒恃寵而驕、目無法紀。有一次進宮遲到，李隆基問為什麼，他說在路上遇到捕盜的官員，把人家撞得人仰馬翻。按說，妨礙公務當以罪論處，但是對於這樣的小事，只要皇帝略加包庇，就能蒙混過關。然而，李隆基不願意以自己的私心破壞法律的公正，京兆尹一奏其狀，李隆基即杖而殺之。失一己之「肉几」而示四海以公信。

然而，就是這樣一個洞悉權力奧祕、敢於與自己對抗的李隆基，卻在長期執政後變得日益懈怠，失去了一開始的夢想與激情。他開始厭倦每天日理萬機的生活，也忘記了曾經掛在心頭的萬家憂樂，寧願逃到心理上的舒適區養尊處優。在執政後期，他對內侍高力士說出的一段話表明了他由勤轉怠的心理變化。他說：「朕不出長安近十年，天下無事，朕欲高居無為，悉以政事委林甫，何如？」雖然是徵求意見的語氣，但是他在心裡主意已定，那就是擺脫瑣碎俗務的羈絆，進入「高居無為」的享樂世界。

接下來，李隆基自恃承平，「以為天下無復可憂，遂深居禁中，專以聲色自娛，悉委政事於林甫」。他不再直接面對文武大臣，也不再親自處理軍國機務，而是沉浸在聲色自娛和修道登仙的夢幻之中。而朝綱為之紊亂，法度為之不存，人心為之喪失，竟直到安祿山舉兵向闕，他才如夢方醒般看著這個早已恍若隔世的世界，暗自在心中流下悔恨的淚水。

李隆基寵愛楊玉環，本身就有違儒家的倫理秩序，因為楊玉環是他的眾多兒媳婦之一。當然，愛情應該隨心所欲，不應被世俗的禮教所羈絆，但是身為國君，這樣「放肆」地追求愛情仍然有損國體。更何況，愛情與政治本應該涇渭分明，但是李隆基卻任由愛情的火焰燒毀政治的框架。「春宵苦短日高起，從此君王不早朝」，白居易早已記錄下李隆基對愛情的癡狂，而那些旁逸斜出的故事則更能證明李隆基晚年的荒淫無度。

有一次，楊氏姐妹夜遊，與廣寧公主②爭西市門，楊氏的家奴揮鞭打到公主的衣裳，結果公主墜馬、駙馬被鞭。於是廣寧公主「泣訴於上」，李隆基雖然杖殺了楊氏家奴，但是駙馬卻被免官，不聽朝謁。這與「肉几」之事形成鮮明對比，當李隆基守法之時，雖渺小如左右侍從，亦不姑息縱容；而當其徇私之際，雖恩義如親生骨肉，也不依法論處。

李隆基已經嘗到了隨意使用權力的滋味，心靈的欲望得到最大程度的釋放，而理性思維則受到了長期的蒙蔽。「吾貌雖瘦，天下必肥」的理性認識，就像一把銳利的尖刀，何必再用這把「不合時宜」的尖刀來刺破此時的美好時光？李隆基已經在欲望的世界將自己放逐。

從虛心納諫到剛愎自用

在中國歷史上，廣開言路、從諫如流常被看作良政善治的開端，壅蔽言路、閉目塞聽往往是政治衰敗的前兆。但凡賢君明主，無不善於博採眾長、擇善而從。李

編者註

②．廣寧公主，《舊唐書》記公主封號為「廣平」，《新唐書》和《全唐文》則記為廣寧。

隆基初登大寶就以聞過則喜的胸襟、察納雅言的氣度，展現出一代雄主的潛力，從而在大唐政治的斷點上向未來延伸著一幅春和景明的美好圖景。

在他放低姿態的時候，對姚崇、宋璟、張九齡等朝廷大臣無不言聽計從，就連不知名的芝麻官、刀筆吏，但有片言之善、一語之美也無不為之斂容改謝、以正視聽。有一次，李隆基派宦官到江南收集幾種珍貴鳥類，想要放在皇家林苑以娛視聽之樂。使者口銜天憲，自然威風凜凜，所到之處，煩擾地方，搜刮百姓。路過汴州的時候，當時的刺史倪若水上言：「今農桑方急，而羅捕禽鳥以供園池之玩，遠自江、嶺，水陸傳送，食為粱肉。道路觀者，豈不以陛下為賤人而貴鳥乎？」一書既上，手敕隨至，李隆基不僅「縱散其鳥」，而且重賞倪若水，「賜帛四十段」。進直言而改君過，說真話而受獎賞，這就足以打消士大夫心中因言獲罪的疑慮，樹立起知無不言、言無不盡的導向。

還有一次，有胡人上言海南多珠翠奇寶，而師子國有靈藥妙醫，都可以不遠千里運至宮中。遠方的東西總是帶著未知的神祕感，李隆基同樣抵擋不住內心的好奇，於是派監察御史楊範臣與胡人一起前往。按說「跟著領導做一百件好事，不如跟著領導做一件壞事」，替皇帝辦私事既可以滿足皇帝的欲望，也可以藉此拉近與皇帝的關係，但是楊範臣堅守原則，從容勸諫說：「陛下前年焚珠玉、錦繡，示不復用。今所求者何以異於所焚者乎！」以昨日之我伐今日之我，楊範臣直指昨日是而今日非，言語不可謂不激烈，也瞬間粉碎了李隆基對珠翠奇寶和靈藥妙醫的好奇心，「上遽自引咎，慰諭而罷之」。

這些都是李隆基執政生涯中的小事，但正因為它們無傷大雅、無關大體，才更能說明李隆基包容不同意見的雅量以及律己以嚴已經到了錙銖必較的程度。小事中見大情懷，細節中有大道理。李隆基不僅展現出聞過則喜的品質，而且也表現出過而能改的行動力。一代明君的形象正因此而愈益豐滿。

然而，隨著年齡的增長，李隆基對不同意見越來越表現出反感。那些忤逆己意的逆耳之言，以前被他看成致君堯舜、功在社稷的真知灼見，現在卻被看成不識時務、不合時宜的奇談怪論，甚至認為是在挑戰皇帝的權威。而那些迎合上意的美語甘言，他曾經把它們當作逢迎拍馬，對此不屑一顧，現在卻越來越沉迷於它們所帶來的快感。關於車駕巡幸的事情最能反映李隆基心理的這一變化。

唐朝中後期，關中常常出現糧荒，而洛陽由於毗鄰江淮，成為財物彙聚之地、糧食轉運之所，皇帝為了維持錦衣玉食的生活，常常在長安與洛陽之間來回奔波。乘輿一動，則皇親國戚、滿朝文武無不跟從，給地方造成了巨大的接待負擔。尤其是皇帝如果率性而為、動不以時，社會成本就會更高。李隆基恰恰就是這樣，厭倦了東都的繁花似錦就嚮往長安的厚重樸實，常常在農忙時節大興車駕，縱意所如。在執政早期，宋璟等人極言勸諫，認為這是妨害農事，李隆基也會欣然接受。但是到了中後期，李隆基的心理悄然地發生變化，在同樣的情況之下，張九齡、裴耀卿等人仍然以此為由阻止皇帝任意巡幸，李隆基這時已經不再是「上意深然之」，而是表現出「不悅」。就此，李林甫乘隙而入，說天子四海為家，在自己家裡怎麼能受制於人？如果說妨害農事，那就免掉沿途農民的賦稅好了。一言之下，李隆基龍心大悅，然後心安理得地越出道德的邊界。

同樣的道理，在他廣納言路時，哪怕是小人物的聲音也能得到足夠的尊重；而在他剛愎自用時，無法容忍任何人發出任何不同意見，哪怕最親密的人。高力士在李隆基位居藩王時就輔佐他，自始至終謹小慎微，因此深得帝心。即便是這樣，當李隆基晚年說自己要高居燕適，把政事都委託給李林甫時，高力士只是小心翼翼地說：「威柄人君只可自為，不可假之於人。」這立刻引來了李隆基的冷眼以對，而結果是高力士從此不敢深言天下之事，李林甫肆行其惡再無人敢進直言矣。

最具有諷刺意味的是，到執政晚期，安祿山蓄意謀反已是路人皆知，但是李隆基卻用之不疑，甚至只要有人進諫說安祿山要造反，李隆基就把他綁起來不遠萬里交給安祿山處理。而戲劇性的一幕是：安祿山已經舉兵造反，軍隊正在南下的路上，還與李隆基綁去進諫的人擦肩而過，師心自用竟一至於此！

所謂「木受繩則直，金就礪則利」，以此比喻君主虛心納諫，實際上是說木受繩也好，金就礪也罷，都需要一番對人性的砥礪與規範，都是一個不那麼舒坦的過程。但這時的李隆基內心欲望已經如水就地，傾瀉而下，他正享受這番淋漓暢快，如何能接受逆耳之言的侵擾？

絕對皇權讓人陷入精神封閉

自唐興以來，鎮守邊疆的將領都遵循著「不久任，不遙領，不兼統」的原則。不久任，是為了防止將帥與士兵融為一體、陰蓄異志；不遙領，是為了防止朝廷大臣身兼將相、權位過重；不兼統，是為了防止邊將跨州連郡、尾大不掉。這三個原則都是為了避免地方武裝威脅朝廷而進行的制度設計。但是到了李隆基晚年，他先後打破了這三項原則，尤其是讓安祿山久任范陽節度使又兼領數道，「精兵咸戍北邊，天下之勢偏重，卒使祿山傾覆天下」。

李隆基在年少時，曾兩次果斷用兵終結了朝廷的禍亂，深知「槍桿子裡面出政權」的道理，而在晚年時，卻輕易就把掌兵之權交到了安祿山手中，最終導致大唐從太平盛世墜入戰亂深淵。前後相較，對比何其強烈？

晚年的李隆基備嘗人生的淒冷。他雖然從西蜀風光無限地返回長安，受到萬人空巷的夾道歡迎，與睽違已久的京城百姓相對而泣。然而，時間已經改變了一切，天下不再是他的天下，長安不再是他的長安，皇宮不再是他的皇宮。

與其說他是大唐帝國的太上皇，不如說是偌大皇宮裡的一位高貴的囚徒。他僅僅是在自己居住的宮殿接見了一位無足輕重的地方官，就被當權的宦官李輔國誣告為結交大臣、圖謀不軌，結果只得離群索居，前往無人問津的冷宮，而跟隨李隆基輾轉一生的高力士也遭到了當權者的流放。李隆基不再被看成是英明神武的明君，而是導致天下大亂的罪魁禍首，一個在現有秩序中無處安放的尷尬存在。

比李隆基的人生際遇更具悲劇色彩的則是那個千年之後還激發著無數浪漫想像的燦爛時代。大唐盛世在李隆基之後就徹底淹沒在時間的河流之中。可以說，有唐一代，以李隆基為分界點分為截然不同的兩個時代，李隆基一手造成的宦官專權和藩鎮割據，就像兩顆毒瘤一樣永不饜足地腐蝕著唐朝政治，直到這個當時世界最強的帝國轟然倒塌。

李隆基曾經把這個王朝從痛苦的深淵中解救出來，卻最終又把它丟進了更加痛苦的深淵。他的人生本不該這樣結束，他一度展示出千古一帝的精神特質，卻在時間的磨礪中逐漸失去光澤，逐漸墮入衰變的羅網。千載之下，李隆基的人生轉折仍然值得深思：絕對皇權，憑藉怎樣的作用機制來腐蝕人性？

按照通常的邏輯，盛世危機的原因在於李隆基未能抵擋住外在的誘惑，放鬆了內心的自律，從而越出了權力的邊界。這樣的解釋似是而非，它隱含的前提是如果一個人能夠長期保持自律，那麼就能從容地駕馭絕對皇權。正是基於這一假設，中國古代數千年難以走出帝制，總是渴望著「五百年必有聖人出」，把國家命運和萬家憂樂寄託在某一個明君的內心自律上，而拒絕做出約束權力的制度設計。

李隆基就曾寄託著這樣的矚望，但是他行至中流而徹底蛻變，把熱情的希望變成冰涼的絕望。內心自律並不可靠，而且它容易蛻變的原因並不在於道德的墮落，而是因為絕對皇權必然導致的「認知困境」。也就是說，一個擁有絕對皇權的人既是行為的實施者，又是結果的評判者。當一個人兼具這樣兩種角色，那麼就必然會陷入自我論證的循環之中，從而導致理性的喪失與精神的封閉。

每一代皇帝都曾接受最好的教育，從小在最傑出的大師的耳濡目染下，熟讀四書五經，提高德行修養。可以說，沒有哪個皇帝不想天下大治、青史留名，也沒有哪個皇帝不懂得克制欲望、實行仁政。但根本問題就在於，皇帝一旦在絕對皇權的催眠下陷入「認知困境」，就很難區分欲望與理性的邊界，更無法辨別是非曲直、對錯真假。最後，皇帝根本不需要真理的準繩，因為他會把自己等同於真理。到那時，就是皇帝的欲望開始為所欲為的時候了。

李隆基之所以會出現一百八十度的轉變，根本原因就在於此。為了分析皇帝的「認知困境」，可以從一個具體的例子中窺其端倪。再以車駕巡幸的事情為例，李隆基就遭遇到這樣的「認知困境」。開元二十四年（西元七三六年）十月，李隆基由於洛陽宮中出現靈異現象，想要立刻返回長安。宰相裴耀卿、張九齡都說：「今農收未畢，請俟仲冬。」兩位宰相都從百姓利益出發，勸諫皇帝不要操之過急。但這時，同為宰相的李林甫潛知上指，對皇帝說了下面這段話：

> 長安、洛陽，陛下東西宮耳，往來行幸，何更擇時！借使妨於農收，但應蠲所過租稅而已。臣請宣示百司，即日西行。

結果可想而知，「上悅，從之」。李林甫迎合上意，但是他的高明之處在於他表面上沒有絲毫縱容皇帝欲望、無視百姓利益的意思。他把長安、洛陽定義為皇帝的「東西宮耳」，巧妙地把國家的都城偷樑換柱為皇帝的私宅，皇帝在自己私宅當然可以為所欲為。就這樣，李林甫為滿足皇帝的欲望製造了充分正當的理由，而這恰恰就是李隆基所面對的「認知困境」：裴耀卿、張九齡心繫百姓的勸諫，看上去義正辭嚴，李林甫迎合上意的諂媚，同樣顯得正氣凜然。

事實上，在幾乎所有的政治議題上，皇帝都會面對同樣冠冕堂皇的勸諫，該何去何從、如何判斷？李隆基選擇了順從自己的欲望，因為他就是自己行為的最終評判者，他可以隨時把自己的行為說成是正義的，更何況李林甫還給出了充分正當的理由。就這樣，李隆基做了錯事也可以被說成是對的，順從了欲望也可以被認定是正當的，直到最後他不斷放大自己的欲望而渾然不覺，從厲行節儉、恪守法度墮落為荒淫無度、昏聵無能。

既是實施者，又是評判者，皇帝身兼兩種角色而陷入了自我封閉。皇帝做事也好、思考也好，始終缺少一個獨立於自身的客觀參考，只能讓自己的欲望不斷膨脹，任由自己的偏見在正回饋的情況下不斷放大。本來廣開言路、虛心納諫能夠為皇帝提供一個客觀參考，從而避免皇帝陷入自我論證的循環。但是皇帝一旦陷入精神封閉，就會把不同意見看作是對自己的挑戰和不滿，而把美語甘言視為支持自己的表現。在提拔朔方節度使牛仙客為尚書的事情上③，張九齡執意不從，認為牛仙客大字不識，而尚書之位多由德高望重之人擔任，不是獎賞之官，不能濫施於人。面對骨鯁之臣的面折廷爭，李隆基只是憤憤地反問道：「事總由卿？」不久，張九齡就被罷免了宰相。

皇帝一旦進入精神的封閉，就會對任何不同的意見懷有敵意，同時皇帝也會感到前所未有的愉悅。他做出的決策、寫下的文章、說出的話語會被無數人奉為金科玉律，而他自己也會把自己等同於真理。如果有人提出不同意見，那就認定這個人是敵對分子而予以打擊。皇帝再也不必擔心自己的言行不合準繩，因為他自己就是

編者註

③．牛仙客的官職摘自《舊唐書》卷一〇六〈李林甫傳〉。

準繩；皇帝也不必擔心自己縱欲過度，因為他的欲望就是正義。晚年的李隆基就這樣生活在自己的世界裡，在心理上的舒適區甘之如飴、難以自拔。

絕對皇權絕對腐蝕人性，根源就在於絕對皇權讓人兼具實施者與評判者兩種角色，從而不可避免地讓人失去理性思考的能力，陷入自我論證的精神封閉中。這與自律無關，也與道德無關，因此不必企盼道德高尚的聖人就能逃出羅網。正確的做法是摒棄根深柢固的「聖人情結」，放棄期待真龍天子出現的思維定式，打破對絕對皇權的崇拜，在權力約束上進行制度設計。

李隆基逃到西蜀之後，對歷任宰相做出了真實的評價。在評價李林甫時說：「是子妒賢疾能，舉無比者。」給事中裴士淹趁機進諫說：「陛下誠知之，何任之久邪？」李隆基默然良久，為之語塞。

其實，李隆基不是不能罷黜李林甫，他只是難以走出自己的世界，他寧願在精神的封閉裡養尊處優。

而在李隆基陷入耳目閉塞的精神封閉過程中，李林甫可以說扮演著極為重要的角色。李林甫為相，不僅樂見皇帝放縱欲望，那樣他自己能把持朝政、濫用權力，而且李林甫還善於通過控制皇帝獲取信息的渠道來控制皇帝的思維。皇帝如何判斷在很大程度上取決於皇帝知道什麼。而李林甫則是前現代社會的信息高手，通過「信息不對稱」的伎倆，一直控制著皇帝獲取信息的渠道與內容。

第七章

李林甫
以「信息不對稱」製造「愚君政策」

如果在中國歷史上為「奸詐」找一個代名詞，那麼這個人非李林甫莫屬。在爾虞我詐的權力場，沒有人比李林甫更加長袖善舞、表裡不一，也沒有人比李林甫更懂得合縱連橫、縱橫捭闔。毫無疑問，他是權謀學的集大成者。

「口蜜腹劍」這個成語因為李林甫而家喻戶曉。一個人的內心該有多麼「強大」，才能身藏利劍而不露聲色，甚至仍然對人美語甘言？一個人的人格該有多分裂，才能在內心計算著最為卑鄙無恥的陰謀，而在臉上永遠帶著一絲暖人的笑意？李林甫就能長時間地忍受著這種深度的人格分裂，他將奸詐與偽善結合起來，將刺骨的陰毒與柔和的外表熔為一爐，最後煉成了高深莫測的胸中溝壑，與之交往的人無不陷入前途未卜的恐懼之中。

這正是李林甫期待的效果，他知道獵人在俘獲獵物之前必須拋出誘餌。在這裡，偽裝與表演正是他精心設計的誘餌，以迷惑那些心存善念的人們。當他開始接近一個人的時候，那正是他拿起屠刀的前奏；當他開始向一個人釋放善意的時候，那正是他手起刀落的時刻。李林甫把「將欲取之，必先予之」的權謀用到了極致，在他亮出獠牙之前，他一定會用善意融化別人所有的戒備。李林甫是一個讓人聞風喪膽的存在。

然而，說李林甫是一個喪盡天良的小人，那是後人「事後諸葛」式的道德洩憤。如果放在當時的語境中，當其他人都對他感到手顫股慄時，皇帝卻感到安全可靠；當其他人都認為他十惡不赦、死有餘辜時，皇帝卻對他寵眷優渥、特加倚重。唐玄宗李隆基就這樣與滿朝文武陷入信息不對稱的困境之中，「天下皆知而當權者獨不知」的悖論再次出現，李林甫在皇帝與大臣之間隔上一層「無知之幕」，並在中間上下其手、游刃有餘，將皇帝與大臣都玩弄於股掌之間。

李林甫為相十九年，而唐政衰矣。他為了獨攬大權，將有才之士排除在權力核心之外，其他宰相要嘛聽命於他，要嘛遭他陷害；他為了專寵固位，剝奪了漢人士大夫的軍事指揮權，使得安祿山、史思明等人異軍突起，卒成亂唐之禍；他為了防止劣跡敗露，封鎖了皇帝獲取信息的所有渠道。李林甫最後在榮華富貴中安然去世，在有生之年享盡尊榮。然而他的成功太過沉重，壓垮了一個當時世界最強帝國的脊樑，他獲得成功的代價，竟是促使一個鼎盛王朝從此走向衰敗。

千載之下，道德層面的指摘已經毫無意義，歷史上不知有多少人把李林甫當作權謀學與厚黑學的大師，在人前鄙視他的人格，在人後卻學習他的手腕。李林甫內心的邪惡已經超越了一時一地的限制，直指權力與人性的內核：陰謀的本質究竟是什麼？李林甫究竟做了什麼能讓那麼多英雄豪傑引頸受戮，讓一代雄主唐玄宗如同傀儡一般？這其中的關鍵正是——信息。

可以說，信息是李林甫克敵制勝的武器，他設計的所有陰謀，都建立在某種信息不對稱的基礎之上。直到現在的信息時代，人們才認識到信息的重要性，而李林甫對此早有先見之明，並成為前信息時代當之無愧的信息高手。

依靠「宮廷情報」迅速崛起

李林甫不學無術，說話鄙陋不堪，一向受到士林鄙薄，但是他善伺人情，能迅速捕捉有效信息，尤其是善於抓取關係到朝廷政局走向的宮廷情報，因此總能占據先機、快人一步。從刀筆小吏一躍而至秉政當國的宰相，李林甫憑藉的正是對信息的獲取。

李林甫本為宗室之後，但是傳到他這一代，政治資源已經在代際相傳中揮霍殆盡，因此李林甫的起點沒有任何優越性可言。當時，源乾曜為侍中，有人推薦李林甫為司門郎中，而源乾曜向來鄙薄李林甫，於是不屑一顧地說：「郎官須有素行才望高者，哥奴豈是郎官耶？」哥奴乃是李林甫的小名，源乾曜直呼小名，可見內心對李林甫多麼輕視。

李林甫當然不會因為一次失敗就灰心喪氣，他仍然不斷鑽山打洞，後來終於得到宇文融引薦，當上了朝廷的御史中丞。這時，李林甫捕捉信息的能力初露崢嶸就為他贏得了巨大的晉升機會。李林甫善於結交宦官，並從宦官那裡獲得宮廷政治的最新動向。本來，士大夫階層一向鄙視宦官，稱之為「閹豎」而羞於與之同列，但是李林甫為了成功可以無所不用其極，更不會在意所謂的名節，他看重的是宦官掌握的宮廷情報。而長期的情報交易也終於讓他從宦官那裡得到一個重要線索：武惠妃當時寵冠後宮，她的兩個兒子壽王和盛王也子承母貴，特見寵異，於是武惠妃與太子李瑛的矛盾日益升級。

宮廷鬥爭是朝廷的核心機密，決定著朝廷的權力分配與未來走向。李林甫第一時間得到情報之後就開始發揮優先獲得信息的優勢，先人一步參與到宮廷的博弈之中。他通過宦官向武惠妃納款輸誠，「願護壽王為萬歲計」，一句話戳中了武惠妃的痛點。孤兒寡母，位居偏裨，雖有皇帝寵愛，但是聖眷從來都是飄忽不定，而且與太子爭寵，需要朝中大臣的支持，這時李林甫主動靠近自己，豈不是雪中送炭？於是，武惠妃對李林甫感恩戴德，開始暗中幫助李林甫。

當時，宰相裴光庭去世，皇帝請宰相蕭嵩擇相，蕭嵩沉吟良久後推薦右丞韓休。詔書還未草就，宦官高力士就把消息洩露給武惠妃，而武惠妃又迅速透露給李林甫。李林甫再次獲得了朝廷的最高機密，他懂得如何讓情報為自己服務，於是在朝廷詔書趕到之前，就先把消息告訴了韓休。韓休自然會把李林甫當作給自己帶來幸運的人，也會把李林甫的通風報信看作投靠自己的表現，一朝位居台輔便對李林甫充滿了感激之情。後來，蕭嵩與韓休二相不和，韓休想引李林甫為己助，於是向皇帝推薦李林甫「堪為宰相」，武惠妃又使勁吹枕邊風，兩廂合力，最終幫助李林甫戴上了宰相的桂冠。

從宦官那裡套取宮廷鬥爭的最新動向，從武惠妃那裡獲得任命宰相的最高機密，李林甫對信息的渴望猶如虎狼之於羔羊、蚊蠅之於腐肉。同時，李林甫具有十分強大的政治敏銳性與政治判斷力，能夠從信息中讀取政治密碼，並為仕途晉升計算最優路徑。當上宰相之後，李林甫更懂得如何運用信息優勢，打敗強勁的競爭對手。

當時，裴耀卿、張九齡都位居宰相，李林甫居於最後，當然對二人恨之入骨。裴耀卿、張九齡都是當世大儒，正道直行、深孚眾望，於是常常對皇帝犯顏直諫。皇太子、鄂王、光王被人誣陷，唐玄宗想要廢黜三位皇子，「張九齡切諫，帝不悅」。而在朝堂上一言不發的李林甫已經從皇帝的「不悅」中探知了皇帝的底牌，懂得如何迎合上意而打擊對手。他故意私下對宦官說：「天子家事，外人何與邪？」這番話自然會從宦官那裡傳到皇帝耳朵裡，後來三位皇子果然被廢。

李林甫謀定而後動，是為了獲得皇帝內心偏好這個最重要的信息，一旦探知帝心，他立刻就知道如何苟合取容、斜肩諂媚。後來，皇帝想從東都洛陽返回西京長安，裴耀卿等人建言：「農人場圃未畢，須冬可還。」這時，李林甫故意裝跛，走在諸位宰相後面。他留下這個時間差，正是為了看看裴耀卿等人勸諫之後皇帝的反應。他一定看到了皇帝面色鐵青，於是從容對皇帝說：「二都本帝王東西宮，車駕往幸，何所待時？假令妨農，獨赦所過租賦可也。」皇帝聽後，頓時眉開眼笑，即駕而西。

還有一次，皇帝想給朔方節度使牛仙客晉封，張九齡在見皇帝之前就與李林甫約定，這事兒不合規矩，應該「與公固爭」，李林甫當面「然許」。但是見到皇帝之後，張九齡持中守正、疾言勸諫，李林甫不僅三緘其口、不發一言，而且把張九齡的話洩露給了牛仙客。牛仙客方得寵幸，翌日見到皇帝就流下了委屈的眼淚，更加激發了皇帝的憤怒。這時，李林甫又向外散布傳言說：「但有才識，何必辭學；天子用人，何有不可？」這話可以說是對皇帝的憤怒火上澆油，皇帝卒用牛仙客，而且「善林甫不專也。由是益疏薄九齡，俄與耀卿俱罷政事」。

李林甫狡猾凶險而又靈活多變，他在不能占據信息先機的時候就懂得運用「後發優勢」。凡是皇帝與宰相議事，或是不置可否，或是坐等觀望，一旦察言觀色摸準皇帝的底牌，就開始果斷參與討論，在慷慨陳詞中附和上意，又在悄無聲息間中傷政敵，達到一箭雙雕、一石二鳥的效果。

裴耀卿和張九齡卸任宰相之時，李林甫帶著嘲諷的語氣說：「尚左右丞相邪？」對他們「目恚而送乃止，公卿為戰慄」。他的眼睛裡射出一道陰冷的寒光，凍結了裴耀卿和張九齡漸行漸遠的背影，也即將讓朝野上下、宮廷內外感到冰寒刺骨。

封鎖皇帝的「信息渠道」

兩位宰相雖已遠去，但新任宰相馬上就會補缺，在徹底穩固權力之前，李林甫還將跨越一條荊棘密布的曲折之路。為了在殘酷的鬥爭中立於不敗之地，李林甫開始實施他雄心勃勃的計畫，那就是在皇帝與群臣之間打造一層「無知之幕」，使得皇帝與群臣陷入信息不對稱的困境之中。

他的最終目的是要讓皇帝與群臣出現信息短缺，處於信息弱勢，只有他掌握完整信息，居於信息強勢。扭曲的信息分配格局一旦形成，信息弱勢的一方隔著一層「無知之幕」，就只能對信息強勢的一方言聽計從，而居於信息強勢的李林甫恰好可以上下其手、肆行奸惡，達到「禍福由其口」的效果。

李林甫首先要壟斷的一條信息渠道是皇帝身邊的「非正式」的信息渠道。這條信息渠道並不是朝廷正式制度的組成部分，但是在人格化權威高於制度化權威的朝廷中，這條信息渠道的價值遠遠高於正式的制度安排。原因很簡單，這條「非正式」信息渠道由皇帝的身邊人組成，其成員可以是宦官、宮女、寵妃等。他們負責皇帝的日常起居，屬於皇帝的私人領域。恰恰因為這一點，皇帝往往會在私下不經意間對他們透露真實想法，而這就是朝廷政治中最寶貴的情報。李林甫從起家開始就注重運用這條「非正式」的信息渠道，在當上宰相之後更會將其據為己有，並時刻警惕其他人染指。

當然，壟斷這條「非正式」信息渠道就是要拉攏皇帝的身邊人，李林甫於是開始大範圍行賄。他只要對皇帝有所奏請，「必先餉遺左右」，目的就是「審伺微旨，以固恩信」。而他的行賄藝術也極其高超，「至饔夫御婢皆所款厚，故天子動靜必具得之」，就是說，連給皇帝做飯的廚工、為皇帝使喚的奴婢都不遺漏。李林甫的賄賂藝術真如《六韜》所言，「賞及牛豎馬洗廄養之徒，是賞下通也」，而其結果也必然是人樂為之用，天子動靜、皇帝心思自然一清二楚。

在壟斷皇帝身邊的「非正式」信息渠道之後，李林甫接下來就要封鎖朝廷正式的信息渠道，使得下情無以上達、上意無以下傳，為皇帝與群臣的信息溝通打上一道「隔斷」。李林甫首先要做的就是打擊諫官、壅蔽言路，使真話無人敢說、正聲無從而聞。當時有一個叫杜璡的人上書言政事，立刻被貶斥為縣令。李林甫並不是針對這一人一事，而是要殺雞儆猴、樹立導向，因此對其他諫官傳話：「明主在上，群臣將順不暇，亦何所論？君等獨不見立仗馬乎，終日無聲，而飫三品芻豆；一鳴則黜之矣。後雖欲不鳴，得乎？」李林甫把諫官比作馬駒，終日無聲就能錦衣玉食，一旦發聲只會禍害速至，行重罰於前，指明路於後，結果是「諫官皆持祿養資，無敢正言者」，而天子耳目為之蔽矣。

李林甫封鎖信息渠道的另一個辦法就是大量提拔親信、樹立朋黨、建立門戶。「公卿不由其門而進，必被罪徙；附離者，雖小人且為引重」。真可謂附順者拔擢、忤逆者誅戮，而那些受到李林甫私恩而加官晉爵的人斷然不會暴露李林甫的奸惡，這本身就是對信息渠道的封鎖。

從歷史上著名的「野無遺賢」的典故，可以窺見李林甫操控信息的能力多麼強大。當時，皇帝「詔天下士有一藝者得詣闕就選」，就是要繞過等級森嚴的官僚體系，而為天下人才直接打開上達天聽的通道。李林甫敏銳地察覺到這對自己的威脅，因為一旦有人直接面對皇帝，就可能暴露自己的斑斑惡跡。於是，他再次祭出封鎖信息的殺手鐧，向皇帝建言說：「士皆草茅，未知禁忌，徒以狂言亂聖聽，請悉委尚書省長官試問。」李林甫建議皇帝不要親自面對這些草茅之士，而是讓尚書省長官代為諮問，這其實是要避免皇帝與士子的直接接觸，而在其間橫生中間環節。皇帝同意後，李林甫馬上讓他的同黨上書說，考察之後，「而無一中程者」。

李林甫也適時向皇帝發出祝賀：聖上知人善用，以至於「野無留才」。可憐的唐玄宗，竟被公開玩弄而依然心安理得。

壟斷「非正式」的信息渠道，是為了探知皇帝的主觀偏好與內心想法；封鎖正式的信息渠道，則是為了過濾真話，只允許於己有利的話上達天聽。在完成這兩項任務之後，李林甫就在皇帝與群臣之間成功打造出一層「無知之幕」。接下來，借助信息不對稱的無窮力量，李林甫將開始「屢興大獄」，逐一構陷大臣、打倒政敵。

利用「信息不對稱」製造陰謀

對李林甫來說，他控制信息的所有目的都在於「固寵市權」，永遠獨享皇帝的寵愛與信任。也就是說，除了李林甫之外，沒有人應該親近皇帝；除了依附李林甫之外，沒有其他獲得位高權重的渠道。於是，李林甫要把皇帝緊緊禁錮在他的身邊，拒絕任何人染指聖眷，那些有可能受到皇帝垂青的人，在自己還未察覺時就已經進入李林甫的攻擊範圍，而他利用的武器恰恰就是君臣之間的信息不對稱。

先看已經接近皇帝並與李林甫爭權不下的人會有何下場。當時，李適之代替牛仙客成為宰相，一度與李林甫不相上下，李林甫當然對其恨之入骨，後來終於思得一計可以排擠這個忤逆己意的同儕。他從容地對李適之說：「華山生金，采之可以富國，顧上未之知。」李適之性情疏忽，不拘小節，竟信以為真，而且伺機向皇帝報告了這個可以充實國庫的好消息。偶得飛來之財，皇帝自然喜形於色，就來問李林甫是否可行。李林甫這個始作俑者竟然說：「臣知之舊矣，顧華山陛下本命，王氣之舍，不可以穿治，故不敢聞。」意思是說，李林甫早就知道華山生金，但華山是皇帝天命所繫，出於體恤皇帝的考慮，所以一直不敢向皇帝報告。

這段話說得非常高明，既委婉表達了他對皇帝的愛護，為了保住「王氣」，甘願放棄富國強兵的金銀財寶，同時也暗中讓皇帝感到李適之只顧金錢，卻毫不憐惜皇帝的天命。其實，所謂「華山生金」、「陛下本命」都是杜撰出來的一派胡言，但是李適之受到「華山生金」的利誘，皇帝陷入「陛下本命」的自憐，絲毫未能察覺二人已經被一層「無知之幕」隔開，就像玩偶一樣被李林甫任意操縱。李林甫一言之下，「帝以林甫為愛己，而薄適之不親」。由此，李適之懼不自安，「乃上宰政求散職」，自己主動放棄宰相之位，並認為這樣的退步會換來安全，「欣然自以為免禍」。但李林甫怎可善罷甘休？後來由於受到另一件大案牽連，李適之被貶為宜春太守，最終「仰藥自殺」。

再來看蜚聲朝野並對李林甫構成潛在威脅的人又會遭到怎樣的迫害。嚴挺之資質軒秀，名重當時，早年就受到一代名相姚崇、張九齡等人的器重。張九齡輔政時就有意推薦嚴挺之為宰相，於是讓嚴挺之去拜訪同為宰相的李林甫以尋求支持。但是嚴挺之自負清高，「陋其為人，凡三年」，非公事從不私謁李林甫。自此，嚴挺之就與李林甫產生了嫌隙，而嚴挺之也自然未能當上宰相。後來，唐玄宗突然想起嚴挺之，於是從容對李林甫說：「嚴挺之安在？此其材可用。」皇帝的用意非常明顯，想要任用嚴挺之為宰相。

顯然，嚴挺之一旦入相，與自己新仇舊怨就會瞬間爆發，李林甫斷不能容忍這樣的事情發生。於是，李林甫再次拿起了信息不對稱的武器，以幾句口舌之快而殺敵於無形之中。他退朝後就找到嚴挺之的弟弟，一方面「諄諄款曲，且許美官」，另一方面則故意談到嚴挺之，「天子視絳州厚，要當以事自解歸，得見上，且大用」。這是要向嚴挺之傳遞錯誤的信息，意思是皇帝重視絳州，有意派嚴挺之去那裡任職。其實，這不過是一面之詞，誰都知道朝廷政治內重外輕，到地方任職等同於遭到貶斥。於是，在聽到弟弟傳回來的信息後，嚴挺之只好上表稱疾，「願就醫京師」。皇帝看到後「恨咤久之」，沒過多久嚴挺之也「鬱鬱成疾」。

皇帝以為嚴挺之不願擔任宰相，辜負聖眷，何為不怒？嚴挺之懼怕遠出絳州，自求多福，何錯之有？其實，皇帝與嚴挺之都沒有錯，因為皇帝不知道嚴挺之並未收到擔任宰相的邀請，而嚴挺之更不知道皇帝許諾的是宰相而不是絳州刺史。於是皇帝與嚴挺之從未真正了解過對方的真實意圖，也從未接收到真實的信息。他們的憤怒與鬱悶，是隔著「無知之幕」的主觀虛構，是「信息不對稱」導致的無謂的猜疑，而這都源自李林甫的玩弄與欺騙。

最後來看李林甫如何防備那些尚未知名，但有可能受到皇帝青睞的人。有一次，皇帝在勤政樓宴飲群臣，結束後，兵部侍郎盧絢策馬揚鞭，絕塵而去，皇帝愛其風采，稱美之。這些李林甫都看在眼裡，他對哪怕有可能產生威脅的萌芽都保持高度警惕，於是立刻故技重演，用打倒嚴挺之的辦法來毀滅盧絢的前程。李林甫第二天就對盧絢的兒子說：「尊府素望，上欲任以交、廣，若憚行，且當請老。」依然是傳遞錯誤信息，李林甫故意恐嚇盧絢說要將他發配到嶺南，結果當然跟嚴挺之的下場如出一轍，盧絢趕緊上表請辭，皇帝一看主動辭職也就不好再加以重用，而盧絢大好的前景竟毀於一旦。但是盧絢哪裡知道皇帝的真實想法？而皇帝又何嘗知道盧絢上表背後的隱衷？在他們中間隔著李林甫這個過濾信息的人，於是他們也必然會因為虛假信息而產生錯誤判斷。

就這樣，無論是已經位居宰相的，還是可能躋身宰相之列的，無論是已經得到皇帝寵愛的，還是可能得到皇帝寵愛的，都被李林甫以信息不對稱的武器打入另冊。這正是他精心打造無知之幕、壟斷信息渠道的意圖所在，即把皇帝圈禁在他設計的牢籠裡，皇帝除非通過他，否則不能接觸其他人。李林甫因此徹底把皇帝變成他手中予取予求、隨意擺弄的玩偶。

以信息封鎖開展「愚君政策」

晚年的唐玄宗隨心所欲，縱情聲色，他認為他可以把大臣們的逆耳之言屏蔽在外，而自行躲在深宮裡及時行樂。他自以為終於能夠脫離俗務，獲得渴望已久的自由，但實際上他正處於李林甫設計的牢籠之中。

在政治學中，「信息」的傳播與控制被譽為是「政府的神經」，對於政治體系的運轉至關重要。信息從外部環境輸入政治體系，並通過一定的渠道自下而上地傳播進入最高決策層，決策層最後對相關信息進行回饋。因此，信息的採集、控制、傳播其中有一個環節出錯，就會導致最高決策層接受的信息失真，從而導致決策失誤。

皇帝居於政治體系的最頂端，接收信息的鏈條最多、週期最長，因此品質也最難保證、最易操縱。接受什麼樣的信息，就有什麼樣的判斷。可以說，誰要是能控制皇帝獲取信息的渠道，就能控制皇帝做出的決策，最後甚至控制皇帝的認知與思維。這是控制信息的最高境界，也正是李林甫夢寐以求的「雄心壯志」。在中國歷史上，皇帝君臨萬民自有其「愚民政策」，但是皇帝統馭下的官僚，也發明出一套控制皇帝的「愚君政策」，而李林甫正是這些人的「傑出代表」。

李林甫當上宰相之時，唐玄宗已經進入晚年歲月，在位多載，倦於朝政，而且直接面對大臣時，總會有那些以致君堯舜為己任的人犯顏直諫，使其難徇私欲。因此，自從李林甫擔任宰相，唐玄宗終於找到了一個無條件阿諛自己的人，於是政事一以委之，自己則深居燕適，恣行宴樂。李林甫「善養君欲」，不僅僅是出於迎合上意，也是為了讓唐玄宗在縱情無度中心甘情願地被屏蔽耳目，並最終享受被李林甫圈禁起來的那種舒適與快感。這樣，李林甫就能為禁錮皇帝的牢籠加上一把心理依賴的鎖。

於是，面對信息封鎖的銅牆鐵壁，唐玄宗對外界的了解就會僅僅停留於想像，而想像的圖景還是李林甫刻意為他描繪的。太子妃的哥哥韋堅曾經輝煌一時，就是這樣被李林甫陷害致死。當時，韋堅、楊慎矜、王鉷等人都以勾剝財物爭行進奉而獲得重用，而韋堅尤其具有把進貢財物製造成公共景觀的想像力。他將兩、三百隻船集中於長安城郊，令駕船人保持江南的原始風情，又令婦人合唱民間樂曲：「得寶弘農野，弘農得寶耶！潭裡船車鬧，揚州銅器多。三郎當殿坐，看唱〈得寶歌〉。」「和者婦人一百人，皆鮮服靚妝，齊聲接影，鼓笛胡部以應之。」一時間觀者山積、人人駭視，皇帝自然龍顏大悅，即下詔褒獎。

韋堅方得寵於帝，也已進入李林甫的攻擊範圍。李林甫故技重演，表面上靠近韋堅、釋放善意，實際上擔心韋堅承恩日深，「乃與腹心構成其罪」。李林甫的機會終於來了。有一年中秋，韋堅與河西節度使皇甫惟明夜遊，被李林甫告發，他給皇帝的理由是「以堅戚裡，不合與節將狎暱，是構謀規立太子」。意思是說，韋堅屬於外戚，不應該與手握雄兵的節度使私下交往，這明顯是要圖謀不軌、擁立太子。處於信息牢籠中的唐玄宗，一下被這句話擊中了恐懼心理，於是在未經審訊、不知真相的情況下，迅速下詔處置了韋堅與皇甫惟明。唐玄宗的認知與思維，已經被李林甫牢牢控制。

一個人越是處於無知的狀態，就越是容易產生恐懼心理。因此，在受到信息封鎖之後，唐玄宗只會變得越來越敏感。由於對外界缺乏了解，所以對於任何風吹草動也更容易產生負面猜想。而韓非子早就認識到信息通暢對皇帝的重要性，他直言不諱地指出，「壅於言者制於臣矣」。

於是，一方面，在信息的傳遞過程中，真實的聲音受到屏蔽，逆耳之言遭遇消聲，皇帝接收到的總是歌功頌德的信息；另一方面，李林甫可以通過偽造信息把控皇帝的喜怒哀樂，從而徹底控制皇帝的所思所想。這真如韓非子的描述：「大臣挾愚汙之人，上與之欺主，下與之收利侵漁，朋黨比周，相與一口，惑主敗法，以亂士民，使國家削危，主上勞辱。」相與一口，正是皇帝信息壅蔽的體現。唐玄宗徹底陷入牢籠中而不自知，只是因為信息渠道已經封死，他無法認識真實世界，其實也不想認識真實世界。

信息不對稱讓朝廷喪失認知能力

司馬光在《資治通鑑》裡面這樣評價李林甫：「林甫媚事左右，迎合上意，以固其寵；杜絕言路，掩蔽聰明，以成其奸；妒賢疾能，排抑勝己，以保其位；屢起大獄，誅逐貴臣，以張其勢。自皇太子以下，畏之側足。凡在相位十九年，養成天下之亂，而上不之寤也。」固其寵、成其奸、保其位、張其勢，李林甫能夠達到上述成功依靠的正是對信息的控制與壟斷。

李林甫深知自己樹敵眾多，一旦失去皇帝的恩寵，結果只能是被仇家碎屍萬段。因此，他已經走上了一條不歸路。李林甫的兒子曾泣涕勸諫說：「大人居位久，枳棘滿前，一旦禍至，欲比若人可得乎？」他聽後黯然不樂，只是淡淡地說了一句：「勢已然，可奈何？」

李林甫確實已經沒有退路，他只有在不斷鬥爭中獲得安全感。為了防止遭人刺殺，他一改有唐一代宰相輕車簡從的傳統，開始前呼後擁、侍衛清道。他居住的地方重關複壁，一個晚上多次更換睡覺地點，雖是家人亦無從而知。他給其他人帶來了萬劫不復的災難，也讓他自己陷入暗黑無界的恐懼。權力的作用就像物理世界的「力」一樣，存在作用力就一定存在反作用力。

李林甫從一開始進入權力核心就懂得運用「信息」為自己鋪就進身之階。實際上，注重結交宦官、宮女、嬪妃等皇帝的身邊人並不是李林甫的原創，在此之前，就有很多人盯住了這條「非正式」信息渠道，並以此作為獲得朝廷機密的終南捷徑。在這方面，李林甫的老師應該是隋文帝楊堅。楊堅本為北周宣帝的岳父，按說皇帝死後，北周宗室尚有存者，擔任臨時攝政地位怎麼也輪不到身為外戚的楊堅。然而，楊堅與北周宣帝的心腹劉昉、鄭譯等人私交甚篤，這些人不僅向楊堅及時輸送情報，而且在北周宗室還未反應過來就迎接楊堅入朝執政，獨攬北周政治、軍事大權，為後來的以隋篡周打下了基礎。楊堅的成功顯然為李林甫提供了學習的樣本。

「非正式」的信息渠道具有如此重大的影響力，是因為在古代政治中，人格化權威遠遠超越制度化權威之上。正因此，皇帝的私人生活與公共生活根本難以涇渭分明。因此，除了公共生活之外，皇帝的私人生活以及身邊人在朝廷政治中扮演著極其重要的角色。

當然，李林甫心裡完全清楚，皇帝的身邊人數量有限、目標明確，因此易於籠絡，但是要封鎖滿朝文武組成的正式信息渠道，無異於堵住天下悠悠之口，其難度可想而知。李林甫一方面打擊異己，讓說真話的人處於家破人亡的危險之中；另一方面取悅皇帝，讓皇帝始終生活在自己的偏見之中，從而最終完成了這項繁難複雜的工程，成功在皇帝與官僚體系之間打上了一道信息的隔斷。隔著這道隔斷，在官僚看來，李林甫口銜天憲，代表天子；在皇帝看來，李林甫禮絕百僚，代表士林。

於是，在他們都這樣「相信」以後，李林甫就可以堂而皇之地謊話連篇，將皇帝與官僚都遺棄在謊言編製的夢境裡。

這正是李林甫令人不寒而慄的地方，你永遠無法判斷他和藹的外表之下正在醞釀怎樣巧妙的機關，也無從知道從他的如簧之舌蹦出的話哪些是真哪些是假。因此，在真假難辨之際，在禍福未知之時，與他接觸的人無不陷入不可名狀的恐懼之中。狡猾奸詐如安祿山，在與李林甫接觸時，即便是在隆冬也必然汗流浹背。李林甫為相，而安祿山不敢舉兵造反。有人說，權力起源於信息的不對稱，掌握權力的一方總是信息的優勢方。在這方面，李林甫可以說做到了極致。他讓自己占據信息高地，從而掌握了絕對的信息優勢，「天下威權，並歸於己」。同為宰相的陳希烈，面對台司機務「不敢參議，但唯諾而已」。

所謂「口蜜腹劍」正如李林甫，如果說他讓其他人感到的是劍的鋒利，那麼讓皇帝感到的就是蜜的香甜。當李林甫從內部掌握了皇帝的主觀偏好，又從外部控制了信息的流通渠道，他就能通過精神的麻醉，永遠把皇帝囚禁在自己心理上的舒適區。皇帝心中的恣肆欲望，無不能通過李林甫找到正當性；皇帝腦海的主觀判斷，也都能通過李林甫找到「依據」。於是，皇帝感到世界是如此美好，沒有任何違和感，沒有任何齟齬感，他想到的一切都能被李林甫「證明」是正確的。

這正是封鎖信息最為可怕的地方。一個人本來就是自己偏見的奴隸，如果他每天接觸到的信息都在印證他的主觀偏好，他只會生活在一個主觀臆斷的世界裡，從而失去對真實世界的感知與判斷。晚年的唐玄宗就處於這樣的境地之中，而一旦皇帝接受的信息被「控制」，他也就失去了基本的判斷能力，其結果必然是朝廷作為一種制度體系本身將失去辨別真偽的能力。

李林甫掀起的那些冤假錯案在後世才得以沉冤昭雪，而在當時，唐玄宗是多麼篤定地相信「謀反」是真的，並且發自內心地感到如果自己不先下手為強，就會被「亂臣賊子」篡位。歷史的真實往往在後人眼中黑白分明，但如果放在彼時彼地的情境之中，朝廷往往難以辨別真偽，這就形成了中國歷史上「天下皆知而當權者獨不知」的悖論。隋朝末年，天下群盜蜂起，亂兵甚至已經打到長安城，隋煬帝仍然在虞世基等人的蒙蔽下，認為四海昇平、百姓安居。而在李林甫死後不久，安祿山意欲謀反已是天下盡人皆知的祕密，唯獨唐玄宗相信安祿山仍然忠貞不貳。皇帝接受的信息被操控，其思維也必然被操控。

這也是為什麼中國歷史上的明君無不強調廣開言路，容忍直言，為的就是增加信息渠道，避免信息被操控。然而，一旦自律不復存在，皇帝就極其容易被自己的偏見俘虜，對那些迎合己意的信息更加看重，從而滑入自我論證的心理舒適區。到那時，皇帝耳之所聞、目之所見都不是真實存在的世界，而是出自權臣的精心安排。當扭曲的信息大行其道，朝廷也將失去辨別真偽的能力，而朝廷的政治衰變將是不可挽回的悲劇。

李林甫日夜生活在恐懼之中，他害怕在萬馬齊喑的沉寂之中，突然有一個清脆的聲音劃破天空，驚醒了被謊言催眠的皇帝。他有一次夢到一個「白皙多鬚」的人逼迫自己，醒來後立刻斥逐了與之形象類似的大臣。沒想到，後來楊國忠得志，第一件事就是誣告李林甫謀反，而楊國忠同樣類似於李林甫夢裡的形象。

楊國忠並沒有叫醒處於「沉睡」中的皇帝，而是從一種封鎖換成另一種封鎖，從一種麻醉換成另一種麻醉。皇帝依然被謊言包圍，朝廷仍然缺少辨別真偽的能力。如日中天的大唐正等待著一次巨大的打擊。

李林甫為相十九年，已經對唐朝的政治運轉形成了不可挽回的腐蝕，而在他之後，一直為帝國鎮守東北邊陲的將領安祿山起兵造反，他與李林甫一樣善於通過控制信息來隱瞞自己的造反意圖。但是安祿山的好運並不止於此，他的僥倖成功並不只是源於自己的努力，更大的原因在於楊國忠等朝廷的既得利益者扭曲了朝廷的決策，才給了這個少數民族將領以天賜良機。

第八章

安祿山

既得利益導致制度衰變

在中國人的歷史記憶裡，安祿山是永遠的罪人，漢語世界能夠想到的邪惡詞彙都應該與他有關。正是他，摧毀了所有關於大唐盛世的美好想像，就像一隻醜陋的「蝨子」牢牢地趴在歷史的錦袍上，整體的美觀因此毀於一旦。

於是為了保存大唐盛世的美感，人們只好努力把安祿山從記憶中剷除，或是視而不見，任其逃入「選擇性忽視」的庇護之中，或是滿腔憤怒把他打入邪惡的地獄，以此來襯托歷史的美好。然而，忽視也好，憤恨也罷，都不可能用鄙夷的目光或不屑的口吻對那隻「蝨子」造成任何傷害。安祿山就在那裡，他的邪惡與醜陋本身就是歷史的一部分，不僅需要正視，而且應該值得人們反思。

唐玄宗李隆基曾對安祿山寵信無比、賞賜無度，楊貴妃還把他收養為假子，在宮中直接稱呼為「祿兒」。而安祿山卻包藏禍心，最後背信棄義，稱兵向闕，導致唐玄宗倉皇西逃，在馬嵬驛飢寒交迫、前途渺茫。唐玄宗身為天子策杖躡履面對臨時的兵變，最後不得已默認了將楊貴妃處死。唐玄宗固然有用人失察的問題，但是對安祿山也算是恩重如山。安祿山竟恩將仇報、卒亂天下，只要是戴天履地的生靈，沒有人不會為安祿山的陰毒扼腕長嘆、唏噓不已，感到義憤填膺。

然而，情緒的浪潮終將退去，應留下一片理性思考的空地。與其含著盈盈淚光極盡譴責之能事，不如帶著理性之光去上下求索、追根溯源：一個背信棄義的小人，如何在官僚體系中偽裝自己，並一步步登上權力的巔峰？謀反跡象早已路人皆知，為什麼唐玄宗仍然執迷不悟？信息的傳遞為何再次陷入「天下皆知而當權者獨不知」的困境？安祿山帶來的這些問題比唐朝的衰落更值得關注。

安祿山起兵之後，唐朝就結束了自立國以來的上升態勢，如同一個龐然大物滾落在陡峭的斜坡上向著最後的崩塌急速墜落。而在安祿山造反之前，李林甫、楊國忠等奸詐小人先後執政，這些人出於專寵固位的考慮已經讓唐朝良好的制度運轉出現衰變，而正是這種衰變為安祿山提供了崛起的機會。可以說，安祿山的崛起既是制度衰變的產物，又會反過來加速制度衰變。

正是李林甫出於專寵固位的考慮，為了保住自己的權勢而打壓漢族將領，開啟了唐朝任用番將的先河，安祿山才可能獲得制度化的上升渠道。同樣，正是楊國忠等人為了一己私利犧牲了官軍的戰鬥力，安祿山才可能獲得造反的成功。而在一層壓倒另一層的官僚體系中，下級為了取悅上級，會有意地選擇上級喜歡的信息，從而導致信息層層過濾，直到信息傳遞到天子所處的權力頂端已經接近於完全扭曲。正是這種扭曲掩蓋了安祿山的陰謀，也保護了安祿山的偽裝。直到「漁陽鼙鼓動地來」，唐玄宗才如夢方醒般「驚破霓裳羽衣曲」。因此，安祿山製造的悲劇應該引起深刻的反思：一方面，官僚政治如果產生既得利益，就必然會以私利壓倒公義，從而導致決策不是為了實現社會公益最大化，而是為了實現權貴的私利最大化；另一方面，朝廷的信息傳遞如果被官僚體系壟斷，就容易導致信息傳導的失真，從而讓真相與事實遠離當權者，結果是朝廷本身將喪失發現真相的能力。

唐玄宗直到倉皇西逃時才意識到，他一廂情願地寵信安祿山，卻是最後一個知道他要謀反的人，被親信的人欺騙，又被所有人玩弄。

既得利益為番將打開晉升大門

安祿山惡名滿天下，後世史學家自然要在他出生時就找到「原罪」。據說，安祿山的母親是突厥的巫婆，生他的那天晚上，「赤光傍照，群獸四鳴，望氣者見妖星芒熾落其穹廬」。地方官對此深感震驚，連夜派人來調查，「長幼並殺之」。而安祿山「怪兆奇異不可悉數」，他母親也以為是神明顯靈，於是將他取名為「軋犖山」，突厥語意為「鬥戰神」，可見寄望之重。

安祿山長大成人後，精通多種少數民族語言，於是就在幽州邊境做各個民族互通有無的翻譯，安祿山此時能想到的最好的未來也不過是家給人足、小富而安。然而，命運這張薄紙注定無法鎮壓住它下面的波濤洶湧。安祿山由於偷盜事發本應論死，卻意外改變了他波瀾不驚的人生軌跡。刀都架到脖子上來了，安祿山對范陽節度使張守珪大聲驚呼：大夫不是要消滅契丹嗎？為什麼還要殺壯士！一言之下，張守珪「奇其言貌」，不僅原宥其罪，而且許其軍前效力。而安祿山果然不負所望，所戰皆克，擒賊必倍，迅速升為張守珪的副手。

就這樣，安祿山獲得了能夠與朝廷對話的平台，人生再次邁出了堅實的一步。本來由於華夷之防，唐朝從一開始就在軍事領域設計出漢人主導的制度安排，「蠻夷將領」再有才華也不能升為元帥，獨當一面，而必須被漢人元帥統領。「其四夷之將，雖才略如阿史那杜爾、契苾何力，猶不專大將之任，皆以大臣為使以制之」，也就是說，「蠻夷將領」無法獲取鎮守一方的軍權，能夠獲得的最高軍階也只是漢將的偏裨。安祿山這時已經摸到了朝廷設置的「天花板」，人生似乎將止步於此。然而，此時高層政治正在醞釀巨變，將會為安祿山打破那個妨礙他平步青雲的「天花板」。

當時，李林甫作為宰相秉政當國已有十數載，雖然他屢興大獄，一一剷除政敵，但仍然缺少權力的安全感。尤其是唐玄宗志在削平四夷，邊將權力日益膨脹，甚至到了與宰相分庭抗禮的程度，而且邊將當中，「功名著者往往入為宰相」。郭元振、張嘉貞、張說、蕭嵩、李適之等人都是以邊將身分直接躋身宰相之列，而李林甫剛剛與李適之展開了一場血腥的權力鬥爭。心有餘悸的李林甫為了專寵固位、永保權勢，開始醞釀改變唐朝的軍事體制，其中的核心就是以番代漢，明以胡人為將，實削漢人之權。

為此，李林甫專門為唐玄宗上了一道奏疏，力陳在軍事領域以番代漢的好處。他在上表中說：陛下英明神武，之所以還未削平四夷，根本原因就是「文吏為將而怯懦不勝武也」。陛下欲滅四夷、威海內，就應該使用番將，因為番將「生時氣雄，少養馬上，長習陳敵」。李林甫非常懂得抓住皇帝的心理，李隆基「有吞四夷之志」，所以李林甫就順著皇帝的宏圖遠志進行了一番為國為民的慷慨陳詞。表面上看，李林甫是說番將比漢將勇猛，必能實現皇帝吞併四夷的夢想，實際上是為了暗中廢黜漢族將領的軍權，使得邊將入相不再成為他的勁敵，從而保護自己的既得利益。唐玄宗在萬邦來朝的想像中被李林甫催眠，完全沒有看穿實質就輕鬆同意了這個將會毀滅大唐江山的決定。

朝廷的大門徐徐打開，而安祿山個人也開始發力，他從最初與朝廷接觸就懂得通過控制信息的傳播渠道來為自己贏得更多關注。御史中丞張利貞作為河北採訪使來到平盧，安祿山極盡諂媚，重金賄賂，「多出金諧結左右為私恩」。張利貞入朝之後，「盛稱祿山之美」，朝廷接收到虛假的信息，也憑此做出了錯誤的決定，竟立刻提拔安祿山為平盧節度使，由副職而位居正職，由偏裨而獨任方面，安祿山實現了他人生的第一次飛躍。

權貴因私廢公，洞開方便之門；官僚受賄謊報，扭曲信息之實。故事開頭包含的這兩個因素將會貫穿故事的始終，也會助推安祿山走上人生的巔峰。

以「野蠻人」淳樸憨厚的表象迷惑皇帝

當然，在此之前，安祿山需要一個獲得皇帝寵信的資格。善伺人情、苟合取容是安祿山與生俱來的優勢，但是最為打動唐玄宗並在人心浮動時仍然能抓住帝心的，恰恰是他身為「蠻夷」所處的地位，讓唐玄宗充分感受到作為「文明人」的優越感，並沉溺其中難以自拔。

安祿山經常展現出一個未經開化的野蠻人所具有的淳樸、憨厚、簡單，並以此作為偽裝，赤裸裸地向皇帝邀寵獻媚。安祿山在一份上表中曾訴說自己的忠誠，沒有士大夫的華麗辭藻與磅礴氣勢，翻譯成白話文簡直就是一篇小學生作文，大意是：去年院子裡面有蟲子吃禾苗，臣焚香禱告，要是臣事主不忠，就讓蟲子吃臣的心；要是臣事主竭誠，那就讓蟲子去死吧，後來果然有神鳥來叼蟲。通過這種充滿兒戲色彩的故事來向皇帝表明自己的忠心耿耿。這在久經聖賢薰陶的漢人士大夫看來，安祿山邀寵獻媚的方式過於直白、近乎呆板，但安祿山實際上是把皇帝想像中的「野蠻人」應該具有的淳樸發揮到了極致，並讓皇帝感覺到安祿山這個人尚未開化、心思簡單，不像受過文明薰陶的漢人士大夫已學會了偽裝和說謊。

還有一次，安祿山上表跟皇帝說自己作了一個夢，夢到先朝的名將徐世勣、李靖來求食，於是他就在自己的駐地為這兩位開國名將立廟供奉，沒想到廟宇方立即有靈芝生於庭院，這真是天降祥瑞，於是發誓要踏平契丹，因為「人神協從，靈芝瑞應」。他還在一次宮廷宴飲上直言不諱地說：「臣番戎賤臣，受主寵榮過甚，臣無異材為陛下用，願以此身為陛下死。」這番話如果出自漢人之口，唐玄宗或許還會引起戒備心理，認為這是討好自己的美語甘言，但是李隆基這時把安祿山當作稟性淳樸的「野蠻人」，因此對安祿山的這番表忠心的話深信不疑，而且不由得生出了憐憫之心。史書上對皇帝的心理描寫用的是這樣四個字：私甚憐之。

正所謂「夷狄進而為華夏，華夏退而為夷狄」，在以中國為中心的天下體系裡，中國自視為中央大國，「聖賢之所教也，禮樂之所用也，遠方之所觀赴也，蠻夷之所則效也」。漢人因此擁有天生的文明優越感，而夷狄則被視為未開化的野蠻民族，不懂得君臣父子的倫理大道，也不懂得委婉曲折的權變謀略。安祿山自然屬於野蠻民族中的「野蠻人」，但是他抓住了唐玄宗的這一心理，靈活運用道家「知其雄，守其雌」的權術，把「野蠻人」的淳樸、愚昧、憨厚表演得淋漓盡致。一方面讓皇帝產生了「文明人」對「野蠻人」特有的同情，另一方面則以其憨厚淳樸進入了皇帝的心理安全區。狡猾如漢人文儒，皇帝當然會有所保留；唯有淳樸到呆板、憨厚到癡呆，皇帝才會徹底放下猜疑。

為了維護淳樸的形象，安祿山可謂煞費苦心，甚至到了裝傻充愣的地步。他本來身寬體胖、大腹便便，一度達到三百三十斤之重，腹垂過膝，「每行以肩膊左右抬挽其身，方能移步」。就是在移動如此不便的情況下，只要是在皇帝面前，安祿山還能以如此體重，「作胡旋舞，疾如風焉」。有一次唐玄宗跟他開玩笑，你這肚子裡面裝了什麼這麼大？安祿山回答說：「唯赤心耳！」這是一肚子的赤膽忠心啊！皇帝聽後自然龍心大悅。而後，皇帝命安祿山拜見太子，他竟然站著不動，只是充滿疑惑地說：「臣番人，不識朝儀，不知太子是何官？」唐玄宗解釋說：「是儲君。朕百歲之後，傳位於太子。」安祿山才做出一副恍然大悟的樣子，「只知陛下，不知太子，臣今當萬死」。這次裝傻更讓皇帝覺得安祿山心思簡單，也由此更加深了對他的信任，「玄宗尤嘉其純誠」。

當時，楊貴妃寵冠後宮，安祿山又用這份「淳樸」攻占了皇帝枕頭邊的政治陣地。他請求皇帝允許自己作為貴妃的養兒，李隆基欣然同意。而後，安祿山但凡入朝覲見必然先妃後帝，李隆基感到很奇怪，安祿山的解釋再次以淳樸打動帝心，「番人先母後父」，李隆基聽後龍顏大悅。楊貴妃在一次過生日時，用繡綳子綁住安祿山，歡呼動地。唐玄宗派人詢問，報云：「貴妃與祿山作三日洗兒，洗了又繃祿山，是以歡笑。」這也勾起了唐玄宗的童心，於是欣然前往，極樂而罷。從此宮中都稱呼安祿山為「祿兒」，不禁出入、來去自由。「自是祿山出入宮掖不禁，或與貴妃對食，或通宵不出，頗有醜聲聞於外，上亦不疑也。」安祿山與楊貴妃甚至傳出通姦的緋聞，而唐玄宗亦不之疑也，可見安祿山的淳樸已經讓他放下了所有的戒備。

三百多斤重的中老年男人竟被稱為「祿兒」，至今想來都令人感到肉麻，而這也恰恰反映出唐玄宗、楊貴妃該是把安祿山看得多麼淳樸簡單。然而，安祿山並不是他們想像中未經開化、不知狡猾為何物的「野蠻人」，也不是沒見過世面所以還保留著原始淳樸的鄉野村夫。皇帝看到的一切都來自安祿山處心積慮的表演。

通過信息控制麻痺皇帝

當然，安祿山不僅懂得如何把自己假扮成皇帝想像中的淳樸憨厚形象，更懂得如何用虛假信息來蒙蔽皇帝，讓皇帝目之所見、耳之所聞都是經過精心設計的「信息」，徹底把皇帝隔絕在真相之外。

前文提到，「信息」的傳播與控制被譽為「政府的神經」。在等級森嚴的官僚體系中，由於上級對下級擁有絕對的控制權，因此下級在傳遞信息過程中會有意選擇那些迎合上級偏好的信息，最常出現的情況就是「報喜不報憂」，結果導致信息在向上傳遞過程中層層過濾、級級失真。特別是在君臣之間，如果處於權力頂端的皇帝已經有明確的「主觀偏好」，下級更不敢提供與之相悖的信息，即便這個信息是真實的。在下文中將會看到，這一點如何導致唐玄宗直到最後仍然執迷不悟。

當然，歷代統治者自然意識到這個問題，因此，凡是一代明君，無不主張廣開言路、從諫如流。唐太宗就曾說：「兼聽則明，偏信則暗。」無非就是希望獲取更多信息渠道，以便相互印證，避免單個信息源導致信息失真。其實，唐朝在進行制度設計時就考慮到了這一點，所以在官僚體系的信息渠道之外，還直接從朝廷派出採訪使、觀察使等官員，繞開疊床架屋的官僚體系，直接向皇帝彙報信息。因此，從使者那兒得到的信息，可信度比經過官僚體系過濾的信息要更高，而皇帝也往往對這條信息通道更為倚重。

但是這樣做也會面臨另一個問題：如果派下去的京官一旦被收買，信息失真豈不是後果更嚴重？安祿山就是利用這一點，在傳言四起的關鍵時刻打消了唐玄宗的疑慮。當時，宰相楊國忠極言安祿山將反，並且謀畫任命安祿山為宰相，以此為名徵召入朝、罷其兵權。詔書未下，唐玄宗仍然猶豫再三，最終決定還是先派使者前往觀察，然後再做決斷。於是，「使中官輔璆琳賜大柑，因察非常」，名為頒發賞賜，實為刺探隱情。安祿山也知道使者到來的真實意圖，「厚賂之」，結果使者剛一回朝，就對皇帝盛言邊境無恙。虛假的信息在關鍵時刻蒙蔽了唐玄宗的心智。

如果說這只是技術層面的應對，那麼安祿山更加洞悉促使信息失真的真諦：由於下級視上級偏好而有選擇性地提供信息，因此真正重要的不是事實本身，而是上級的主觀偏好。對安祿山而言，最重要的是抓住皇帝的主觀偏好。皇帝只要形成主觀偏好，下級就會用信息去證明，不是事實也能編造出事實，沒有根據也能製造出根據。比如說，唐玄宗滿心期盼削平四夷，安祿山就「懂事地」讓皇帝心想事成。他經常獻馘闕下，捷報頻傳，哄得龍顏大悅。實際上，那並不是戰爭所得，而是他利用熟人關係，對契丹酋長大擺鴻門宴，「大置酒，毒焉，既酣，悉斬其首，先後殺數千人」，然後用向朝廷謊報戰績。所謂「邊朔底寧」，純系子虛烏有，卻因為迎合上意，竟讓皇帝篤信不移。

在安祿山舉兵謀反的前夜，唐玄宗實在抵擋不住漫天飛舞的傳言，於是設計了一個測試：追召安祿山入朝，立即回京則是忠心耿耿，若便遷延則是心懷二志。然而，洞悉人性的安祿山揣得其謀，馳馬入謁，毫不猶豫，結果「帝意遂安」，更加堅定了皇帝的主觀偏好和先入之見。而面對朝中大臣甚至太子的進諫，唐玄宗無論如何都閉目塞耳、置若罔聞。

於是，大唐風平浪靜的繁華表面之下，正醞釀著即將帶來毀滅之災的驚天巨變。安祿山最後一次離京心懷恐懼、戰戰兢兢，由於擔心朝廷收回成命，一日疾行三百里，不顧一切地奔回范陽老巢。這時，安祿山的反狀等於是大白天下、路人皆知。如果此時下旨召回，特一獄卒之擒耳，就能避免「安史之亂」的悲劇。但是作為大唐的最高掌權者，唐玄宗不僅毫不知情，還戲劇性地「助紂為虐」，「人告言者，帝必縛與之」，凡是來告安祿山謀反的人，都把人綁起來交給安祿山。皇帝之蒙蔽，竟一至於此！

結果，道路以目，無敢言者，直言不聞，真話匿跡，只有皇帝喜歡的信息才能登於朝堂，而皇帝也因此更加強化了主觀判斷與先入之見。於是，唐玄宗就在一廂情願的想像中麻痹自己，直到他記憶中那個淳樸憨厚的「野蠻人」舉起屠刀。

既得利益導致朝廷坐失良機

西元七五五年，安祿山果然起兵造反，以「奉密詔討楊國忠」的名義，騰榜郡縣，兵凡十五萬，號二十萬，以日行六十里的速度鼓譟而下。安祿山雖然兵雄天下，但是唐朝國強民富、根基深厚，起兵造反可以說是以卵擊石。王夫之就明確地指出，唐玄宗失德而未失道，還未到改朝換代的時候，「安祿山不足以亡唐」。

在安祿山起兵前後，朝廷至少有兩次機會能夠以最小成本、最短時間將其撲滅，從而將危害降到最小。然而，在長槍短戟的刀鋒之上卻閃現著既得利益的魅影，哪怕是在生死存亡的關頭。當朝權貴為了維護一己私利，不惜犧牲朝廷的整體命運，異化了朝廷的正確決策，讓朝廷坐失了鎮壓叛亂的最佳時機，間接助長了安祿山的反叛氣焰。

第一次機會是在安祿山欲起兵而未起兵的關鍵時刻。當時，安祿山上表請求以三十二名番將替代漢將，宰相楊國忠與韋見素認為這是將謀反公開化了，於是一起去勸諫唐玄宗。韋見素與楊國忠約定好，如果他勸諫不成功，楊國忠要繼續努力。結果，韋見素見到皇帝後，嗚咽流涕，仗義執言，但是皇帝仍然不為所動，而皇帝寵信的楊國忠，這時竟然「都無一言，俯僂而退」，最終不了了之。

當此之時，楊國忠可以說是「一言可以興邦，一言可以喪邦」，但是為什麼一言不發、保持緘默？道理很簡單，安祿山起兵，不符合朝廷的公益，但是符合楊國忠的私利。楊國忠與安祿山，一個居朝為相、身當國柄，一個處外為將、手提雄兵，向來身為對手、視若仇寇。楊國忠從一開始就一直認為安祿山將會造反，是不折不扣的「倒安派」，這就讓二者一直處於相互猜忌的狀態。在楊國忠看來，自己一直說安祿山謀反，但如果他還沒謀反就收拾他，那不是說明自己的判斷不正確嗎？於是，楊國忠的如意算盤是逼安祿山造反，那樣不僅可以在皇帝面前「以明己之先見耳」，還可以名正言順地借朝廷之手剷除勁敵。於是，在可以消禍於未萌的時候，楊國忠為了維護一己之私竟然放棄了天賜良機。

後來，安祿山造反的消息傳到朝廷，舉國震恐，大臣以下，相顧失色，唯獨楊國忠認為終於驗證了自己的先見之明，「揚揚有得色」，笑著說：「陛下發兵討之，仗大義誅暴逆，可不血刃而定矣。」國命懸於一線而權貴猶自竊喜，私利害於公益竟至於此乎？

第二次機會是在全國已經對安祿山形成合圍、勝利朝夕可望的時候。當時，哥舒翰率領十萬大軍鎮守潼關，截斷了安祿山西取長安的進攻路線；李光弼、郭子儀從河北率軍南下，阻擋了安祿山退回范陽的撤退路線。官軍四集對安祿山形成甕中捉鱉的合圍之勢，安祿山起兵未幾就陷入了「進無所攻，退失巢穴」的進退失據的困境。

潼關不開，老巢難回，這時的安祿山充滿了追悔莫及的失望情緒，他把謀士召來大罵一通：「我起，而曹謂萬全。今四方兵日盛，自關以西，不跬步進，爾謀何在，尚見我為？」起兵之時，你們說策之萬全，現在官兵日盛，寸步難進，你們還有何臉面見我？安祿山在萬念俱灰之際或許還曾想過自己淪為階下囚的慘狀。然而，那一天永遠不會到來，因為當朝權貴再次為了維護私利，讓安祿山絕地逢生了。

當時，哥舒翰鎮守潼關，有人勸諫說安祿山起兵造反，以「清君側」為名，當時漢景帝誅晁錯而平七國之亂，將軍何不師法古人，派兵誅殺楊國忠而靖難呢？哥舒翰同意這一方案，卻在未發之時被人洩露給了楊國忠。楊國忠為了明哲保身，在後方開始組建一支新的軍隊，而哥舒翰認為這是對付自己，上表請將這支軍隊隸屬潼關前線。於是，安祿山還未消滅，統治集團內部的將相矛盾再次公開化。失去軍隊的楊國忠這時正醞釀著如何挫敗哥舒翰。

本來，消滅安祿山的最優策略是哥舒翰堅壁清野，以逸待勞，阻之於前，而李光弼、郭子儀揮兵南下，銳意進取，逞之於後，兩軍合圍，形成夾擊之勢。但是楊國忠這時寧願哥舒翰失敗，也不願安祿山就戮，寧願自己寵祿皆保，也不願朝廷度過難關。於是，楊國忠給唐玄宗上表，讒言哥舒翰「逗遛不進」，唐玄宗竟被迷惑，不識大局，而連發詔書迫使哥舒翰出兵。哥舒翰無奈之下，「慟哭出關」，放棄萬全之策而就莫測之險，結果兵敗被擒，潼關失守。形勢一時間急轉直下，唐玄宗在慌不擇路的絕望中倉皇西逃，大唐陷入亡國的危險。

可以說，安祿山起兵成功並不是他自己用兵如神，而恰恰是因為統治階級內部的矛盾，因為權貴階層為維護私利而扭曲了朝廷的正確決策。沒有楊國忠對既得利益的誓死保衛，就不會有安祿山困獸猶鬥的意外突圍。

既得利益與信息扭曲共同導致制度衰變

安祿山起兵之初，天下就流傳這樣一首童謠：「燕燕飛上天，天上女兒鋪白氈，氈上一貫錢。」燕，是安祿山起兵後的國號；天上女，是安祿山的姓氏「安」字；氈上一貫錢，以錢的數量預言安祿山稱帝只得一千日。人心浮動的亂世，童謠與讖緯再次扮演了未來的先知，對安祿山而言卻是一言成讖。

安祿山與楊國忠的下場都當得起一個「慘」字。安祿山在他人生的最後一個夜晚，那個他自詡為裴滿忠心的大肚子，被貼身侍衛一刀砍穿，須臾腸潰而死。幕後的指使竟然是他的親生兒子。楊國忠自以為戰勝了所有當朝的政敵，還能脅迫天子共同前往劍南老巢，正是國家不幸自家幸的幸福時光，卻在一個名叫馬嵬驛的荒山野嶺被義憤填膺的起義士兵亂刀砍死，並拋屍荒野。或許，這樣的下場也難解天下士子的千古遺恨。

然而，歷史就是這樣，滿腔憤恨只能徒增感傷，只有理性的反思，才能採擷教訓的真諦。

在中國歷代王朝中，「天下皆知而當權者獨不知」的信息困境幾乎普遍存在，這是一個王朝走向衰亡的標誌。「秦二世偏信趙高，以成望夷之禍；梁武帝偏信硃異，以取台城之辱；隋煬帝偏信虞世基，以致彭城閣之變。」這是魏徵對唐太宗說的一段話，來說明如果只有單一信息源，必然導致君主被欺騙，以證明「兼聽則明，偏信則暗」的道理。通過《貞觀政要》的記錄，這八個字也成為歷代統治者引以為戒的金科玉律。

唐玄宗在倉皇西顧的途中，有老父郭從謹進言曰：「祿山包藏禍心，固非一日；亦有詣闕告其謀者，陛下往往誅之，使得逞其奸逆，致陛下播越。是以先王務延訪忠良以廣聰明，蓋為此也。臣猶記宋璟為相，數進直言，天下賴以安平。自頃以來，在廷之臣以言為諱，惟阿諛取容，是以闕門之外，陛下皆不得而知。草野之臣，必知有今日久矣，但九重嚴邃，區區之心，無路上達。事不至此，臣何由得睹陛下之面而訴之乎！」這位鄉野村夫以極其樸素的語言表達著極為深刻的道理，以前皇帝虛心納諫，不同的聲音競相湧現，信息來源多樣，「天下賴以安平」；而後皇帝日益閉目塞聽，信息來源單一，「闕門之外，陛下皆不得而知」。

增加信息渠道固然能夠增強信息的對比，避免單一信息源陷入自證清白的境地，但這只是技術性的調整，並未觸及問題的根源。安祿山深諳此道，他深知問題的根源不在於信息渠道的多少，而在於居於權力金字塔頂端的皇帝的主觀偏好。或者換句話說，在事實還未澄清之前，皇帝內心期盼什麼？願意相信什麼？又主觀偏向什麼？一旦抓住皇帝先入為主的偏好，就能夠「選擇性」地提供信息，甚至製造假象，而皇帝看到能夠印證自己價值偏好的「證據」，也必然會「選擇性」地相信。至於那些與自己期盼相左的信息則會被視為異端邪說，從而遭到權力的剿滅，結果皇帝的主觀偏好陷入了自我論證的循環之中，從而缺少發現真相的能力，這才是「天下皆知而當權者獨不知」的根本原因。

而聰明的官僚，往往是事先就揣摩到皇帝的心思，然後在皇帝不知情的情況下搜集信息，最後皇帝竟「意外地」發現事實證明了自己內心的想法，但其實，那只不過是被製造出來的「證據」。於是，絕對皇權看上去能宰割一切，實際上會陷入自我論證的盲目中，最終會讓朝廷喪失發現真相的能力。在這方面，李林甫更是爐火純青，安祿山與之相比真是螢火蟲與日月爭輝。

唐玄宗的悲劇在於，他的主觀偏好總是被安祿山悄然探知，而他自己卻渾然不知。唐玄宗總認為上報來的信息在佐證他的判斷，其實那是手段更高的欺騙。

導致安祿山崛起的另一個更重要的因素則是官僚政治產生出既得利益。諾貝爾經濟學獎得主道格拉斯．諾斯曾提出著名的「諾斯悖論」，意思是說：國家具有雙重目標，一方面通過向不同的既得利益提供不同的產權，獲取租金的最大化；另一方面，國家還試圖降低交易費用以推動社會產出的最大化，從而獲取國家稅收的增加。顯然，前者是既得的私利，而後者則是國家整體的公益，這兩個目標處於無法調和的衝突之中，如果前者壓過後者，則是國家衰退的開始。

可以說，「諾斯悖論」為解釋楊國忠的行為提供了完美的理論框架。楊國忠身為宰相，秉政當國，一方面要維護宰相的權勢，這是私利；另一方面要調和陰陽、治理庶政，這是公益。對楊國忠而言，這二者經常處於不可調和的衝突之中。如果換作房玄齡、杜如晦、張九齡等士大夫楷模來做唐玄宗的宰相，這些人或許會出於高尚的道德追求而在安祿山禍起蕭牆時以身許國、廢私立公。然而，當道德約束不復存在，出於私利的選擇就會是楊國忠的做法：寧可犧牲公益，也要成全私利；寧可犧牲朝廷，也要保全自己。嗚呼，將人性之悲耶？將制度之哀耶？

楊國忠寄生於朝廷，但從不對朝廷產生任何責任。他從朝廷中獲得所有人生的成功，卻對朝廷並無絲毫的感恩。翻開中國古代歷史，楊國忠並不是獨有的孤獨存在，可以說，歷朝歷代的最後滅亡都是由於這樣一群「寄生蟲」肆無忌憚地腐蝕與消耗。明朝末年，天下群盜蜂起、烽火遍地，而福王朱常洵仍然富可敵國，「常洵日閉閣飲醇酒，所好惟婦女倡樂」，致使官軍將士抱怨「福王府裡金錢百萬，卻讓我們餓著肚皮去送死」；清朝將亡，革命軍已經席捲大半個中國，那些錦衣玉食的王公貴族只是口頭上支持朝廷鎮壓革命，卻不願為朝廷拿出自己家產的一分一毫。

美國著名經濟學家奧爾森認為：「既得利益通過尋租活動影響經濟政策的制定，從而增加既得利益自己的收入。」也就是說，既得利益一旦形成，就只會對自己的利益負責，就會不斷地損公肥私。楊國忠則是既得利益的極端表現，他明知皮之不存，毛將焉附，卻仍然不惜犧牲朝廷以謀取私利。

在奄奄一息的最後時刻，安祿山集聚渾身力量驚呼：「是家賊！」這三個字，是他對造反之人的譴責，但何嘗不是在以最後的聲嘶力竭，為自己的人生蓋棺論定？安祿山確實是家賊，這正如歐陽修在《新唐書》中的評價：「彼能以臣反君，而其子亦能賊殺其父，事之好還，天道固然。」安祿山能夠以臣反君，他兒子為什麼不能以子弒父呢？踐踏倫理道德的結果，是自己承受道德崩塌的代價。報應不爽，誠不我欺。

安祿山起兵造反，不僅破壞了天下承平日久的和平秩序，而且踐踏了君君臣臣的儒家倫理。而在關鍵時刻，多少志士仁人乘勢而起，以匡扶天下為己任，有破壞者，就有衛道士。郭子儀、李光弼、僕固懷恩等人在國難當頭之際挺身而出，挽狂瀾於既倒，扶大廈於將傾，與安祿山、史思明等人展開了浴血奮戰。然而，當這三位將領忠誠於朝廷之時，他們得到的並不是對忠誠的回報，而是來自皇帝及權臣的猜忌，對此，他們三個人做出了截然不同的人生選擇。

第九章

郭子儀、李光弼、僕固懷恩
權利義務不對等的忠誠難以持久

滄海橫流的歷史轉折，風雨晦暝的時代危機，最能慰藉那顆撞擊在英雄人物胸膛裡的強大心臟，滿足他們挽狂瀾於既倒，扶大廈於將傾的雄心壯志。然而，英雄人物在扮演歷史「扳道工」的角色之時，也把自己的命運交給了疾馳而過的歷史列車。他們改變了歷史的運行軌跡，歷史也塑造了他們的人生命運。

大唐盛世，橫亙百年，曾讓一個民族的文明成為世界歷史的普遍想像，卻因「漁陽鼙鼓動地來」的內部反叛而驟然失色。當此之時，安祿山揮兵南下、攻城掠地，唐玄宗放棄長安而倉皇西顧，天下分崩，四海離析，風雨飄搖，危在旦夕。這樣的關口往往是「需要偉人而且能夠產生偉人」的時刻，郭子儀、李光弼、僕固懷恩等人趁勢崛起，從「無名山丘」隆起為「時代高峰」，從鎮守邊疆走向政治舞台的中心，將天下安危運之於掌。

郭子儀寬厚為懷，信義著於天下，曾經單槍匹馬，降伏了回紇數萬名全副武裝的士兵，演繹了「仁者無敵」的千古傳奇；李光弼善於用兵，天下服其威名，能夠以少勝多，困守太原時擊退了數倍於己的敵軍；僕固懷恩驍勇善戰，渾身充滿少數民族的野性與血性，跨馬臨陣無不身先士卒、以一當百。他們三人各以所長、盡顯其美，把時代的困頓當作人生的舞台，在絕望的鐵幕上鑿出希望的光亮。

然而，「勇略震主者身危，而功蓋天下者不賞」，當宏大敘事的劇碼落下帷幕，他們三人在享受榮譽的同時，也遭到了當權者的猜忌與懷疑。就在這時，他們三人做出了不同的人生選擇，也走出了迥異的人生軌跡。郭子儀選擇了和光同塵、韜光養晦，從而獲得了寵祿及身、富貴常保的完滿結局；李光弼選擇了遷延不進、等待觀望，最後在憤懣和羞愧中積勞成疾、慘然離世；僕固懷恩選擇了舉兵造反、討回公道，不惜引狼入室為自己正名，結果在背主叛國的罵聲中暴斃軍中。他們三人曾同仇敵愾、扭轉乾坤，卻在個體命運上迥然不同。

千載之下，郭子儀的選擇最為人稱道，因為他不僅保全了自己，而且保住了榮華富貴。他被視為道家權謀學的絕佳代言人，他的隱忍與退讓被奉為最為經典的官場哲學。然而，郭子儀的世俗成功並不能證明李光弼與僕固懷恩的失敗，而且也無法阻擋後人這樣連連發問：為什麼個人需要承受如此沉重的負擔，在國難當頭之際需要慷慨赴難、以身殉國，而在削平群雄之後又要忍受猜忌、陷害？在抽象的家國面前，個人為什麼只有奉獻的義務、沒有獲得的權利？又是什麼把那些為國為家屢建功勳的人逼到了只有隱忍退讓才能自我保存的逼仄境地？

這不是一個為人處世的權謀問題，而是一個怎樣處理集體與個人關係的根本問題。李光弼與僕固懷恩的結局不僅是他們自身的悲劇，也是朝廷的悲劇，問題不在於他們如何選擇，而是朝廷為什麼要給予他們這樣進退失據的無奈選擇。他們三個人的命運走向反映了一個振聾發聵的問題：當個人對皇帝的忠誠、對朝廷的付出無法換來與之相稱的回報，個人該如何重新定義與朝廷的關係才能做到上不愧天、下不愧己？

其實，一旦置於這樣的選擇困境，不僅個人難以找到合適的答案，朝廷的道德感召力也將隨之降低。那麼，為什麼個人與國家的關係會陷入這樣的困境之中？

命運草蛇灰線的伏筆

命運就像是一位構思精巧的作家，在很早的時候就為人物的結局埋下了草蛇灰線的伏筆。郭子儀、李光弼與僕固懷恩的最終結局，在他們意氣風發建功立業之時就已經埋下了種子。

三人之中，郭子儀是心思縝密的政治家，李光弼是運籌帷幄的軍事家，僕固懷恩則是勇冠三軍的戰士。郭子儀排兵布陣不及李光弼，但是他更懂政治，既能以寬厚仁慈籠絡人心，又能以謙抑隱忍深得帝心。與之相比，李光弼則像是一個更加技術化、專業化的軍事將領，他不懂政治，也不善於窺伺人心，他把所有精力都放在行軍打仗的技術化事務之中。而僕固懷恩既無政治眼光，也無軍事才能，他所憑依的只是遒勁有力的肌肉、視死如歸的膽魄以及時而勇猛、時而魯莽的性格。在平定叛亂的時候，他們三人的不同特長正好形成相互配合、互補短長的優勢，但是在天下底定之後，卻又決定了他們不同的人生結局。

在血雨腥風的戰爭中，郭子儀展現出來的不是集體使用暴力的力量，而是個人的人格魅力，是道德與正義的感召力量。僕固懷恩造反之後，引吐番、回紇、黨項數十萬大軍南下，京師震動。郭子儀臨危受難向皇帝直言「懷恩無能為也」，因為「懷恩本臣偏將，其下皆臣之部曲，臣恩信嘗及之，今臣為大將，必不忍以鋒刃相向，以此知其無能為也」。他相信自己曾經恩澤三軍，現在必然還能令這些將士感念舊德。果然，郭子儀堅壁清野，僕固懷恩不戰而退。

這還只是有關郭子儀傳奇一生的序曲，接下來，郭子儀單槍匹馬，降伏了回紇數萬大軍，這才是軍事史上的千古佳話。後來，吐番、回紇、黨項等少數民族再次南侵，涇陽作為京師的屏障已經被數萬回紇騎兵重重包圍，局勢緊急，京師告急。郭子儀這時鎮守涇陽卻只有一萬多名士兵。在絕無成功可能的時候，道德感召力又創造了奇蹟。郭子儀往來指揮引發了回紇的好奇，他們詢問「此誰也」，這邊答曰

「郭令公」。回紇說：「令公誠存，安得而見之？」郭子儀這時決定隻身前往，但是諸將擔心萬一回紇使詐，郭子儀則必死無疑，都說「戎狄之心，不可信也，請無往」。郭子儀斬釘截鐵地說：「虜有數十倍之眾，今力固不敵，且至誠感神，況虜輩乎！」諸將仍然不放心，請求選鐵騎五百衛從，郭子儀心知一旦有鐵騎在側則是示回紇以不信，「適足以為害也」，於是策馬揮鞭，一個人面對一支鋒刃相向、旌旗蔽野的軍隊。這種信大義於天下的胸懷、不計個人生死的氣度，化解了回紇的猜忌與仇恨。那些血脈賁張的少數民族士兵一瞬間就被大仁大義所感動，捨兵下馬齊拜曰：「果吾父也。」

他敢於正視死亡的威脅，敢於直面龐大的軍隊，因為他清楚身後有道德與正義的支撐，這讓他擁有了「雖千萬人吾往矣」的勇氣，獲得了「智者不惑，仁者不憂，勇者不懼」的美譽。他以行動證明：道德與正義，是比暴力更加強大的力量。而這一點，也將在命運轉折之際給予他足夠的蔭庇。

與郭子儀不同，李光弼更像是一個軍事領域的技術官僚，如果說郭子儀帶著一股脈脈溫情的魅力，那麼李光弼則透露著軍事將領特有的冷酷與嚴肅。李光弼初露崢嶸就表現出這種堪為將軍的果敢。安史之亂後，朝廷派李光弼鎮守太原，並命一個叫崔眾的人把軍隊指揮權交給李光弼。在交接儀式上，崔眾戲謔無禮，又不立即整肅軍隊，李光弼二話不說將其拿下，這時適逢朝廷使者到來，正要宣布提拔崔眾為御史中丞的詔書。李光弼說：「眾有罪，繫之矣！」中使於是以敕示之，意思是不要公開讓朝廷難堪，也是給李光弼一個台階下。沒想到李光弼心意已決：「若宣制命，即斬中丞；若拜宰相，亦斬宰相。」朝廷就是拜崔眾為相，李光弼也是非斬不可。這話說得有軍人的陽剛之氣，有一股凜然不可犯的氣概。於是，崔眾被斬首了。

就是憑藉這種氣概，李光弼麾下的將士令行禁止、紀律嚴明，具有鋼鐵般的意志力和戰鬥力。李光弼既善於攻城野戰，也長於守城御敵，尤其是後者更能彰顯李光弼以少勝多、用兵如神的軍事才華。退守河陽就是最具李光弼風格的守城戰役。當時，敵軍將城池圍得水洩不通，李光弼登城望曰：「彼雖眾，亂而囂，不足懼也。當為公等日午而破之。」這是在以勝利的預期增強將士的信心，然後，他就開始以軍人的氣概重整隊伍。「向來戰，何處最堅而難犯？」或曰：「西北角。」遽命郝玉曰：「爾往擊之。」又問：「何處最堅？」曰：「東南隅。」即命論惟貞以所部往擊之。軍令如山，言出令行，毫無拖泥帶水，具有不容置疑的決斷力。最後，在先鋒衝擊之後，李光弼率領三軍望旗俱進，「聲動天地，一鼓而賊大潰，斬萬餘級」。

李光弼每逢臨戰，「常納短刀於靴中，有決死之志」，既為「光弼位為三公，不可死於賊手」的尊嚴，也為了激發「將有必死之心，士無貪生之念」的鬥志。李光弼是一個天生的軍事將領，在絕望時給將士希望，在懦弱時給將士勇氣，在困頓時給將士溫暖。然而，當軍事將領進入政治領域，卻並不像在戰場上那麼揮灑自如，命運的考驗終將降臨。

三人之中，僕固懷恩的表現，最具有戲劇化的視覺效果，因為他的人生缺少抽象的運籌帷幄，更多的是赤裸裸的搏擊、血淋淋的廝殺。他先是跟隨郭子儀鏖戰西北，「凡經五月，常為先鋒，堅敵大陣，必經其戰，勇冠三軍」；後又追隨李光弼堅守河陽，「破周出，擒徐璜玉、安太清，拔懷州，皆摧鋒陷敵，功冠諸將」。僕固懷恩並不是軍事戰略的制訂者，而是一個堅定有力的執行者，「勇冠三軍」、「摧鋒陷敵」等描述可以還原一個在戰場上橫刀立馬、孔武有力的將軍形象。

正因為此，僕固懷恩也更容易將戰場上的思維方式帶入現實生活中。有時候，勇猛與魯莽只有一線之隔，直爽與犯上也往往難以區分。可以說，僕固懷恩是戰場上勇猛，生活中魯莽；戰場上直爽，生活中犯上。他的兒子僕固玢兵敗降敵，後來又自拔而歸。按說虎毒不食子，僕固懷恩卻不問是非曲直，「叱而斬之」。他本人又剛決犯上，「始居偏裨之中，意有不合，雖主將必詬怒之」，完全不把主將放在眼裡。以戰場的行事風格對待雲譎波詭的政治，僕固懷恩的性格特點為後來的命運埋下了伏筆。

三位勳臣宿將在平定叛亂過程中表現出迥然不同的性格特點，而在軍事戰爭結束之後，他們都將捲入政治鬥爭的漩渦，在那裡，命運已經舉著法槌等候良久。

郭子儀以隱忍求得自保

三人當中，最早受到當權者猜忌的當屬功蓋天下的郭子儀。魚朝恩和程元振兩位宦官，先後在唐肅宗、唐代宗兩朝受到重用，二人為了固寵專權，尤其嫉妒郭子儀的功勳，擔心郭子儀的權勢威脅到自己。於是，二人既在君側，無不乘隙曲進讒言、譖毀百端。外有敵軍操戈，內有奸臣陷害，郭子儀的處境可以說是險象環生，稍有不慎就可能身首異處。

越是在這樣的環境裡，越能凸顯郭子儀對道家哲學的精通，將守弱為強、以退為進的辯證法用到了極致，煌煌二十四史，似無人出其右者。首先，郭子儀能容、能忍、能屈，能夠受盡委屈、吃盡苦頭，以此緊緊抓住皇帝的信任。魚朝恩當權之時，往往是在戰事緊急時突然解除郭子儀的兵權，然後又在朝廷陷入絕境後不得已讓他官復原職，去收拾爛攤子。這樣的不公，常人難以接受，但是郭子儀卻能打碎了牙往肚子裡嚥，「或方臨戎敵，詔命征之，未嘗不即日應召」。郭子儀毫無遷延、從不觀望，奉詔之日即是動身之時，用這種方式向皇帝表明自己毫無貳心，因此魚朝恩等人所進的擁兵自重等讒言始終不能動搖皇帝的信任。

後來，唐代宗即位，程元振成為新的寵臣，更是「忌嫉宿將，以子儀功高難制，巧行離間」，請求皇帝解除郭子儀的兵權。郭子儀有存亡繼絕的功勳，卻無端被朝廷解除兵權，這樣的委屈，常人都難以忍受，郭子儀卻默然接受，不僅上表謝恩，而且更為精明的是，他把前朝皇帝唐肅宗所賜前後詔敕一併奉上，「昧死上進，庶煩聽覽」。這一舉動充滿了政治智慧，因為兵荒馬亂之際，郭子儀手握雄兵，如果前朝皇帝留有密詔，郭子儀足以藉此行廢立之事，威脅當朝皇帝的地位。而奉上先帝詔敕，信息完全公開透明，就能徹底打消當朝皇帝的憂慮。果然，唐代宗親自寫下詔書回應道：「朕不德不明，俾大臣憂疑，朕之過也。朕甚自愧，公勿以為慮。」郭子儀的自我剖白引來了皇帝的自愧自省。

其次，郭子儀深諳「月滿則虧、水滿則溢」的道理，知道君子應該「居善地，心善淵」，就像無往而不勝的水一樣，「水善，利萬物而不爭，處眾人之所惡，故幾於道」。在受到程元振的猜忌之後，他上書給皇帝，毫無怨言，也表達了自己急流勇退的志趣：「器忌滿盈，日增兢惕，焉敢偷全，久妨賢路？」

再次，皇帝每有封賞，郭子儀的第一反應必然是上表請辭。他在第一次打敗反叛的僕固懷恩後，被朝廷封為太尉，他立刻上表堅辭，說：「太尉職雄任重，竊憂非據，輒敢上聞。」郭子儀表明自己的志向是「追蹤范蠡，繼跡留侯」，像范蠡和張良那樣功成名遂而後身退。郭子儀在第二次打敗反叛的僕固懷恩後，被朝廷任命為尚書令，他也立即上表懇辭，說自己「內參朝政，外總兵權」，實在是「猥蒙驅策」、「德薄位尊，難逃天子之責；負乘致冠，復速神明之誅」，所以懇請皇帝收回成命。他在息兵止戈的晚年也時時向皇帝吐露衷腸，表達自己願意解甲歸田的願望，說自己「猥蒙任遇，垂二十年，今齒髮已衰，願避賢路，止足不誡，神明所鑑」。郭子儀給皇帝的上書，態度誠懇，語氣謙抑，毫無自居功臣的傲慢，也沒有自矜自伐的傲氣，對於一個立下不世功勳的人而言，這需要多麼寬廣的胸懷才能做到！而正是因為他的謙抑退讓、不貪戀權位、不癡迷功名，才避免了皇帝把他當作潛在的叛變者，從而保全了自己。

最後，郭子儀即便是對待仇人也擁有天無不覆、地無不載的包容，能夠以德報怨、以直報曲，用道德去化解猜忌，用信任去消除嫌隙。魚朝恩、程元振等人無時無刻不想將郭子儀除之而後快，但是郭子儀從來沒有任何反噬之心。不用說他坐擁天下兵馬，又年高德尊、天下聞名，只需以「清君側」為名，振臂一呼，就可以迅速除掉兩位宦官。即便是單獨覲見皇帝，他也不曾有半句讒言、一次譖毀。郭子儀不僅沒有這樣做，還主動放低身段去彌合與魚朝恩等人的關係。

有一次，郭子儀打敗吐番，勝利歸來，但就在這時，他父親的墳墓被盜。天下人皆知魚朝恩向來妒忌郭子儀，於是都猜疑是魚朝恩暗中派人所為。在講究慎終追遠的儒家倫理秩序中，祖墳被挖可以說是奇恥大辱，是可忍孰不可忍，郭子儀已經忍受了那麼多委屈，這次還能忍氣吞聲嗎？而如果郭子儀與魚朝恩鬧翻臉，本來就風雨飄搖的朝廷必將分崩離析，因此，天下人都在關注郭子儀的一舉一動。沒想到，郭子儀見到皇帝後，竟然泣不成聲地說：「臣久主兵，不能禁暴，軍士殘人之墓，固亦多矣。此臣不忠不孝，上獲天譴，非人患也。」他把自己祖墳被盜說成是自己常年帶兵打仗的報應，是因天譴，殆非人事，一口氣吞下了魚朝恩製造的奇恥大辱，並以自己的退步解除了與魚朝恩之間的風波，「朝廷乃安」。

這就是郭子儀，以大屈辱贏得帝心，以大退步保全自己，以大寬容收穫人心，做人與修身都達到了極致。《道德經》裡面對權力辯證法的描述為「生而不有，為而不恃，長而不宰」的胸懷；「夫唯不爭，故天下莫能與之爭」的智慧；「不自見故明，不自是故彰，不自伐故有功，不自矜故長」的謙遜；「曲則全，枉則直，窪則盈，敝則新，少則得，多則惑」的眼光，這些都體現在了郭子儀的為人處世中。結果，郭子儀也贏得了至高評價——「權傾天下而朝不忌，功蓋一代而主不疑，侈窮人欲而君子不之罪」。

中國幾千年政治史中，能擔得起這三句評價的人可謂鳳毛麟角。

李光弼工於謀國而拙於謀身

在當時，李光弼與郭子儀齊名，世稱「李郭」，而論軍事貢獻，李光弼猶在郭子儀之上，所謂「戰功推為中興第一」。因此，李光弼自然也遭到魚朝恩、程元振等人的猜忌，尤其是在魚朝恩指揮失當，導致朝廷兵敗洛陽之後，魚朝恩等人更加深對李光弼的妒忌與仇恨。

當時，史思明再陷河洛，兵鋒甚盛，李光弼退守河陽，好不容易才解除了河陽之圍，正是休養生息、緩圖進取的時機，朝廷的觀軍容使魚朝恩卻屢次上言「官軍可進、賊軍可滅」。於是，朝廷下旨命令李光弼速收東都。李光弼身為一線指揮非常清楚貿然進取的後果，屢次上言：「賊鋒尚銳，請候時而動，不可輕進。」這時，僕固懷恩作為副將也妒忌李光弼的功勳，巴不得李光弼失敗一次，於是暗中依附魚朝恩言賊可滅，鼓吹速戰。最終，朝廷命中使督戰，李光弼身不由己，只好硬生生把軍隊搬到北邙山下。「賊悉精銳來戰」，李光弼屢戰屢勝的軍旅生涯中也終於記下失敗的一筆。

按說，兵敗洛陽的結局證明了李光弼的先見之明，也說明罪魁禍首就是魚朝恩。如果魚朝恩心胸寬廣，就應該向李光弼謝罪，但是魚朝恩偏偏心胸褊狹、妒火中燒，不是把這件事看成是自己的過失，而是當作李光弼對自己的一次羞辱，「朝恩羞其策繆，故深忌光弼切骨，而程元振尤疾之」。這與歷史上袁紹殺田豐的事件如出一轍，袁紹進軍官渡之前，田豐就極力勸諫不要冒進，袁紹不為所動，後來果然大敗而歸。田豐即在獄中說，袁紹心胸狹窄，打了勝仗，一高興或許能赦免自己。萬一敗績，心中猜忌發作，自己必死無疑。後來田豐果然被袁紹賜死。魚朝恩也像袁紹一樣外寬內忌，為了文過飾非不惜遷怒於人，通過懲罰別人來掩蓋自己的過失，因此對李光弼的妒忌又多了幾分。

於是，魚朝恩、程元振先後用事，對李光弼「日謀有以中傷者」，這已經引起了李光弼的警覺與恐懼。而當時的平亂名將來瑱入朝之後，不僅未能得到獎賞，反而被魚朝恩等人陷害致死，這更加重了李光弼的恐懼。李光弼縱橫沙場，有著「策敵制勝不世出」的來去自如，但是在無形的政治戰場，他卻感到了前所未有的迷茫，何去何從的問題像一座墳墓一樣重重地壓在他的心頭。

後來，吐蕃突然入侵，乘輿播越，唐代宗下詔勤王。李光弼手提雄兵，心繫皇室，換作以前，他必然不計生死、捨身赴難，但這時李光弼卻面臨著人生最為沉重的選擇。進，有讒毀之禍；退，受背主之名。天地悠悠，山高水長，李光弼感到四海之大，卻無處安放他的一顆拳拳之心。他曾無數次戰勝了戰場上有形的敵人，卻無法在無形的政治鬥爭中辨明方向。於是，他選擇了不進不退、不偏不倚，既不進軍勤王，也不起兵清君側，而是做一個踏踏實實的中立派。

朝廷方倚之為援，恐成嫌隙，亦懼其反，於是主動伸出了和解的橄欖枝，不僅數次下詔存問其母，而且派遣中使到軍中宣慰李光弼，並最終做出了試驗性的決定：徵李光弼為東都留守，察其去就。朝廷雖然釋放善意，但是李光弼害怕的是程元振等人在暗處射出的冷箭，他對自己周旋於複雜人事的能力不夠自信，也無法像郭子儀那樣，用以退為進的方式向皇帝吐露衷腸、獲得信任，正所謂「工於謀國，拙於謀身」。於是，一位曾經「攘袂徇國，天下風靡」的名將決定就這樣黯然離開歷史的舞台，逃到與世隔絕的世界裡尋求自我保護。李光弼再次回絕了朝廷的邀請，「光弼以久須詔書不至，歸徐州收租賦為解」，隨便找了個理由，讓自己保持與朝廷若即若離、亦合亦分的關係。

晚年的李光弼由於不聽詔命，曾經的麾下名將亦不受約束，各謀出路，讓曾經風光無限的李光弼感到了人生的寂寥。他一生效力朝廷，風餐露宿，濺血沾衣，與郭子儀同享中興之臣的尊榮，卻在生命的最後時光由於憂讒畏譏、無以自明，而失去了忠君愛國的名聲。李光弼的確沒有郭子儀那麼長袖善舞、通曉人事，但這是個人的天性使然，問題就在於為什麼一定要給予李光弼一個進退兩難的選擇？

僕固懷恩以反叛討回公道

為國立功卻遭到權臣猜忌，面對這樣的委屈，如果說郭子儀選擇的是「退」，李光弼選擇的是「躲」，那麼按照僕固懷恩的剛烈性格，他肯定會選擇「進」。八面玲瓏、和光同塵，他不如郭子儀；運籌帷幄、決勝千里，他不如李光弼；唯有魯莽冒進、暴躁剛烈，則遠勝於「李郭」二人。

僕固懷恩不懂政治，也不關心政治，他在受到猜忌之後，第一反應就是按照戰場上嗜血殺敵的方式進行反擊。他信奉的是強者勝出的邏輯，不屑於迂迴曲折，向來是直來直去，因此也完全不關心政治運轉的內在機理，受到委屈的第一個念頭就是直接把朝廷砸碎，而不是採取討價還價的方式。

在平定安史之亂的後期，郭子儀受到猜忌而解除兵柄，李光弼出於自保而擁兵觀望，朝廷所倚靠的力量主要來自於僕固懷恩的堅守。為了爭取回紇等少數民族的支持，朝廷主動與之和親，將公主下嫁於可汗，而可汗又為其少子求婚，皇帝再也捨不得將親生骨肉送往大漠絕域，於是將僕固懷恩的女兒嫁了過去。皇帝只是為了搪塞回紇貪得無厭的要求，卻沒有想到可汗死後，少子繼位，僕固懷恩陰差陽錯地成了回紇可汗的岳父。既為朝廷重臣，又是藩屬國外戚，這一交叉角色成就了僕固懷恩的人生輝煌，也為日後的猜忌埋下了種子。

接下的劇情可謂順理成章，朝廷與回紇既已結盟，僕固懷恩與兩邊又有深厚淵源，於公於私、於國於家，他都是番漢聯兵最理想的統帥。於是，僕固懷恩「領河東、朔方節度行營及鎮西、回紇兵馬赴陝州，並令諸道節度一時齊進」，他率領回紇精兵、天下勁卒鼓蕩而下，如秋風掃落葉般蕩平史思明的殘餘勢力，結束了長達七年之久的安史之亂。郭子儀與李光弼為平定叛亂殫精竭慮，但是他們嘔心瀝血的成果，最後被僕固懷恩輕鬆摘走了。無論如何，僕固懷恩給出了最致命的一擊，為唐朝光復立下了不可磨滅的功勳。

這時的僕固懷恩，或許正春風得意地策馬奔騰，將江山勝景盡收眼底，憧憬著凱旋還朝的盛大場景，天子親臨，百官俯首，萬民夾道，禮樂齊鳴，等待著他這位扭轉乾坤的救世主的回歸。然而，命運從來都不是一帆風順，而時常會在一個人最得意的時刻出現莫名其妙的轉折。等待僕固懷恩的不是勝利的酬勞，而是猜忌的懲罰。

僕固懷恩還軍太原，想像中的禮遇不僅沒有實現，反而遭到了鎮守將軍辛雲京的拒絕。辛雲京的理由恰恰來自僕固懷恩的雙重身分，認為回紇可汗是僕固懷恩的女婿，「疑其召戎，閉關不報」。僕固懷恩無奈，只好上表訟冤。恰恰在矛盾一觸即發的時刻，朝廷派來的宦官徹底把水攪渾了。宦官駱奉先抵達太原，辛雲京即奏言僕固懷恩與回紇可汗之間訂有密約，逆狀已露，「乃與奉先厚結歡」。而後，駱奉先又到僕固懷恩駐紮的地方，僕固懷恩與其母親都拚命想在朝廷使者面前表達忠誠，但最終不歡而散。駱奉先一回朝，即奏其反狀。僕固懷恩無以自明，又自以為功不可沒，難以忍受辛雲京、駱奉先等人的誣陷。他既缺少郭子儀的八面玲瓏，也缺少李光弼的老成持重，於是直接上表請求皇帝誅殺辛雲京與駱奉先兩人。

辛雲京頗有戰功，駱奉先侍奉在側，皇帝不可能因僕固懷恩的一面之詞就誅戮了事。僕固懷恩上表請求皇帝誅殺二人，結果是沒有為雙方留下商談的餘地，也沒有給折衷方案創造空間，雙方只有陷入你死我活的零和博弈之中。僕固懷恩以勇士的剛烈來處理政治矛盾，恰恰忘記了政治是妥協的藝術，政治雖然是「沒有硝煙的戰爭」，但它不是快意恩仇的戰場，政治講究的是妥協與對話。

皇帝最後提出了折衷方案，「手詔和解之」，並且為了化解僕固懷恩的怒氣晉升了他兩個兒子的官位。然而，僕固懷恩不僅未能領會皇帝的深意，反而以更加剛烈的方式給皇帝施壓，他向皇帝遞交了一份措辭強硬的上書，言語之中充滿了對皇帝的指責，導致僕固懷恩與朝廷的決裂。

僕固懷恩說自己「兄弟死於陣敵，子侄沒於軍前，九族之親，十不存一，縱有在者，瘡痍遍身」，一門之中，女嫁西域，男死沙場，可謂勞苦功高，但他這樣直白的表達，與郭子儀的推功納過相比，顯然更多了一份自矜自伐的傲氣；他說皇帝如此處置自己，「何異伍子胥存吳，卒浮屍於江上，大夫種霸越，終賜劍於稽山」。當時皇帝還沒有做出兔死狗烹、鳥盡弓藏的事情，這樣說顯然是公開猜忌皇帝，與李光弼的隱而不發相比，顯然更多了一份彰君之惡的進攻性。僕固懷恩他最後更是直接指責皇帝，「陛下不思外御，而乃內忌忠良，何以混一車書，而使梯航納贐？天下至大，豈可暫輕」，訓斥皇帝任用奸臣、殘害忠良，傲慢無禮的語氣隱含著一種恨鐵不成鋼的憤懣。

那時朝廷權輕，方鎮權重，僕固懷恩言辭悖慢，皇帝猶推心待之，欲其悔過，而且皇帝再次伸出了橄欖枝，「恐其不信，詔召黃門侍郎裴遵慶使汾州喻旨，且察其去就」。裴遵慶即日啟程，僕固懷恩一見其面，即「抱其足號泣而訴」，裴遵慶「諷令」僕固懷恩入朝，而僕固懷恩也當面允諾。然而，僕固懷恩的上書已經封閉了妥協大門，正如僕固懷恩的副將范志誠所言：「公以讒言交構，有功高不賞之懼，嫌隙已成，奈何入不測之朝？公不見來瑱、李光弼之事乎！功成而不見容，二臣以走誅。」現在嫌隙已成，入朝之後禍福難測，更何況來瑱、李光弼早是前車之鑑，僕固懷恩這時又怎可能入朝？沒過多久，僕固懷恩便舉兵反唐。

就這樣，僕固懷恩剛剛為唐朝平定安史之亂，還沒有來得及享受功臣的尊榮就要加入叛亂的行列之中。殺賊成賊，平亂成亂，僕固懷恩戲劇性的角色轉變固然是他自己的性格特點使然，但又何嘗不是朝廷的悲劇？

權利義務不對等的忠誠不可持久

從同樣的起點出發，為了同樣的目的，最終卻到達了完全不同的終點。郭子儀在榮華富貴、萬人敬仰中頤養天年，李光弼在人生寂寥、孤獨憤懣中黯然離開，僕固懷恩則舉兵造反，用後半生來徹底否定自己的前半生。命運的分岔點濫觴於對這一問題的不同回答：當對朝廷的忠誠不能換來相應的回報，一個人該如何對待這份

「忠誠」？

而當個人必須面臨這樣的兩難選擇，朝廷的道德感召力也將隨之降低。郭子儀、李光弼、僕固懷恩等功臣先後遭到讒毀，而像來瑱這樣的平亂名將遭到誅殺，結果是「天下方鎮皆解體」。唐代宗即位不到兩年，吐番人就毫無徵兆地直接打到長安城郊，皇帝倉皇出逃，下詔勤王，得到的回應只是「諸道卒無至者」。如果忠誠不能換來相應的待遇，那麼忠誠也必然會被稀釋。正如歐陽修在《新唐書．李光弼傳》後面發出的感慨：「功臣去就，可不慎邪？」

郭子儀對權力本質的洞察可謂千古獨步、舉世無雙，真正達到了「上善若水」的至高境界，他以有容乃大的胸襟融化那些常人難以接受的讒言與委屈，以「水之就下」的謙遜來取得皇帝的信任、化解奸臣的猜忌，又以變幻多姿的靈活來適應瞬息萬變的政治格局。郭子儀可以拍著胸脯說，他堅守住了始終如一的忠誠，無論是面臨暴風驟雨，還是遭遇暗槍冷箭。郭子儀可以把自己安放在儒家道德秩序的神龕之上，以供後人頂禮膜拜——敬仰他的道德修養，學習他的為人處世，嚮往他的傳奇人生。

然而，郭子儀的天賦與稟性是他特有的優勢，並不能蔭庇每一個面臨同樣問題的人，李光弼與僕固懷恩沒有他的天賦，所以不能像他那樣擁有善始善終的人生。「物之不齊，物之情也」，不可能把每個人都變成另一個郭子儀。因此，為了避免類似的悲劇，解決方案就不是要求個人在付出全部的忠誠之後，還要學會郭子儀的隱忍，而是要防止個人與國家的關係陷入尷尬境地，避免一個忠君愛國的人面臨「忠君與叛君」的兩難選擇。

郭子儀、李光弼與僕固懷恩陷入困境的根源就在於他們對皇帝的忠誠、對朝廷的付出始終是一種單向的給予，朝廷僅僅要求他們應該毫無保留地獻出自己，而沒有為忠誠的回報確定相應的義務。子曰：「君使臣以禮，臣事君以忠。」也就是說，當臣子付出忠誠，應該換來君主的禮遇，這為君臣之間的權利與義務確立了對等的關係。但是在現實的政治運轉中，皇帝擁有至高無上的地位，臣子付出忠誠屬於理所應當，但是皇帝對忠誠的回應，卻沒有制度化的保障。於是，君臣之間的權利義務關係就處於一種不對稱的狀態。

魚朝恩、程元振等人確實可惡，但他們只是皇帝的影子，他們的讒言能夠發揮作用，恰恰是因為他們說出了皇帝內心的擔憂。郭子儀、李光弼與僕固懷恩在戰場上出九死、得一生，在血沃殘陽、馬革裹屍之後，還要面對皇帝的不安與朝廷的猜忌。僕固懷恩以其直爽的性格，說出了三個人面臨此情此景的真實心聲：這樣的皇帝，不值得付出忠誠；這樣的朝廷，不值得獻上熱愛。

在儒家設計的政治秩序中，君臣猶如父子，臣之忠亦猶子之孝，是不言自明的義務。如果臣不盡忠、子不盡孝，都不需要國家機器的懲罰，社會輿論壓力就足以讓一個人身敗名裂。但是在這套制度設計裡面，始終沒有對君主履行的義務做出規定，如果君不愛臣、父不愛子，君主不能對臣子的忠誠給予回報，那又該如何是好？

這正是郭子儀、李光弼與僕固懷恩面臨的尷尬。郭子儀選擇了默認君主的特權，承認君主可以享有權利但無須承擔義務，把忠誠的無限責任堅持到底；李光弼則隱約感到一種潛在的不公平，表達出無聲的抗議；相比於郭子儀的隱忍退讓與李光弼的忍氣吞聲，僕固懷恩則在君主不能履行義務的情況下，以叛君的手段迫使皇帝認帳。所謂「撫我則后，虐我則仇」、「君視臣如草芥，臣視君如寇仇」，這正是中國歷史上無數英雄豪傑選擇的出路。當忠誠得不到回報，他們往往會以「清君側」的名義稱兵向闕，為自己討回公道，他們不能讓自己背上弒主的罵名，於是以誅殺奸臣的名義來迂迴曲折地迫使皇帝在享受臣子的忠誠時承擔相應的義務。

三人之中，僕固懷恩的行為最不能見容於儒家的評價體系，但是他以自己的努力使權利與義務能夠對等起來，他以行動表明當個人的忠誠不能得到皇帝或朝廷的回應時，當權利與義務關係不對稱時，就會導致忠誠的關係難以持久。事實上，當權利與義務的關係不對稱時，任何關係都難以持久，君臣父子亦如是。從吐番入侵而無人勤王就可以看出，當付出忠誠得到的不是禮遇而是猜忌，誰還會再付出忠誠？最可怕的結果或許是再無人為皇室盡忠，「十四萬人齊解甲，更無一人是男兒」。

也就是說，要最大限度地發揮人的價值，在個人付出義務的同時，也要充分尊重他應有的權利。只有權利義務對等的忠誠才可能持久，才可能避免郭子儀、李光弼與僕固懷恩等人曾經面臨的無奈或尷尬。

郭子儀的晚年可謂窮富極貴，一棟家宅就占了一條街的四分之一，房屋與街巷相通，相出入者不知其居，而「天下以其身為安危者殆二十年」。李光弼晚年滯留軍中，與老母親竟成永訣，臨死時悲嘆「既為不孝子，夫復何言」！而僕固懷恩則在討回公道的過程中，暴疾身亡。三人同經輝煌，卻各有歸宿，無論如何，在他們之後，再沒有人像他們那樣熱愛大唐了。

從另一個層面來說，郭子儀、李光弼、僕固懷恩三人都是優秀的戰略執行者，他們在戰場上奮勇殺敵，憑藉的是清晰的戰略藍圖。而那個在幕後運籌帷幄、決勝千里的戰略家則是中國古代歷史上被主流史學家輕視的「布衣宰相」李泌。李泌從道士下山到匡扶國難，書寫下輔翼三代帝王的傳奇，而他自己總是在成功時飄然遠走，留給這個世俗的世界一個瀟灑自如的背影。

第十章

李泌
被儒家掩蓋的天才「布衣宰相」

歷史中最吸引人的不是眾人皆知的橋段，而是那些被時間的灰塵所掩蓋的故事和人物。如果把歷史比作一條晝夜不息的河流，那麼濺起的浪花只有轉瞬即逝的美麗，河流深處的暗流才具有懾人心魄的力量。這是歷史的複雜之處，也是歷史的精采所在。

有唐一代，豪傑輩出，精英人物燦若星河，唐太宗時期的房玄齡、杜如晦和唐玄宗時期的姚崇、宋璟都是為後人津津樂道的名臣良相。但如果只有這些正面的形象，唐朝的歷史就過於單調乏味了。幸好，在這些近乎「臉譜化」的儒家形象之外，唐朝還有一個叫李泌的「布衣宰相」。李泌，出山為相，入山修道，進則天下，退則山林，來也瀟瀟，去也飄飄，扶大廈於將傾，挽狂瀾於既倒。當人們從時間的塵埃中發現了他的存在，歷史才豁然開朗般呈現出一幅從廟堂之高延伸到江湖之遠的畫卷，表現出引人入勝的立體感與層次感。

自安史之亂以來，李泌是貫穿於肅宗、代宗、德宗三朝的最重要的政治人物。唐肅宗從長安逃到靈武，剛剛繼承皇位就把他兒時的好友李泌招到身邊，而李泌不居官職、不著官服，竟以山人的身分輔佐皇帝。唐肅宗與他入則同榻、出則同輦，留下了「著黃者聖人，著白者山人」的佳話。他為唐肅宗謀畫的戰略藍圖，堪比諸葛亮的〈隆中對〉，唐肅宗卻因為急於求成而未能採用，結果為唐朝中晚期的長期禍患埋下了種子。

唐肅宗克復，遍賞功臣，唯獨李泌堅持退隱，自有一種功成名就而身退的飄逸與灑脫。唐代宗繼位，復招李泌入朝，但為朝中大臣所忌，李泌再次歸隱田園。直到唐德宗一朝，李泌在旋起旋落之後，正式被任命為朝廷宰相，從一介布衣道士一躍而當國柄、執國政，展示出傑出的政治才能。他北和回紇、南連雲南、西結大食，在地緣政治上對吐番形成包圍，從而為國力衰退的唐朝贏得了迴旋空間；他揖睦皇室、和諧君臣、澄清吏治、改革稅賦、疏通漕運，上至天子家事，下及匹夫憂樂，無不治理得井井有條，為政治混亂的唐朝帶來了中興氣象。

然而，李泌的魅力不是在於獨步天下的文治武功，而是他取得這些文治武功的方式，他是以出世之心做入世之事，以好談神仙的飄然之姿取得世俗成功。李泌胸中滿是治國平天下的抱負，卻以修道煉丹為人生歸宿，他既想在世俗的世界建成人間天堂，又對道家的超然境界心嚮往之。於是，他的身上融合著儒家的務實與道家的超脫、入世的雄心與出世的灑脫，在群星閃耀的歷史星空兀自璀璨。李泌在歷史上已經成為謎一般的存在，通體散發著神祕的光彩，關於他的傳說已經演繹成怪誕的神話，在稗官野史的紀錄中代代相傳。

與野史的熱鬧相比，李泌在官方的歷史敘事中卻是名聲寥寥，他為一個衰落的王朝創造出企穩回升的可能，卻只得到輕描淡寫的評價：「泌有謀略而好談神仙詭誕，故為世所輕。」而在後世的官方歷史中，他對「神仙詭誕」的追求一向受到儒家史官的鄙薄，退隱修道被當作裝神弄鬼，而在歷史上留下的功勳，也因此被輕描淡寫地一筆帶過。為什麼一向以「史官精神」為其靈魂的歷史敘事，這時會有意忽視李泌的存在？

李泌的寂寥將揭示出，歷史真實並不等同於事實真實，所有的歷史真實都建立在某種思想體系的基礎上，都受到某種意識形態的影響。而儒家的思想體系，斷然無法接納李泌對神仙詭誕的追慕。

少年英才崢嶸早露

李泌在兒時就表現出卓爾不群的才華。年未弱冠，名即大震，那時就引起了唐玄宗的注意，並召之入宮，由此奠定了他與唐朝三代皇帝的淵源。從兒時鑄就的起點出發，將延伸出李泌輔翼三代皇帝的傳奇佳話。

唐玄宗召童子李泌入宮之時正在與當朝宰相燕國公張說對弈，就請張說來考考這位聲名遠播的少年奇才，看看他是否名副其實。張說以文學著稱於世，出的題目也相當見水準，他請李泌以「方圓動靜」作賦，並先為李泌做了一個示範：「方若棋局，圓若棋子，動若棋生，靜若棋死。」「方圓動靜」，兩兩對稱，既需要準確解釋每個字的含義，又需要展現出方與圓、動與靜內在的辯證關係，在闡釋義理的基礎上，還要求做到語言工整、文辭優美，而這些都需要在短時間內完成。對一個孩子而言，其難度可想而知。張說以棋盤與棋子作為比喻，正好應和了與皇帝對弈的情景，加上深厚的學養支撐，可以說是取象棋局之內、寓意棋局之外，已經是極其高明，這顯然給李泌帶來了巨大的心理壓力。

然而，出乎所有人意料的是，李泌毫不遲疑，立即答道：「方若行義，圓若用智，動若騁材，靜若得意。」一言之下，張說立即祝賀皇帝得到「奇童」，而唐玄宗也喜形於色，連連誇讚「是子精神，要大於身」。李泌的回答無論是義理之深、境界之高，還是用字之準、文辭之美，都遠出於張說之上。李泌沒有以目之所及的具體事物作為依託，而是直接以儒家思想中的「行義」和「用智」作為比喻，既破方圓之意，兼解儒家之思；而後面的「動若騁材，靜若得意」，則在一動一靜之間描摹出動靜相宜、進退得當的人生境界。「騁材」是要發揮才能、實現抱負，是為

「動」，但是「得意」之後卻不能志得意滿、驕傲自負，而應該追求無為境界，是為「靜」。

一個孩童能有這樣深刻的思想、豁達的境界，並能以如此優美的文辭表達胸中所思，此非天才而何？這段傳奇佳話也被寫進了中國古代兒童的啟蒙讀物《三字經》，正所謂，「泌七歲，能賦棋。彼穎悟，人稱奇，爾幼學，當效之」。而少年李泌說出「動若騁材，靜若得意」，恰如自己傳奇一生的一個隱喻，他將在自己漫長的一生中幾進幾退，騁材以輔佐皇帝，得意而退居山林，動靜相宜，剛柔相濟，終能在險象環生的政治鬥爭中全身而退。

少年李泌也引起了一代名相張九齡的青睞，「張九齡尤所獎愛，常引至臥內」。那時，張九齡又與大臣嚴挺之、蕭誠私交甚篤。嚴挺之向以稟性剛直而聞名於世，非常討厭蕭誠的諂媚，於是勸張九齡與蕭誠絕交，張九齡卻說嚴挺之鋒芒畢露，但是蕭誠卻「軟美可喜」，於是一時興起，命左右召蕭誠前來晤面。沒想到，這時李泌恰好傾聽在側，帥爾曰：「公起布衣，以直道至宰相，而喜軟美者乎？」意思是您憑藉正道直行而當上宰相，怎麼反而喜歡「軟美」的人呢？張九齡根本就沒想到這位小朋友竟然能開口勸諫，以凜然正氣規訓當朝宰相，由此感到了一種超越年齡的靈犀相通，不僅「改容謝之」，並且稱呼李泌為「小友」，足見心中讚賞憐愛之意。這段佳話表明當時李泌已然壯志在胸，無論他日後怎樣追求神仙不死之術，致君於堯舜的世俗夢想已經銘刻在一個少年的心中。

及至年長，入世的志向與出世的旨趣，這兩個看似緊張對立的人生走向在李泌身上卻能完美地結合。「天覆吾，地載吾，天地生吾有意無？不然絕粒升天衢，不然鳴珂遊帝都，焉能不貴復不去，空作昂藏一丈夫。一丈夫兮一丈夫，平生志氣是良圖。請君看取百年事，業就扁舟泛五湖。」李泌寫下的這首詩將胸中塊壘一吐而出，人生要嘛「絕粒升天衢」，達到遺世獨立、羽化登仙的飄然境界，要嘛「鳴珂遊帝都」，實現運籌帷幄、輔翼帝王的不朽功業。要嘛在彼岸登極樂之境，要嘛在此世創蓋世之業，人間唯一值得留戀的就是偉大的夢想、徹底的成功。如果沒有這些宏大使命，只剩下庸碌無為、飽食終日，那就會索然無味，「焉能不貴復不去，空作昂藏一丈夫」？而在宏大使命完成之後，也不必眷戀滾滾紅塵，重要的是享受過程，而不在於收割結果，理想的境界是「業就扁舟泛五湖」。進與退、入與出就這樣統一於李泌的精神世界，而他將要在三代皇帝的時間跨度裡展現這種動靜相宜的人生境界。

天寶年間，李泌常遊於嵩山、華山、終南山之間，「慕神仙不死術」，後來出山，詣闕獻《復明堂九鼎議》，而早已年邁的唐玄宗仍然記得那個天資聰慧的少年，讓他在翰林供職，同時供奉東宮。就是在這段時間裡，後來成為唐肅宗的太子李亨與李泌結下了超越君臣的親密關係，從而開啟了李泌與三代君王的曠世奇緣。

凌雲縱橫的戰略想像力

「漁陽鼙鼓動地來」，從大唐疆域東北方向發起的「安史之亂」打破了波瀾不驚的政治格局，李泌與太子李亨結下的深情厚誼將在戰亂中經受考驗，也將在唐朝光復中大放異彩。從這時起，李泌展示出縱橫捭闔的戰略構想能力。

唐玄宗在潼關失守之後倉皇西逃、一意幸蜀，太子李亨這時與其父分道揚鑣，逃到了位居西北的軍事重鎮靈武，並開始了重整山河、再圖興復的事業。李亨剛剛即位為唐肅宗，就派人祕密到南嶽衡山尋找李泌，而李泌也一直心懷「先生不出，如天下蒼生何」的使命感，注定不會在天下大亂之時袖手旁觀，於是不待唐肅宗召喚，即自覺奔赴靈武。君臣之間，其相得如此，而默契亦如此。

當此之時，安祿山以范陽為根據地，揮兵西進，已經連克洛陽、長安兩京，沿途郡縣皆望風而降，兵鋒甚盛，勢焰更熾。但與此同時，天下勤王之師四下大集，紛紛以盡力於王室、鏟平叛亂為己任。郭子儀出兵朔方，李光弼堅守太原，從西北方向對安祿山形成包圍之勢。從大形勢判斷，朝廷與安祿山各有優劣，安祿山占據兩京，導致唐朝宗廟隳滅、社稷毀棄，這對於意氣風發的唐肅宗來說是不可忍受的政治恥辱，也恰恰給安祿山帶來了政治上的主動權；但是從軍事形勢來看，安祿山懸軍深入，從范陽到長安，戰線拉得太長，天下勤王之師逐漸對其形成合圍之勢，朝廷可以說占據了軍事上和道義上的優勢。這正是李泌風塵僕僕趕到靈武時面對的天下大勢，也是他為唐肅宗規畫戰略構想的初始條件。

接下來，李泌為唐肅宗提出了堪比〈隆中對〉的戰略藍圖，展示出奇崛的想像力、隱忍的政治藝術與高超的戰略構想能力：

不出二年，無寇矣，陛下無欲速。夫王者之師，當務萬全，圖久安，使無後害。今詔李光弼守太原，出井陘，郭子儀取馮翊，入河東，則史思明、張忠志不敢離范陽、常山，安守忠、田乾真不敢離長安，是以三地禁其四將也。隨祿山者，獨阿史那承慶耳。使子儀毋取華，令賊得通關中，則北守范陽，西救長安，奔命數千里，其精卒勁騎，不逾年而弊。我常以逸待勞，來避其鋒，去翦其疲，以所征之兵會撫風，與太原、朔方軍互擊之。徐命建寧王爲范陽節度大使，北並塞與光弼相掎角，以取范陽。賊失巢窟，當死河南諸將手。

李泌為唐肅宗謀畫的平反方略的一個基本出發點就是打持久戰，不能急於求成，「陛下無欲速」，目的是為了蕩平安祿山、史思明的范陽老巢，從根本上消滅賊寇的有生力量。而基本策略就是先取范陽，再定長安，對長安保持攻而不取的態勢，故意保持范陽與長安的暢通，攻而不取，使其「北守范陽，西救長安，奔命數千里，其精卒勁騎，不逾年而弊」，然後再發動戰略進攻，范陽既定，則長安、洛陽自可不戰而得。

李泌的戰略構想最具想像力也是最為核心的一點，就是對長安這個帝國的政治象徵採用攻而不取的策略，以一座城池為誘餌困守賊寇。這一點既是安祿山始料未及的，也正是唐肅宗難以做到的。在安祿山看來，長安是唐朝的政治象徵，唐肅宗怎麼可能捨眼前之長安而就千里之范陽？而唐肅宗一旦集中力量攻占長安，那麼千里之外的范陽老巢就能得以保全，安祿山就總能獲得東山再起的機會。但如果朝廷按照李泌設想不急於攻占長安，那麼安祿山的如意算盤就會落空，但要做到這一點，則需要隱忍的政治藝術，畢竟光復京師，始終是皇帝最為迫切的願望，尤其是對剛剛即位的唐肅宗而言，更需要通過光復京師來確立自己的威信。

於是，等到兵馬大集，皇帝果然「欲速得長安」，並對李泌說：「今戰必勝，攻必取，何暇千里先事范陽乎？」而李泌也準確預言到了急於求成的危險後果：「必得兩京，則賊再強，我再困。」皇帝不聽，並以巨大的傷亡代價迅速光復了長安，但是皇帝還沒有坐下來品嘗勝利的滋味，坐守范陽的史思明就再度起兵造反，再陷河朔，復亂中原，而正是平定史思明的過程奠定了中晚唐的藩鎮割據制度，引發了無休無止的兵連禍結。史思明再次憑藉范陽老巢而發動叛亂，正是應驗了李泌「賊再強，我再困」的預言。如果唐肅宗能夠採納李泌的構想，不急取長安，先覆敵巢穴，又怎麼會留下長遠的禍患？

三國時期的曹操說過一句非常具有哲理的話，「不得慕虛名而處實禍」。縱覽天下之事，往往是「慕虛名」就會「處實禍」，唐肅宗急於求取光復兩京的虛名，而留下了賊寇捲土重來的禍患。這其實揭示出謀事創業中常常遇到的兩難選擇——虛名與實利、局部與整體、短期利益與長遠利益、個人情緒與總體要求，這些都往往處於一種緊張的對立狀態。而好的戰略家就需要做到讓虛名服從於實利，讓個人情緒服從於總體要求，這就需要摒棄虛榮、懂得隱忍。就此而言，李泌確實堪稱優秀的戰略家，他不貪圖虛名，不迷戀小利，不囿於一時一地，始終以大局為重，並從長遠利益出發制訂整體的戰略框架，並讓短期利益、私人恩怨、個人情緒服從於長遠利益。

在唐德宗時期，李泌終於獲得了宰相地位，而此時唐朝國力中落，藩鎮割據於內，吐番侵擾於外，屢致乘輿播遷、天子鼠竄。為了應對吐番的威脅，李泌從地緣政治格局出發，為唐朝規畫出合縱連橫、孤立吐番的外交戰略——「北和回紇，南通雲南，西結大食、天竺，如此，則吐番自困」。在李泌的構想裡，結交回紇「則吐番已不敢輕犯塞矣」，同盟雲南，「則是斷吐番之右臂也」，而「大食在西域為最強，自蔥嶺盡西海，地幾半天下，與天竺皆慕中國，代與吐番為仇」，敵人的敵人就是朋友，這是大食、天竺與唐朝結盟的基礎。在李泌看來，這些國家既有與唐朝合作的需求，也有達成合作的條件：雲南最弱，屢受吐番奴役，早就想找一棵大樹乘涼，唐朝伸出橄欖枝，他們必將求之不得，而大食、天竺都與吐番為敵，這三者都是潛在的盟友。唯有回紇最難拉攏，而偏偏唐德宗又與回紇存在私人恩怨，李泌的戰略構想再次面臨被唐德宗個人情緒瓦解的危險。

而這一次，李泌不再像初次輔佐唐肅宗那樣放任自流，他對皇帝強硬施壓：「臣備位宰相，事有可否在陛下，何至不許臣言！」李泌已經是獨任朝政的宰相，代天理物，以天下為己任，斷不能因為皇帝的私人恩怨而讓國家坐失合縱連橫的機會。最終，他以回紇「稱臣，為陛下子」的許諾化解了皇帝的積怨，而為唐朝贏得了地緣政治的戰略主動。

對外方略既定，李泌開始考慮朝廷的內部安全。藩鎮割據已經延續數代之久，朝廷最重要的政治議題不是重新集權化，而是如何維持起碼的生存。當時，關中屢遭戰亂，加上比歲饑饉，朝廷的用度主要依靠江淮漕運。李泌深知，若漕運保持通暢，則朝廷尚可維持，漕運一旦被斷，朝廷就會在飢餓中自我解體。而江淮漕運，自淮入汴，以甬橋為咽喉。甬橋地屬徐州，毗鄰淄青，李泌擔心，淄青節度使「一旦復有異圖，竊據徐州，是失江、淮也，國用何從而致」！於是，他的另一個大手筆是以內部的戰略調整保證延綿千里的漕運始終舳艫相接。李泌將甬橋附近的濠州、泗州隸屬徐州，又將廬州、壽春劃歸淮南，對不聽朝廷號令的淄青節度使形成包圍態勢，則彼即有異圖，亦將投鼠忌器，達到「淄青惕息而運路常通」的目的。

雖然唐肅宗放棄了李泌平叛安史之亂的戰略構想，留下了橫亙中晚唐的藩鎮禍亂，但是在唐德宗時期，李泌又以外交戰略為唐朝贏得外部空間，以內部規畫為朝廷贏得生存基礎，為後期唐憲宗時期的短暫中興奠定了基礎。李泌向人們展示出一個好的戰略家應該具有什麼樣的素質，他應該始終著眼大勢，關注最為重大的議題而不拘泥於細枝末節。除此之外，李泌還知道應謹防一時得失、個人情感等因素異化戰略的執行。

進則天下退則山林

李泌雖然以神仙不死術為畢生追求，但是他的處世之道又堪稱儒家「內聖外王」的典範。他不僅善於謀國，而且工於謀身，既能以宏大的戰略構想謀畫國家命運，又能以進退得當的處世藝術明哲保身，進則安天下，退則安此身。

李泌從一開始就知道奔赴靈武如同飛蛾撲火一般，是把自己送往權力鬥爭的漩渦。他十分清楚施展報國之志的前提是自己能夠從殘酷的政治鬥爭中生存下來，而他作為一介布衣，剛剛才道士下山，就立刻成為唐肅宗形影不離的身邊人，也必然會引來其他掌權人物的猜忌。這其中就包括權傾朝野的宦官李輔國和唐肅宗的患難妻子張良娣。唐肅宗與李泌出則聯轡，寢則對榻，「著黃者聖人，著白者山人」，這樣的親密無間是人們津津樂道的佳話，但對李泌而言卻意味著不可預知的險象環生。

李輔國一路追隨唐肅宗到靈武，又最先勸肅宗即位以繫人心，可以說是唐肅宗登上皇帝寶座的佐命元勳，因此受到重用，成為肅宗一朝的新貴。而張良娣也是在唐肅宗患難期間不離不棄、給以慰藉，到靈武駐紮後又親自為戰士縫衣，由是受寵，肅宗登基後遂立為皇后，「親寵無比」。李輔國看到張良娣有寵，自然傾心結交，於是，靈武朝廷肇建，兩位新貴就結為攻守同盟，「與李輔國相助，多以私謁橈權」。對來路不正而又忽得寵信的李泌，他們自然會視為潛在競爭者，因此充滿猜忌與敵意。

而李泌對此洞若觀火，早有防備，他從一開始就以守弱、退避、讓步求得自保，避免觸及李輔國、張良娣等朝廷權貴的既得利益。唐肅宗對李泌特加寵信，視之為委以心膂的心腹、言聽計從的智囊，「事無大小皆諮之，言無不從，至於進退將相亦與之議」，並要正式任命李泌為右相。這時，李泌進退得當的處世之道就開始顯現出來，他深知，一朝身居將相，更會引起李輔國、張良娣等人的嫉妒，不如以退為進、守弱為強。於是，李泌堅決請皇帝收回成命，「陛下待以賓友，則貴於宰相矣，何必屈其志」。說是貴於宰相，實際上是要繼續以賓友或幕僚的非正式身分輔佐皇帝。這是要讓李輔國、張良娣等人看到，李泌對朝廷名位沒有覬覦之心，他們大可對李泌放心。

然而，李泌懂得退讓，他的盟友卻未必能像他這樣韜光養晦。李泌與皇帝親密無間，與皇帝的兩個兒子廣平王李俶和建寧王李倓也情好日篤。尤其是建寧王李倓，「英毅有才略」，既能看清大勢、認識大局，在皇室西逃時率先建議唐肅宗北趨靈武，與謀興復，又心繫社稷、英明神武，「每接戰，常身先，血殷袂，不告也」。李倓的優點是銳意進取，而缺點則是太過進取、太過直爽，與李泌的隱忍退讓截然相反。面對李輔國、張良娣等人的威脅，李泌選擇退避三舍、不與爭鋒，而李倓卻正面迎敵、主動出擊，這決定兩個人迥然不同的人生命運。

只要對立存在，嫌隙總會在不經意間產生。李泌、李倓與李輔國、張良娣之間因為一個賞賜之物而結下了深仇大恨。太上皇李隆基從遠在千里的西蜀，派人給張良娣送來七寶鞍作為賞賜。李泌對皇帝說：「今四海分崩，當以儉約示人，良娣不宜乘此。請撤其珠玉付庫吏，以俟有戰功者賞之。」朝廷草創，四海兵興，正是艱難之際，確實不該遽爾奢靡，而應該把七寶鞍輸入國庫，獎勵三軍。李泌這番出於公心的勸諫，立刻打動帝心，「遽命撤之」。李泌本已觸及張良娣的利益，引起她的不快，而李倓的勸諫則是點燃了她的怒火。李倓突然「泣於廊下，聲聞於上」，唐肅宗在震驚之下召而問之，李倓說：「臣比憂禍亂未已，今陛下從諫如流，不日當見陛下迎上皇還長安，是以喜極而悲耳。」李倓放聲大哭是將一件小事放大為盡人皆知的公共事件，而又說「今陛下從諫如流」，潛台詞是把張良娣置於禍國殃民的位置。對於李泌的柔和勸諫，張良娣如果從朝廷整體利益出發或許還能包容，而李倓的耿直和剛烈，則徹底刺痛了她，「良娣由是惡李泌及倓」。

嫌隙已成，仇恨已生，李泌還是隱忍退讓，而李倓已經躍躍欲試。當時，「張良娣與李輔國相表裡，皆惡泌」，李倓於是對李泌說，為了報答先生恩德，「請為先生除害」。李泌立刻勸阻說：「此非人子所言，願王姑置之，勿以為先。」但是李倓不聽勸告，竟主動向李輔國、張良娣發起進攻，「數於上前詆訐二人罪惡」，而這兩個人則更加懂得誣陷的技巧，他們對皇帝說：「倓恨不得為元帥，謀害廣平王。」此時，廣平王已經立為太子，誣陷李倓謀害太子，就是誣陷他謀反叛國，唐肅宗在憤怒之下，竟賜李倓死罪。一個英明神武的皇子，一個扶危濟困的功臣就這樣斷送了美好韶華。如果李倓懂得迂迴曲折、以退為進的道理，又怎麼會遭此荼毒？果然是「嶢嶢者易折，皎皎者易汙」！

李泌最終以隱忍退讓倖免於難，建寧王李倓為他而死，但在靈武時期，李泌竟不為李倓說半句公道話，這同樣是出於隱忍的考慮，李泌心知現在還不是時候，他會等到合適的時機為李倓沉冤昭雪。李倓既已冤死，太子李俶也感到日益逼近的威脅，心不自安，決定先發制人，「謀去輔國及良娣」。李泌馬上勸諫說：「不可，王不見建寧之禍乎？」」李泌告訴李俶，自己在平定京師之後，就會重返山林，「庶免於患」。而李俶擔心李泌一旦離去，自己就會更加危險。李泌傳授給李俶的處世之道還是以退讓求安全，他對李俶說：「王但盡人子之孝，良娣婦人，王委曲順之，亦何能為！」其要義就在於不要正面衝突，而要委屈順之。李俶後來果然渡盡劫波、履險為夷，最終當上了皇帝。

李泌也履行自己的諾言，在長安光復之後，他就立刻向唐肅宗提出了辭呈。而唐肅宗自然執意挽留，李泌於是向肅宗表明了他不能留下的五個理由——「臣遇陛下太早，陛下任臣太重，寵臣太深，臣功太高，跡太奇，此其所以不可留」。所謂「五不可」，歸根結柢就是一句話：自己功蓋天下而又來路不正，必然會遭到朝中大臣嫉妒，因此進不如退、留不如去、在不如不在。唐肅宗不得已，乃聽歸衡山，還為隱居的李泌「給三品料」。

李泌就這樣瀟灑然隱退，留給人們一個漸行漸遠的背影。他不遠千里奔赴行在，又嘔心瀝血竭忠盡智輔佐皇帝，在攘平叛亂時還要時刻提防明槍暗箭。即便付出了這樣的艱辛努力，在獲得成功的那一天，李泌也沒有因為成功來之不易而產生半點留戀。功成名遂身退，說起來容易，但是要克服心中的貪念，又談何容易？李泌就能做到來去自如、進退由心，成功之日即是隱退之時。

接下來，李泌的人生就在朝廷與江湖之間來回搖擺，而他也當進則進、宜退則退，就像江上的漂木一樣與水沉浮、與時消息。李俶即位為唐代宗之後，立即將李泌從衡山召到朝廷，「自給、舍以上及方鎮除拜、軍國大事，皆與之議」，還要拜李泌為相，李泌再次懇辭。而李俶堅決要求李泌「食酒肉，有室家，受祿位，為俗人」，李泌泣訴，李俶卻說：「卿在九重之中，欲何之？」又不是僻居衡山，何必這麼多講究？而李泌也順從了皇帝的意志，這再次表明李泌參道的至高境界，所謂「上善若水」，就要像水那樣無可無不可，豈能為清規戒律所限？

而李泌的進退得當與瀟灑處世，也恰恰來自這種「無可無不可」的自如境界。唐代宗李豫④器重李泌引起了當朝宰相元載的嫉妒，於是，李泌再次隱退，被皇帝寄養在江西。後來元載倒台，時隔八年，李泌再次被唐代宗召入宮中，卻又遭到新任宰相常衮的嫉妒，被貶為澧州刺史。直到唐德宗即位，李泌才回到朝廷，並由於輔佐三代的威望終於坐穩了宰相的位置。

這樣屢進屢退、幾去幾留，李泌從無怨言，人生來去自由，此心平靜如水。進生禍端，何如退求萬全？退保此身，何必進受侮辱？由此而言，進即是退，退即是進，不合時機的進，恰恰是退入萬丈深淵；而恰到好處的退，則正如一日千里。這

編者註

④．唐代宗李豫，即廣平王李俶，後來改名為李豫。

其中的辯證法成就了李泌的政治成功，也造就了李泌的瀟灑境界。

來去自由源於對人性的深刻把握

其實，李泌能夠在政治上立於不敗之地，並能縱意人生、瀟灑自如，最根本的原因是因為他對人性的深刻洞察。他理解人的本性，洞悉恐懼、憤怒、猜疑等人性弱點，知道人懼怕什麼、欲求什麼、渴望什麼，因此才能在險惡的政治鬥爭中走出飄逸灑脫的人生軌跡。

比如說，李泌非常懂得向皇帝勸諫的時機。建寧王李倓因為他而被冤枉致死，李泌非常清楚，當時李輔國與張良娣互為表裡，一手遮天，最重要的是皇帝聽信讒言，餘怒未解，而憤怒向來都是理性的敵人，對一個憤怒的人直言其過失，只會添柴加薪，讓皇帝增加對建寧王的厭惡。所以，李泌絕不會在這時據理力爭，而會等到恰當的時機，也就是在功成身退的離別時刻。

李泌判斷，唐肅宗這時成功克復長安，實現了重整山河、再造乾坤的偉業，也向全天下證明了他這位新皇帝的功德，精神的愉悅必然達到頂峰，而心情越好，胸懷就越寬廣，就越是能聽進不同意見，重提建寧王的冤情就可能被皇帝相信。而這時李泌又即將遠行，唐肅宗突然失去左膀右臂，空自感慨：「朕與先生累年同憂患，今方相同娛樂，奈何遽欲去乎！」唐肅宗滿腹離愁別緒，對即將遠行的李泌也自然會因為憂愁而生出一份寬容。李泌選擇這個時候向皇帝訴說建寧王的冤情，可以說是抓住了皇帝心理寬容的最佳時間。

於是李泌從容對皇帝說，如果建寧王確實有篡奪之心，那麼廣平王最應該對他心生怨念，但是廣平王一直私下為其申冤，「輒流涕嗚咽」。一番言語之下，唐肅宗頓時醒悟，從讒言的蒙蔽中甦醒過來，泣下沾襟，說道：「先生言是也。既往不咎，朕不欲聞之。」至此，聖心回轉，李泌也終於能告慰建寧王的在天之靈，而且李泌還不忘在此基礎上為太子李俶的平安留下更多聖眷。他知道這時皇帝暗自悔恨，也正是進一步勸諫的絕佳時機，於是李泌對皇帝說，以前武則天育有四子，為了臨朝稱制而殺死了長子李弘，又立次子李賢，而李賢內不自在，作〈黃台瓜辭〉曰：「種瓜黃台下，瓜熟子離離。一摘使瓜好，再摘使瓜稀，三摘猶為可，四摘抱蔓歸！」這是在用本朝往事勸諫皇帝，不可再殺子嗣，否則就會瓜毀蔓存。李泌實際上是在為廣平王李俶說話，「是時廣平王有大功，良娣忌之，潛構流言，故泌言及之」，而皇帝也頓時醒悟，「卿錄是辭，朕當書紳」。試想，李泌如果在靈武時就抗言直諫，不僅難以為建寧王沉冤昭雪，反而有可能落得與李倓同樣的下場，更可能置李俶於不測之險。李泌的隱忍不是退縮，而是在蓄積力量，等待恰當的時機。

由於對人性弱點和權力規律的深刻洞察，李泌總能在最關鍵的時候充當宮廷關係的調和者，在皇帝父子之間、君臣之間減少猜忌、培養信任。唐肅宗克復長安之後，立刻派使者迎接遠在西蜀的父親回朝，而其旨意是「表請上皇東歸，朕當還東宮復修人子之職」，李泌聽說之後，立刻說「上皇不來矣」。唐肅宗驚問其故，李泌說，現在應該另寫賀表，「言自馬嵬請留，靈武勸進，及今成功，聖上思戀晨昏，請速還京以就孝養之意，則可矣」。果不其然，使者從成都回來，說太上皇接到第一個賀表，忽忽不樂，說：「當與我劍南一道自奉，不復來矣。」而接到第二個賀表「乃大喜，命食作樂，下誥定行日」。唐肅宗的第一個賀表為什麼讓太上皇憂懼，而第二個賀表卻讓同一個人大喜？李泌為什麼對太上皇的情緒把握得如此精準？

答案就在李泌對人性的洞察。第一個賀表的意思是，唐肅宗一俟其父還京就要以皇位相讓，把生殺予奪的大權讓渡出去，而自己重新回到東宮當閒散的太子；第二個賀表的意思是，唐肅宗自敘靈武勸進、平定長安等功勳，實際上是在向曾經的掌權者宣示自己的合法性，然後請太上皇回來，自己仍然大權在握，太上皇只是閒散養老而已。兩個賀表的本質區別就是唐肅宗是否交出皇位的問題。道理很簡單，唐肅宗在平定兩京的過程中，已經組成了以自己為核心的執政集團，即便自己同意交出大權，這些追隨他功定華夷的朝廷新貴，怎麼會對以太上皇為代表的先朝老人俯首貼耳？李隆基自己也清楚，他事實上已經失去了權力，也不可能再奪回，因此接到第一個賀表時不知所為，直到確信皇帝只是請自己回去養老才能安心地回到京師。而這一切心理變化都在李泌的掌控之中。

在唐德宗時期，李泌備位宰相，也是協調皇帝與功臣之間私人關係的關鍵。當時，唐德宗由於「涇原兵變」而出幸奉天，朝廷大臣朱泚復亂京師，朔方節度使李懷光奉命勤王，但是在打到咸陽時觀望不進，甚至與朱泚暗通款曲、聯合叛變。這時，另一位著名將軍李晟趁勢而起，打敗了李懷光，趕走了朱泚，迎接唐德宗凱旋京師。李晟取得了讓唐朝起死回生的功績，功勞不輸於郭子儀、李光弼等人。然而，功高震主者不賞，立大功、成大業的功臣宿將與皇帝的關係向來最難處理，稍有風吹草動，就會引發相互猜忌。李晟已經感受到冥冥中的危險，他僅僅因為家裡庭院種了茂密竹林，就被人誣告說暗藏兵器、意欲謀反，即便只是假話，但是皇帝出於權力安全的考慮，怎麼會置之不理？

李泌看到，唐朝在戰亂中走到今天已經是千瘡百孔，而君臣和諧正是這個衰落的王朝起死回生的關鍵。因此，李泌剛剛當上宰相就趁李晟、馬燧等功臣覲見時向皇帝說：「願陛下勿害功臣。」他接著向皇帝列舉猜忌功臣的後果，李懷光就是因為受到猜忌才會離心離德，「陛下以李懷光為太尉而懷光愈懼，遂至於叛」，這是皇帝親自經歷的切膚之痛，李泌以前車之鑑說眼前之事，自然增加了說服力，最後的結論是，「願陛下勿以二臣功大而忌之，二臣勿以位高而自疑，則天下永無事矣」。一番勸諫，情理並茂，唐德宗一時感動，而兩位功臣也泣下沾襟。李泌志在調和君臣，既然在君臣面前把話說開了，也自然能減少無謂的猜忌，同時，他也會留心堵住任何可能會引發君臣猜忌的漏洞，以此維護著唐朝僅存的活力與生命。

李泌洞悉人性、修道於心。與人相處從不爭強好勝，與皇帝對話，從來不會站在道德的制高點居高臨下地批評皇帝，而總是循循善誘、娓娓道來，並且注意照顧對方的情緒和感受，總能在不知不覺間將對方帶到心理舒適區，並成功地說服對方。唐德宗與李泌有一段對話，從皇帝的角度全面地展示出李泌深得帝心的智慧：

> 朕言當，卿有喜色；不當，常有憂色。雖時有逆耳之言，如曏來紂及喪邦之類。朕細思之，皆卿先事而言，如此則理安，如彼則危亂，言雖深切而氣色和順，無楊炎之陵傲。朕問難往復，卿辭理不屈，又無好勝之志，直使朕中懷已盡屈服而不能不從，此朕所以私喜於得卿也。

李泌勸諫皇帝，「言雖深切而氣色和順」，這是一種發自內心的謙和與從容，越是犀利的話語，越要平和地表達，這是「道法自然」的哲理：在一個人自然表達這樣的謙和與從容時，從一開始就能消除對方的反感。與此同時，如果皇帝「問難往復」，李泌又能盡心為其解疑釋惑，其中的關鍵是「又無好勝之志」，這又抓住了皇帝的心理要害。皇帝與宰相議事是為了群策群力，而宰相不能因此就得意揚揚，並把與皇帝的討論看作是辯論，不為求真而一味求勝，皇帝以君主之尊怎麼會長期忍受這樣的居高臨下？而李泌恰恰就能做到講道理是講道理，討論是討論，這並不是要證明自己比皇帝還高明，也不是要表明自己勝過皇帝，而是為了把事情說清楚。道家的自然平和使他少了一份求勝的虛榮，而多了一份長者的慈祥，這才讓唐德宗感慨，「直使朕中懷已盡屈服而不能不從」。

李泌總是能在恰當的時機說恰當的話，在正確的時間做正確的事。他不與人爭勝，卻總是能在不知不覺間贏得勝利，正所謂「聖人後其身而身先，外其身而身存」。

歷史真實是思想建構的產物

《孫子兵法》有言：「不戰而屈人之兵，善之善者也。」也就是說，勝利的最高境界是自己不損失一兵一卒，而讓敵人自我潰敗。李泌的處世之道看似綿軟無力，實際上是「無為而無不為」，使對手在得意之際陷入自我瓦解的困局。

唐德宗正式任命李泌為宰相時，考慮到李泌在政壇幾起幾落，擔心李泌一朝大權在握，就會公器私用、公報私仇，於是對李泌說：「朕今用卿，欲與卿有約，卿慎勿報仇，有恩者朕當為卿報之。」而李泌的回答則耐人尋味：「臣素奉道，不與人為仇。李輔國、元載皆害臣者，今自斃矣。」寥寥數字，道盡了暗流洶湧的鬥爭，也蘊藏著安身立命的智慧。

李輔國、張良娣在靈武時互為表裡，在克復京城後，又開始相互爭寵，於是聯盟瓦解、反目成仇。張良娣後來被李輔國率禁軍殺死，而李輔國在唐代宗即位之後也由於過度膨脹而樹敵頗多，在家中被刺客謀殺。元載在趕走李泌之後，更加肆無忌憚、藐視朝綱，公然賣官鬻爵、沆瀣一氣，最後被皇帝罷免。面對他們的積極進攻，李泌總是選擇隱忍退讓，避免正面交鋒，這就像太極拳一樣，通過柔軟的方式將剛強的進攻力量化解於無形。與其說這是退讓，不如說是「將欲取之，必先予之」，是以退步的方式發出的心理攻勢，讓對方陷入驕傲自滿的眩暈之中，而後在驕傲的頂點陷入自我毀滅。就像一杯渾濁的水，只要靜下來等一等，水就能自然將雜質沉澱，何必急躁地搖來晃去？這真如老子的詰問：孰能濁以靜之徐清？孰能安以動之徐生？李泌重新定義了力量的內涵：有時候，沉靜是比進攻更強大的力量。

這正是李泌對道家哲學的理解，這種沉靜、平和、追求自然的境界，在李泌進入政壇時就演變成隱忍退讓的處世之道，在李泌退居山林時就轉化為與時消息的瀟灑自如。就像他年輕時寫的那首詩那樣，「不然絕粒升天衢，不然鳴珂遊帝都」，李泌的人生在朝廷與江湖兩個維度之間展開，進則天下，退則山林，而在天衢與帝都之間，一以貫之的則是「道法自然」的不變信仰。

李泌的傳奇一生迎合了後世對「布衣宰相」的浪漫猜想，後人在他的故事中又加入道教光怪陸離的想像，使得李泌充滿了神祕甚至是魔幻的色彩。《鄴侯家傳》、《鄴侯外傳》中記載的故事把宮廷政治與道教文化雜糅起來，更顯得神祕莫測。唐肅宗問李泌何時能廓清宇內，李泌回答說：「但枕天子膝睡一覺，使有司奏客星犯帝座，一動天文足矣。」而且，據說李泌「辟穀身輕，能行屏風上，每導引，骨節珊然有聲」。這些離奇而近乎荒誕的演繹在把李泌抬上神壇的同時，也成功地讓李泌在正統的史官那裡受到冷遇。於是，李泌的生前身後竟形成了巨大的矛盾與反差，他曾經輔佐三代帝王，奮力阻止大唐的急速墜落，但是在史書中，他又是如此的寂寞孤獨。

《舊唐書》對他的記載只有寥寥數段，而且明確寫下李泌由於好談神仙詭道，「故為代所輕，雖詭道求容，不為時君所重」。直到歐陽修等人重新修訂唐史時才對李泌的故事有了更為詳盡的記載，而且給予了他更高的評價：「其謀事近忠，其輕去近高，其自全近智，卒而建上宰，近立功立名者。」但是史官是如此惜墨，即便是承認李泌的不世功勳，也不忘加一個「近」字，以此暗含對他好談神仙詭道的輕視。《資治通鑑》記載更多李泌立德立言立功的故事和細節，但是在故事的結尾，還不忘打上這樣的封條，「泌有謀略而好談神仙詭誕，故為世所輕」。

然而，就像當代國學家南懷瑾所言：「個性思想愛好仙佛，只是個人的好惡傾向，與經世學術，又有何妨？善用謀略撥亂反正、安邦定國，謀略有什麼不好？」潛心修道，好談神仙這只是生活領域的愛好，為什麼非要以此對個人的功德形成偏見和歧視？這正是因為李泌的私人愛好侵犯到儒家思想體系的根本，而受到儒家正統史學的排斥。孔子不是說「六合之外，存而不論」嗎？不是還說「子不語怪力亂神」嗎？而李泌所追求的神仙詭道恰恰就是六合之外的怪力亂神，又豈能見容於蘸滿儒家思想的史官之筆？

李泌，這個被正統儒家歷史敘事遮蔽的天才宰相，揭示出所謂歷史真實其實都需要經歷某種思想體系的過濾與篩選。書寫歷史的人會根據他個人的價值觀對歷史進行剪裁，如果歷史中的真實故事不符合這套價值觀，就有可能對事實進行取捨。黑格爾說，一切東西都取決於作者的信念、理念和原則，「當歷史學家們試圖描述已經逝去的時代精神時，他展示出來的卻通常是他自己的精神」。結果，書寫者按照自己的想像為後人創造出一個全新的世界。於是，「歷史真實」並不等同於「事實真實」，「歷史真實」是價值觀建構的產物，是將「事實真實」進行價值加工之後放入歷史的殿堂之中，而彼時彼地原封不動的人與事已隨時間流逝而飄散如煙。

李泌就在「歷史真實」與「事實真實」的夾縫中成為飽受爭議的人物，讚賞他的人意欲把他捧上神壇，「勳參郭令才原大，跡似留侯術更淳」，堪比郭子儀、張良的貢獻；貶損他的人則斷言歷史上關於李泌的傳奇故事大多數是捏造出來的，李泌只是一個普通的人物，歷史上的功勳與他好談神仙詭道一樣荒誕不經。褒貶不一而又決然對立使李泌的真實形象難以還原。然而，與其說爭論的是事實本身，還不如說是不同的價值觀在李泌身上的折射。事實並不重要，重要的是認識事實的方式和視角。

然而，無論如何，李泌輔佐三代帝王，扶大廈於將傾、挽狂瀾於既倒，都是著在典籍有跡可考的記載。這些並不會因為他個人愛好而一文不值，也不是儒家史官一句「為世所輕」就能抵消。歷史越受到意識形態的篩選與過濾，就越需要後人能夠摒棄有色眼鏡，穿越「歷史真實」去盡量觸摸「事實真實」。

唐德宗看到山河破碎曾空自感慨「此蓋天命」，而李泌卻說：「天命，他人皆可以言之，惟君相不可言。蓋君相所以造命也。」在他看來，皇帝和宰相當一國之重，不應該被命運玩弄，而應該創造命運。這與道家的「無為」相反，而與儒家「知天命而用之」的進取精神類似。說到底，李泌不像儒家史官所記載的那樣，他或許是儒道完美結合的典範。

李泌思必周詳、慮則長遠，他生前並沒有急於解決藩鎮割據的問題。朝廷雖然平定安史之亂，但是那些在戰爭中崛起的將領，開始占地為王、自成體系，消滅一個安祿山卻成就了無數個安祿山。藩鎮割據造成內輕外重的政治格局，而李泌採取與藩鎮和平共處的姑息政策並著手恢復唐朝初年的府兵制，以從根本上增強朝廷的軍事實力。這樣的休養生息增強國力，等到唐憲宗繼承皇位，朝廷將再次發動大規模的削藩，以裴度為代表的士大夫將履行修齊治平的責任。只是當所有的努力都已付出，人們才恍然大悟：藩鎮其實並不可怕，可怕的是「養寇自重」的邏輯。

第十一章

裴度「養寇自重」導致削藩失敗

中後期的唐朝像是一個罹患不治之症的病人，在與藩鎮的拉鋸式鬥爭中延續著微弱的生命之光。盛世繁華只是一個可望而不可即的回憶，而生存下來卻像是不期然而然的僥倖。這個虛弱的「巨人」已經耗盡了所有的體力在幽暗的時空走廊裡踽踽獨行、步履蹣跚。

裴度作為一代名相就是在這樣的環境裡崛起的，他因為力主削藩而被唐憲宗提拔為宰相，又以他的剛烈、堅忍與韜略維護著朝廷搖搖欲墜的威信。裴度可以說是中國古代士大夫的「理想類型」，上馬打仗、下馬治國，國而忘家、公而忘私，即便付出一腔熱血得到的只是猜忌與排擠，也時刻準備著為朝廷拋頭顱、灑熱血。然而，這樣一位英雄人物卻難以熄滅藩鎮的囂張氣焰。

裴度的追求與中晚唐歷代皇帝的夢想異曲同工，他們繼承的是支離破碎的山河、七零八落的國家機器，他們的使命是把這些碎片再次拼接為一個完整的國家，使天子號令達於四方，讓國家權力直接落實到每一寸國土，而不是在大一統的名義之下，還存在著自成體系的獨立王國。

唐德宗和唐憲宗都曾掀起大規模的削藩運動，試圖改變內輕外重的政治格局，實現權歸天子、政出朝廷。他們進行全國動員，整合全國資源，竭中華之物力，平不臣之藩鎮，卻總是在勝券在握的期待中遭遇突如其來的變故，最後以戲劇性的失敗而告終。唐德宗在削藩最為熱火朝天的時候，遭遇禍起蕭牆、變生肘腋，橫生枝節的涇原兵變，吞噬了他最後一絲的削藩激情；唐憲宗對飛揚跋扈的藩鎮各個擊破，一度取得了巨大的成效，直到最後功敗垂成，河朔藩鎮得而復失、歸而復叛。

他們注定無法實現「普天之下，莫非王土；率土之濱，莫非王臣」的夢想，只是用一生的努力鑄就了一些令人匪夷所思的疑問：一個國家為什麼不能打敗一個藩鎮？各路諸侯為什麼不能戰勝一個諸侯？一個代表天下百姓、掌握全國資源的合法政府，為什麼不能打敗一個跨州連郡、固守一隅的地方武裝？

晚年的裴度就像一個救火隊長一樣，在「按下葫蘆起了瓢」的藩鎮叛亂中疲於奔命。與郭子儀一樣，裴度也以一己之力維繫著一個王朝的存在，取得了「以身繫國之安危、時之輕重者二十年」的成績。但他僅僅只是一張薄紙，根本無法鎮壓驚濤駭浪，維持現狀既已不易，更遑論削平群雄、再現皇室雄風。裴度曾讓最為驕橫的藩鎮膽戰心驚，但是他無法改變時代的潮流。裴度直到生命結束之時，仍然不能理解一個國家為什麼不能輕易戰勝一個藩鎮？

平定淮西叛亂是裴度的成名之戰，最後也以朝廷的勝利而畫上句號。但是舉全國之力，用時四年之久，才在裴度親臨指揮後出現轉機，這樣的勝利實在來之不易。這場戰役幾乎包含了朝廷削藩的所有因素，通過分析這場經典的削藩戰役，可以看到「養寇自重」如何導致朝廷的削藩失敗。

朝廷與藩鎮的力量對比

設置淮西節度使本是為了防止安祿山南下，但是殺一安祿山而適成一安祿山，亂賊雖滅，藩鎮坐大，嘗到權力滋味的淮西節度使逐漸不聽朝廷號令。吳元濟接任淮西節度使時，更是飛揚跋扈、傲慢無禮。唐憲宗意氣風發，以削平四海為志，而淮西又襟江帶湖，是兵家必爭之地。於是唐憲宗首當其衝拿淮西祭旗，以起到殺雞儆猴的效果。

當時，宰相李吉甫撰寫《元和國計簿》，記錄下當時的「中央—地方」的力量對比：

> 總計天下方鎮四十八，州府二百九十五，縣千四百五十三。其鳳翔、鄜坊、

> 邠寧、振武、涇原、銀夏、靈鹽、河東、易定、魏博、鎮冀、范陽、滄景、淮西、淄青等十五道七十一州不申戶口外，每歲賦稅倚辦止於浙江東、西、宣歙、淮南、江西、鄂岳、福建、湖南八道四十九州，一百四十四萬戶，比天寶稅戶四分減三。天下兵仰給縣官者八十三萬餘人，比天寶三分增一，大率二戶資一兵。

從這些信息可以看出：首先，朝廷依然是最為強大的政治力量，藩鎮所轄州縣總數雖然超過朝廷，但是平均每個藩鎮下轄不足兩個州，從實力上來說，對中央權威只能消極抵抗，還不能積極進攻，而朝廷對每一個藩鎮都具有壓倒性的優勢；其次，朝廷的財政收入急劇萎縮，而軍事支出水漲船高，朝廷的震懾力不再是天威難犯，而面臨著江河日下的困境；最後，藩鎮之多，地勢之雜形成了犬牙交錯的態勢，朝廷哪怕只是各個擊破，也會引起其他藩鎮唇亡齒寒、兔死狐悲的擔憂，從而引發錯綜複雜的地緣政治危機。這張清晰的政治地圖作為初始約束條件決定了朝廷削藩的策略選擇：只能一次對付一個或兩個藩鎮，然後再逐一擊破。而作為博弈的另一方，藩鎮之間也會採取一榮俱榮、一損俱損的一致行動，避免被朝廷各個擊破。

淮西節度使吳元濟敢於向朝廷叫板，當然也不會坐以待斃、束身就擒。他把當地軍民鍛造成小而精、少而強的共同體，就像一顆無孔不入的子彈，雖然小，但足以穿透大而無當、平均受力的鋼板。吳元濟首先對內實行「法西斯式」的極權統治，把權力滲透到百姓的日常生活，「禁人偶語於塗，夜不然燭，有以酒食相過從者罪死」，通過極權隔絕了百姓之間的互相交往，把百姓變成老死不相往來的原子化個體，從而確保民間力量無法組織起來與之對抗。

對內實行極權統治，對外實行信息封鎖，吳元濟的伯父吳少誠在篡奪節度使位置之後，就偽造朝廷的文書向將士傳遞虛假的朝廷密旨，「收蔡州日，乞一將士妻女以為婢妾」。朝廷一旦攻破淮西就會把各位將士的妻女擄去做奴婢，這自然能激怒眾人，斷絕將士對朝廷的歸化之心。而吳氏叔侄也終於達到他們的目的，成功把朝廷說成是三軍將士的假想敵，是以「蔡人有老死不聞天子恩宥者，故堅為賊用」。正所謂「哀兵必勝」，用憤怒武裝起來的軍隊，自然具有難以想像的戰鬥力。

朝廷與淮西的對決也引起鄰近諸侯的警覺，與淮西接壤的成德軍節度使王承宗和淄青節度使李師道害怕城門失火、殃及池魚，於是在朝廷用兵以來，就在周邊百般阻撓、暗中較勁。

雖然朝廷占據軍力、物力、財力的優勢，淮西軍隊的內聚力卻更強，並且淮西的周邊藩鎮也從周邊參與到戰爭中。至此，一場朝廷致力削藩而藩鎮合縱連橫的大戲，終於拉開了帷幕。

政治刺殺將裴度送上宰相寶座

元和九年，也就是西元八一四年，淮西節度使吳少陽去世，他的兒子吳元濟祕不發喪，意欲不待朝命、父死子繼。淮西內部更新換代之際，人心浮動、群情洶洶，正是朝廷用兵的絕佳時機。朝廷聽從了大臣張弘靖的建議，「先遣使弔贈，待其有不順之跡，然後加兵」，這就能為朝廷贏得道義上的主動。吳元濟不僅不迎敕使，反而發兵四出，屠掠鄰境，又清除異己，殺死了所有支持入朝的幕僚。至此，矛盾已經公開爆發，朝廷也可謂仁至義盡。於是唐憲宗下詔，「以大臣嚴綬為申、光、蔡招撫使，督諸道兵招討吳元濟」，迅速對淮西形成合圍之勢。

大軍壓境，旌旗蔽野，「黑雲壓城城欲摧，甲光向日金鱗開」。然而，吳元濟還未心驚，王承宗和李師道就已膽寒。他們擔心朝廷一旦收拾完淮西，騰出手來，槍口一轉，自己就是下一個被蠶食的對象。於是，在淮西兵凶戰危時，周邊的政治博弈也緊鑼密鼓地開始了。

王承宗與李師道先是通過正規渠道表達訴求，「數上表請赦元濟」。皇帝既然興師動眾，豈能因區區上書而回心轉意？受挫之後，王承宗與李師道就開始耍陰謀詭計，以非正規方式進行博弈，表面上順從朝廷，背地裡卻破壞阻撓。當時朝廷徵發諸道兵馬並沒有涵蓋淄青節度使，李師道卻罕見地主動請纓，派大將率兩千人奔赴壽春，聲言助力官軍，實則暗中援助吳元濟。

這些小打小鬧只能形成局部破壞，並不能改變朝廷的削藩大局。既不敢公開與朝廷兵戎相見，又不願意實質上裹挾到淮西的戰事中，有什麼輕鬆便捷的手段可以達到讓朝廷罷兵的目的呢？王承宗與李師道不謀而合地想到一個最為直接的方式——政治暗殺。李師道的謀士非常直白地說：「天子所以銳意誅蔡者，元衡贊之也，請密往刺之。元衡死，則他相不敢主其謀，爭勸天子罷兵矣。」也就是說，皇帝現在執意削藩，是因為宰相武元衡的力挺，於是最為便捷的方式就是，暗殺主戰的宰相武元衡，用死亡的威脅讓朝廷大臣不敢再言戰事。

接下來，淮西鏖戰正酣，遠在千里之外的京城，大唐帝國的心臟地帶發生了一件震驚朝野的暗殺事件。那一天，東方初曉，天色未明，宰相武元衡起早入朝，沒想到剛剛從府邸出來，就遭到刺客暗殺，「賊執元衡馬行十餘步而殺之，取其顱骨而去」。當時，裴度雖然尚未躋身宰輔，但由於強烈主張武力削藩，是個不折不扣、堅定不移的「鷹派」，因此也遭到暗殺。但裴度比武元衡多了一份幸運，僅僅因為他的帽子更厚，賊傷其首而得不死。完成刺殺任務之後，這些刺客竟給朝廷的官兵留下警告，「毋急捕我，我先殺汝」。刺客的倡狂，藩鎮的囂張，及他們對朝綱的蔑視竟到了這種程度。

事件甫一傳開，就立刻引發輿論震盪，「朝士未曉不敢出門」，皇帝更是怒不可遏。在帝國的心臟，天子的腳下，如果連代天理物、總揆百司的宰相都不能保證人身安全，那麼朝廷還能保護誰？而武元衡和裴度的政治態度再明顯不過，都極力主張武力削藩，因此暗殺二人的意圖也昭然若揭：支持武力削藩，雖位居宰相，亦必遭到陰誅顯戮。王承宗與李師道正是想藉此震懾文武百官，讓言兵者噤聲，讓主和者勝出，從而改變主戰派與主和派在朝廷議程設置中的力量對比。

這對於皇帝和裴度來說都是巨大的考驗，皇帝心知兵興不解，藩鎮自然會奮力反抗，暗殺只是一種方式，以後還會遭到更多反抗。如果因為藩鎮的威脅就遽然罷兵，那就是向藩鎮示弱，變相地讓藩鎮陰謀得逞，讓他們更加肆無忌憚，朝廷的權威將進一步瓦解。而裴度經歷了九死一生的驚魂瞬間，身心遭到沉重打擊。他似乎只有放棄自己的理想與主張，與世沉浮、隨波逐流才能避免人身危險，但那樣就是置朝廷命運於不顧，視天下蒼生為無物。皇帝與裴度何去何從，這考驗著他們的膽魄與見識，也關係到朝廷的命運和走向。

就在人心浮動的時刻，政治刺殺帶來的恐懼開始攻占很多人的心理。他們建議罷免裴度以安撫藩鎮，也有人發出了悲情的警告：「自古未有宰相橫屍路隅而盜不獲者，此朝廷之辱也！」共識撕裂，信心不再，就在此時此刻，皇帝和裴度展現出了政治家應有的膽魄、勇氣與擔當。唐憲宗斬釘截鐵地說：「若罷度官，是奸謀得成，朝廷無復綱紀。吾用度一人，足破二賊。」而裴度在臥養許久之後，「慨然以天下為己任」，向皇帝直言：「淮西，腹心之疾，不得不除。且朝廷業已討之，兩河藩鎮跋扈者，將視此為高下，不可中止。」淮西之戰不僅事關淮西一地，而且是天下藩鎮的風向標，勝則藩鎮瓦解，敗則朝廷失威。

裴度的這段話既透露出他不計生死、以身報國的勇氣，也對天下政治形勢進行了深刻分析，這就像裴度性格的兩個維度——膽魄與謀略兼具，堅忍與智慧並在。王承宗與李師道作夢都沒有想到，恐懼並沒有粉碎朝廷的削藩決心，而是讓這種決心更加堅定。這也揭示出潛藏於人性中的奧祕：恐懼讓弱者更加懦弱，卻讓強者更加堅強；基於恐懼的威脅，可以彎曲弱者的膝蓋，卻能激發強者的勇氣。

沒多久，朝廷就迅速查出元惡真凶，王承宗和李師道與朝廷早已貌合神離，所以公開決裂是不可避免的。與此同時，朝廷討伐淮西卻經年無功，唐憲宗又發動對王承宗的戰爭，朝廷左右開弓、腹背受敵，若再遷延，勢難持久。而在淮西戰場，看上去占有絕對優勢的朝廷，為什麼會遭遇接連失敗？

官軍統帥危國邀功、養寇自重

朝堂的政治鬥爭暗流湧動，而淮西戰場的戰事更是劇情詭異。戰爭開始不久，裴度就以朝廷使者的身分奔赴淮西、宣諭諸軍。回京後，皇帝問諸將之才，裴度說：

「臣觀李光顏見義能勇，終有所成。」李光顏確實心繫朝廷、志存高遠，但是像他那樣甘願為朝廷出力死戰的將軍實在是鳳毛麟角、少之又少。然而李光顏一個人的戰績並不能掩蓋整體戰局的慘淡。

「自徵兵討賊，凡十餘鎮之師，環於申、蔡，未立戰功。」各路大軍對淮西形成合圍之勢，自是經年而未得尺寸之地、未立微末之功。按照力量的對比、人數的懸殊、財力的差距，朝廷應該長驅直入、所向披靡，即便互有勝負，也不至於狼狽如此。那麼，在反常的表象背後究竟潛藏著怎樣的弔詭邏輯？

其實，對於官軍來說，打敗淮西地方武裝非不能也，是不為也，亦不願也。說得再直白一點兒，這些奉命戡亂的官軍將領沒有多少人是真心實意地打仗，他們不再是只懂得機械地執行皇帝詔令的戰爭機器，不再把效力皇室作為自己的信仰，他們已經意識到自己是具有自主利益訴求的獨立主體，應該追求自己的利益最大化。朝廷利在速戰速決，而他們的利益則在拖延戰時，這樣既能獲得朝廷重視，也能坐享朝廷軍餉。

朝廷最早派去節制諸軍的元帥嚴綬，到軍之日，不以軍旅野戰為務，而是致力於市恩保位。對上，「厚賂宦官以結聲援」；對下，「傾府庫，賚士卒，累年之積，一朝而盡」。主帥無心求戰，將領自然怠於戰事，於是，「擁八州之眾萬餘人屯境上，閉壁經年，無尺寸功」。而諸將更是挖空心思，通過謊報戰績來騙取國家的賞賜，「時諸將討淮西者，勝則虛張殺獲，敗則匿之」，報喜不報憂，報喜更翻倍，用以取悅朝廷。自主帥到士兵都是把戰爭作為謀利的工具，而不是把勝利當作目標。與其說是為朝廷平亂，不如說是為自己牟利；與其說是為國靖難，不如說是發國難財。以此臨敵，非敗而何？

但是，「威名折於外，財用窮於內」，皇帝對淮西戰事的忍耐力一再受到挑戰。直到唐、隨、鄧節度使高霞寓大敗，僅以身免，淮西戰事的真實面目終於難以隱瞞，大白天下，引發朝廷駭愕。唐憲宗憤怒於軍久無功，決定更換主帥，即日命宣武節度使韓弘為淮西諸軍都統。

朝廷本來想通過更換主帥來振奮士氣，但是韓弘比嚴綬更甚。嚴綬僅是消極怠工，韓弘則直接以主帥的身分積極阻撓戰事，比嚴綬的危害更大。「弘樂於自擅，欲倚賊以自重，不願淮西速平」，韓弘對自己的利益訴求有著清醒的認識，他要做的不是速平淮西，而是「倚賊自重」。換句話說，他表面上替朝廷戡定叛亂，實際上與叛亂的藩鎮形成了共生共榮的利益同盟。道理很簡單，賊在一日，則戰緩一日，韓弘就能多享受一天朝廷的軍餉，掏空國庫、殷實自家；相反，賊滅寵衰，寇盡兵收，賊寇蕩平則無復朝廷饋餉矣。於是，「弘雖居統帥，常不欲諸軍立功，陰為逗撓之計。每聞獻捷，輒數日不怡，其危國邀功如是」。哪裡有統帥聽說打了勝仗反而會不高興的呢？

韓弘知道李光顏在諸將中最不惜力，為了不讓李光顏這麼拚命殺敵，他還專門從汴州城找到一位傾國傾城的絕世美女，「教之歌舞絲竹，飾以珠玉金翠」，然後派人獻給李光顏，意欲以美色來分散李光顏的精力。其危國邀功竟至於此！韓弘設下的美人計也確實給李光顏帶來了一個兩難選擇：受之，則是貪戀美色，給將士樹立負面導向；不受，又是辜負上級美意。李光顏驍勇善戰、勇冠三軍，但並不是頭腦簡單、四肢發達的魯莽大漢，他心思縝密、智慮周詳，完全清楚韓弘送出糖衣砲彈的真實意圖，於是精心設計了一個拒絕美姬但又不得罪韓弘的做法。

使者到來當天，李光顏「大饗將士」，美姬容色絕世，一座盡驚。李光顏先對使者說：「相公湣光顏羈旅，賜以美妓，荷德誠深。」欲抑而先揚，欲拒而先謝，以對韓弘的感謝來化解韓弘的猜忌，然後李光顏對眾人慷慨陳詞：「然戰士數萬，皆棄家遠來，冒犯白刃，光顏何忍獨以聲色自娛悅乎！」言出涕流，將士感懷，座者皆泣。在這樣的氛圍下，美姬又如何能留下來？於是李光顏順勢以厚禮贈送使者，並正氣凜然地說道：「為光顏多謝相公，光顏以身許國，誓不與逆賊同戴日月，死無貳矣！」

李光顏以與將士同甘共苦的大義，不僅有理有節地拒絕了韓弘的糖衣砲彈，而且成功地藉此感動將士、振奮士氣，把一個棘手的兩難選擇處理得滴水不漏，可謂有膽有識、智勇雙全。儘管如此，淮西戰場只有一個李光顏，卻有無數人在韓弘身後亦步亦趨。當軍隊的統帥絞盡腦汁地破壞其戰鬥力，這樣的軍隊怎麼可能打勝仗？當戰爭的指揮者千方百計地阻撓戰爭勝利，這樣的戰爭又怎能不輸得血本無歸？這又是多麼弔詭的悖論：軍隊的統帥反而破壞軍隊，戰爭的指揮者反而拒絕勝利。

韓弘統領軍隊的結果可想而知，王師敗績、無尺寸功。而在朝廷討伐王承宗的戰場，各路軍隊相互顧望，面臨著同樣的困境，「六鎮討王承宗者兵十餘萬，回環數千里，既無統帥，又相去運，期約難一，由是歷二年無功」，淒涼的戰況與淮西的戰況驚人地相似。而幽州節度使劉總，「引兵出境才五里，留屯不進，月給度支錢十五萬緡」，尚未出兵，先享饋餉，可以說是以平亂的名義大發國家的戰爭財，這又與韓弘等人的心思不謀而合。

朝廷占盡天時地利，卻未得人和，大多數受命戡亂的軍事將領都是怯於公戰、勇於私鬥，不會為天下公利而捨身赴難，只會為個人私利而絞盡腦汁，並不斷通過公利套取私利。那麼，煌煌中華，素稱「郁郁乎文、泱泱者大」，真的只能坐視地方諸侯飛揚跋扈、踐踏朝綱而無計可施？

裴度慷慨悲歌捨身赴難

當此之時，「諸軍討淮西，四年不克，饋運疲弊，民至有以驢耕者」，不僅國庫為之虛耗、民生為之凋敝，朝廷也陷入空前的信任危機。如果兵連四載而淮西不克，那麼朝廷就會失去對藩鎮的震懾力，還有誰會聽從朝廷號令？在這樣的艱難時刻，要嘛任其沉淪，要嘛有人挺身而出、力挽狂瀾。而裴度，就是那個臨危受命的「巨人」。

每當戰爭陷入低潮，主和派的聲音就會占據主流。這時，連李逢吉都競相上言，「師老財竭，意欲罷兵」，而裴度獨無言。皇帝詢問時，他才把決意遠征的想法和盤托出，「臣請自往督戰」。皇帝猶不信之，又試探性地問：「卿真能為朕行乎？」裴度斬釘截鐵地回答：「臣誓不與此賊俱生！」

在看不到希望的時候，最能檢驗一個人的信念與意志，而行進在絕望的低谷，也最能激發一個人的鬥志與力量。裴度決意出發，在凜冽的寒冬立志要為宗廟社稷走出一個希望的春天。他既有膽魄也有見識，既然決意前往，也自然有對形勢的敏銳洞察。他向皇帝分析說：「臣比觀吳元濟表，勢實窘蹙，但諸將心不壹，不並力迫之，故未降耳。若臣自詣行營，諸將恐臣奪其功，必爭進破賊矣。」在他看來，失敗並不是因為敵人多麼強大，而是官軍互不統屬、用力不專，而他正是那個可以統一思想、凝聚軍心的人物。

裴度出征之時，頗有「風蕭蕭兮易水寒，壯士一去兮不復還」的悲壯，他對皇帝許下了「主憂臣辱，義在必死」的誓言，此行有死而已、無復他慮。而後，裴度說出了一句千年之後同樣能給人力量與感動的話：「賊滅，則朝天有日；賊在，則歸闕無期。」這裡面有士大夫堅守價值的氣節，有烈士慷慨赴難的豪邁，有勇士視死如歸的氣魄，與文字本身的對稱性結合起來，自有一股不可侵犯、難奪其志的凜然之氣。裴度受任於敗軍之際、奉命於危難之間，「苟利國家生死以，豈因禍福避趨之」，就像魯迅先生所言：「中華民族自古以來就有埋頭苦幹的人，就有拚命硬幹的人，就有捨身求法的人，就有為民請命的人，他們是中國的脊樑。」

裴度赴鎮，氣象為之一新，士氣為之一振，戰局為之一變。這並不僅僅因為他的人格魅力，更是因為他以宰相之尊蒞臨行營，自然擁有凌駕於各路諸侯之上的權威性，從而能夠將鬆散的軍隊更好地凝聚為一個統一的整體，避免互不統屬、相互顧望。更重要的是，裴度的到來徹底改變戡亂軍隊的利益指向。他不像嚴綬、韓弘等人有自己的利益考量，為了自己的利益不惜養寇自重、危國邀功，裴度不遠千里而來，就是為了勝利。於是三軍上下，危國邀功的思想受到打壓，奮力殺敵的勁頭占據主流，像李光顏這樣的將領再也不用擔心流血流汗之後還要流下委屈的淚水。

統帥是一支軍隊的靈魂，韓弘等人足以毀滅一支軍隊，而裴度則能成就一支軍隊。彷彿就在一瞬間，一支怯於公戰、勇於私鬥的軍隊變得訓練有素、英勇無畏，僅僅因為同樣的肉身被賦予了不同的靈魂。軍隊之前被當作發國難財的工具，現在則被賦予保衛朝廷的光榮使命。

於是，四年的遷延不戰在這一刻變成斬關奪隘的勝利進軍。名將之後李愬帶領軍隊雪夜奇襲蔡州，直搗黃龍，軍隊連夜駐紮到吳元濟的家門口，有人報告吳元濟說：「官軍至矣！」吳元濟還在睡覺，笑著說：「俘囚為盜耳！」後來李愬軍號響起，吳元濟才如夢方醒。雪夜奇襲蔡州充滿了奇崛的想像力與冒險精神，是軍事史上的經典戰役。而在戰場的另一邊，李光顏如入無人之境，降伏了一萬多名淮西將士。至此，一境皆平，敵軍俱降。經過四年多的鏖戰，耗費無數人力物力，終於迎來早該收入囊中的勝利。

淮西既平，地緣政治格局發生了巨大變化，可謂一子落而全盤活。王承宗、李師道相繼割地納款、歸附朝廷。後來朝廷輕鬆收繳李師道，王承宗「奉法逾謹」，而曾為官軍統帥的韓弘，也不敢存有貳心，親自入朝覲見，向皇帝起身拜舞、山呼萬歲。

勝利的滋味是如此甘甜，但是它的釀造過程卻如此艱難曲折。一個藩鎮都需要耗費如此多的國力和時間，天下反叛藩鎮還有那麼多，朝廷又如何一一誅之？然而，一城一地的勝利只是一種回光返照，卻難以改變唐朝衰落的趨勢。

養寇自重的深層邏輯

平定淮西是一個短暫輝煌的起點，唐憲宗以這次的勝利為跳板，通過恩威並施，讓自安史之亂以來就不聽朝命的河朔藩鎮傾心歸附，天下再次呈現出表面上的四海一統。然而，勝利的根基並不牢固，唐憲宗駕崩未久，河朔藩鎮就得而復失、治而復亂。朝廷只好再度征討，卻又陷入淮西戰役的困境，「雖李光顏、烏重胤等稱為名將，以十數萬兵擊賊，無尺寸之功」。

而那個曾經充當救世主的裴度，在平定淮西之後就因為執性不回、極言勸諫而失去寵信，終於被罷黜宰相、解除兵權。他空懷一顆報國之心，卻只能眼看河朔復亂而扼腕長嘆，直到朝廷無力討賊才再度請他出山。但一人之力難以對抗一種趨勢，正所謂「勢既橫流，無能復振」。朝廷對藩鎮已失去戰略上的進攻優勢，只能勉強維持與藩鎮和平共處的局面。

接下來的時光，天下稍有太平，裴度即因「素稱堅正，事上不回」而被奸邪所排斥；藩鎮兵戈一起，裴度即「受冊司徒」而復典軍權。內為群小所排，外有藩鎮之逼，裴度一生出將入相、才兼文武，「以身繫國之安危、時之輕重者二十年」，但是他也只是無邊黑暗中的一團火光，不能照亮這個朝廷，反而襯托出時代的暗淡。

最後直到撒手人寰，裴度也沒有改變他堅韌不拔的性格和心繫天下的情懷，臨終上表，「言不及家事」。但他還是帶著問題含恨而終，他始終不能理解，為什麼朝廷削藩會遭遇屢屢失敗的困境。

按照裴度給唐憲宗的分析，官軍失利的原因是「諸將不一」。也就是說，官軍並不是一個有機整體，而是由各個藩鎮組成的鬆散聯合，既然互不統屬，也就難以協調合作，戰鬥力自然會大打折扣；而且各路諸侯無不心懷鬼胎，都希望別人上陣殺敵而自己保存實力，遺人以累卵之危，而自己坐享泰山之安。因為存在這種想法，跨馬臨陣自然會相互顧望，誰都不願意身先士卒。

中晚唐時期實行的監軍制度，更加劇了軍隊的離心力。「時諸道兵皆有中使監陣，進退不由主將，戰勝則先使獻捷，偶衄則凌挫百端。」裴度確實慧眼如炬，看到了這一弊端，並以宰相之尊把各路諸侯的鬆散聯盟凝聚為一個有機整體，「軍法嚴肅，號令畫一，以是出戰皆捷」。然而，這並不能解釋為什麼裴度願意整合這支軍隊，而像嚴綬、韓弘等統帥會坐視不管，甚至會主動破壞軍隊的戰鬥力與凝聚力。

因此，問題的根源不在於整合軍隊這個技術問題，而是一個更深層次的利益問題。裴度是當朝宰相，自然以朝廷的整體利益為旨歸，但是嚴綬、韓弘等人都是封疆大吏，尤其是韓弘，自己本身就是稱霸一方的節度使，他們不會把朝廷的整體利益當作自己的追求，而具有獨立自主的利益訴求。朝廷的整體利益是要盡快平定叛亂，而他們的利益訴求則是養寇自重、危國邀功，通過戰爭不斷套現國家的財政支出，從而達到發戰爭財的目的。

也就是說，當朝廷失去自己的軍隊，只能通過藩鎮來鎮壓藩鎮時，在朝廷、平亂藩鎮與叛亂藩鎮三者之間就會存在複雜的利益博弈。平亂藩鎮表面上歸附朝廷，但是真正到了兵戎相見的時刻，行為方式往往會在私利的牽引下出現變異。平亂藩鎮一旦知道可以通過養寇自重來套取國家財政，就極有可能與叛亂藩鎮暗通款曲，形成共生共榮的利益同盟，把戰爭當作雙簧遊戲，結果戰事一再拖延，國庫逐漸耗盡，而藩鎮日益坐大，弊病日益加深。

「養寇自重」的邏輯就像癌細胞一樣，朝廷每一次削藩都會進一步引起癌細胞的擴散。在唐憲宗之前，唐德宗也曾掀起大規模的削藩運動，朱滔作為當時削藩主將已經接近攻克河北藩鎮，卻在最後的時刻臨陣倒戈，與河北藩鎮同流合汙。在朝廷、平亂藩鎮與叛亂藩鎮三者之間，平亂藩鎮是一個連接敵對雙方的關鍵角色，它既會以平亂的名義向朝廷索需無度，也會在需求得不到滿足時轉變為叛亂藩鎮。削藩失敗，不是因為朝廷力量不足，而是因為「養寇自重」的邏輯掏空了朝廷的力量。而揆諸根源，朝廷成功平定安史之亂之所以會產生藩鎮的殘留，也正是因為當時平定叛亂的僕固懷恩擔心「賊平寵衰」，而故意讓史思明的降將繼續掌握兵權，以便「自為黨援」。從這裡，才能理解王夫之的感慨多麼沉重——「安祿山不足以亡唐，亡安祿山者亡唐也」！

「養寇自重」拖垮的不僅是唐朝，甚至在每個朝代的解體過程中，都隱約閃現著它的魅影。直到近代，國民黨雖然名義上完成國家的統一，但是內部仍然軍閥林立、派系眾多。在國民黨動用地方軍閥來圍堵共產黨領導的紅色武裝時，紅軍有信仰、有紀律而國民黨貪汙腐化、紀律鬆弛，這是決定性的因素，而其中也閃現著晚唐削藩的魅影。蔣介石的如意算盤是通過圍堵紅軍，實現地方武裝與紅軍兩敗俱傷的結果，但是地方武裝就像晚唐時期的平亂藩鎮一樣，它不會為國民黨的整體利益而傷及自身實力，反而會通過與紅軍的周旋來套取國民黨的錢財支持。毛澤東正是從歷史中看到了現實的根由，於是在〈中國的紅色政權為什麼能夠存在？〉一文中敏銳地指出：「因為有了白色政權間的長期的分裂和戰爭，便給了一種條件，使一小塊或若干小塊的共產黨領導的紅色區域，能夠在四圍白色政權包圍的中間發生和堅持下來」，「我們只須知道中國白色政權的分裂和戰爭是繼續不斷的，則紅色政權的發生、存在並且日益發展，便是無疑的了」。這裡面，「白色政權的分裂和戰爭是繼續不斷的」中的「分裂」，實際上指的就是地方武裝與國民黨的整體利益不一致，地方武裝不會為了國民黨的整體利益真正與紅軍開戰，而只會以戰爭為藉口，一直坐享財政支持。

裴度當然不會知道，困擾他的問題也一直困擾著歷朝歷代的英雄豪傑。晚年的裴度常常詩書遺懷，嚮往手撫素琴、目送歸鴻的境界。他在東都洛陽的豪宅裡「築山穿池，竹木叢萃，有風亭水榭，梯橋架閣，島嶼回環」，「引甘水貫其中，釃引脈分，映帶左右」。而閒暇時，裴度常「與詩人白居易、劉禹錫酣宴終日，高歌放言，以詩酒琴書自樂，當時名士，皆從之遊」。既然不能消滅外部的寇仇，那就不如去除內在的喧囂，回歸內心的安寧，裴度一生操勞，到晚年終得內心的大自在。

裴度一生輾轉、戎馬倥傯，是各路諸侯聞之喪膽的存在。但是他的努力還只是針對朝廷外部的敵人，而在此時，朝廷內部的禍患如毒瘤一般迅猛擴散，這就是伴隨唐朝直到壽終正寢的宦官專權。宦官，將開始向這個造成他們身心殘缺的社會發起復仇。

第十二章

宦官群體
權力向皇帝的身邊人集中

宦官群體的存在始終是中國歷史的一個陰暗角落，是一個不堪回首而又無法迴避的悲慘故事，是在歷史的錦袍掩蓋下的一塊暗瘡。他們不是作為一個完整的人而存在，而是具有不可彌補的生理缺陷。宦官——他們的共同名字，就像一種不斷重現的羞辱，橫亙在歷史不斷變更的劇碼之間。

從人本價值出發，宦官的存在值得同情，但這樣一群存在生理缺陷的人們，居然能在崇尚斯文的政治體系中占據高位，「傷賢害能，召亂致禍，賣官鬻獄，沮敗王師，蠹害烝民」，甚至將皇帝的廢立大權掌握在手，將一個王朝的命運玩弄於股掌之間。千百年來，論及宦官專權，不知多少仁人志士扼腕嘆息、義憤填膺。

宦官群體總是在王朝興盛時銷聲匿跡，在衰落時悄然崛起，在王朝滅亡後被趕盡殺絕，他們的命運就像是一個朝代運勢的反面標誌，他們何時站到台前，王朝的命運就從那時開始衰落。尤為可嘆者，大唐，一個曾把豪邁與大氣寫進歷史記憶的王朝，一個給後人留下無盡想像空間的帝國，卻沒有逃過宦官群體的糟蹋與折磨。

唐朝之前，宦官干政的慘痛教訓就已充斥典籍，趙高、閻樂擅權，秦朝二世而亡；張讓、段珪干政，「遂傾劉祚」。在立國之初，唐太宗李世民鑑於前世之弊，從制度設計上抑制宦官，規定宦官品級不能超過四品。但是，在一個皇帝可以凌駕於制度之上的環境中，制度向來都缺少連續性與一貫性。唐玄宗李隆基「始隳舊章」，一改前規，對宦官言聽計從、「是崇是長」。楊思勖典兵在外，高力士侍奉在側，尤其是高力士，居然可以代替皇帝「省決章奏，乃至進退將相」，權力擬於人君、地位堪比宰相。宦官之勢，從那時起便一發不可收拾。

於是，兩條清晰的脈絡開始貫穿唐朝歷史，宦官不斷崛起，而國運日益衰微。唐肅宗、唐代宗平定安史之亂，宦官李輔國居中用事，魚朝恩、程元振先後擅權，可以說唐朝中期，是宦官崛起並穩固地位的時期。唐德宗志平藩鎮，卻在失敗之後心灰意冷，索性把掌控禁軍的大權交給宦官竇文場、霍仙鳴等人。從此，「太阿之柄，落其掌握矣」，宦官也最終擁有了可以挾制人君、宰執天下的權力。在唐朝後期，宦官已經是決定朝廷命運的最重要的變數，以至於唐憲宗稍逆其意，竟遭毒殺，而文宗、武宗、宣宗、懿宗、僖宗、昭宗六帝，皆為宦官所立。至此，一個曾經的盛世王朝已經完全落入宦官的掌握之中。

「赧、獻受制於強諸侯，今朕受制於家奴」，唐文宗的感慨表達了一國之君受到宦官挾制的淒涼與無奈。事實上，宦官奪取權力的過程並非一帆風順，而皇帝也並非心甘情願地將權力拱手相讓。唐德宗一開始整肅綱紀，「稍抑宦官」，後來卻變本加厲地倚重他們；唐文宗與宰相密謀誅殺宦官，卻釀成了血濺宮禁的「甘露之變」，使得宦官權力不削反增、地位不降反升。宦官專權的毒瘤似乎只有與奄奄一息的唐朝同歸於盡，才能迎來最後的覆滅。而對於唐朝來說，解脫之日即是滅亡之時。

既有前朝的慘痛教訓，也有此時的切膚之痛，唐朝中後期的皇帝為什麼還要一意孤行地重用宦官？為什麼宦官崛起總是伴隨著制度衰變，而制度衰變又會進一步導致宦官得勢？唐朝宦官群體的命運軌跡將揭示出：宦官的生理缺陷以及作為人的不完整性，恰恰是他們獲得皇帝信任的最重要的保證，也是他們在皇權政治中參與博弈的最大籌碼。

宦官是皇帝的影子與延伸

醜陋的結局往往源於美好的開始，或許因為開始太過美好，人們陶醉其中、沉溺其中，一廂情願地被心理預期催眠，從而容易忽視它可能隱藏的惡果。宦官擅權亦復如是，它能夠從唐朝政治發展中橫空出世，很大程度上得益於他們之中的佼佼者編織的美好開始，而傑出代表就是名重一時的高力士。

高力士自幼入宮，少讀詩書，卻具有常人難以匹敵的政治判斷力，在雲譎波詭的鬥爭中總能正確地選邊站隊、擇主而事。在李隆基還是藩王時，高力士就「傾心奉之，接以恩顧」。後來，李隆基率軍入宮、平定內亂，成為深孚眾望的儲君，而高力士也得以「日侍左右，擢授朝散大夫、內給事」。緊接著，太平公主與李隆基矛盾暴露，高力士又參與了打擊太平公主的謀畫，「超拜銀青光祿大夫」。與皇帝「相逢於微時」的交情，助皇帝奪取天下的功勞，決定了高力士在玄宗一朝的崇隆地位。

高力士非常清楚，有唐一代，宦官並無掌權的先例，而他自己正是開疆拓土的開墾者，因此也非常懂得與時沉浮、應時而動。他有士大夫致君堯舜、公忠體國的追求，但更懂得如何自我保護與專寵固位。唐玄宗晚年時想把朝政全部交給李林甫，而高力士直言勸諫說：「自古威權之柄，不可假之於人。」這樣的犯顏直諫顯示出高力士竭忠事上的勇氣與擔當，但李隆基一表現出不悅，高力士便不再堅持原則，而且以後「不敢深言天下之事」。如此靈活應變還體現他善於在複雜的人際關係中合縱連橫，利見則與交，利盡則與絕，「雖至親愛，臨覆敗皆不之救」，於是保持了在政壇的不倒翁地位。

權力的光環容易讓人忘記高力士的宦官身分，而八面玲瓏的策略，讓他能夠廣結善緣、少樹敵人。除此之外，高力士身為宦官的獨特優勢，是他與皇帝從青少年以來就朝夕相處所達成的熟悉與默契。他對皇帝的生活習慣、思維方式與內心想法能夠準確掌握，常常讓皇帝感到心照不宣、不言自明的默契，擁有惺惺相惜、靈犀相通的快感。而在「朕即國家」的制度設計中，衡量一個人權力大小不僅要看他的官方地位，更要看他與皇帝私人關係的遠近。在這方面，作為與皇帝形影不離的宦官，高力士擁有無人能比的優勢。

且不論皇帝對軍國機務的看法，單論皇帝內心深處最為微妙的情感變化，高力士也能瞭若指掌，這是兩個人無話不談、年深日久才能達到的親密境界。李隆基深愛楊貴妃，兩情相悅正篤時，不免出現耍脾氣、鬧彆扭的事兒，一個在皇宮臨風灑淚，另一個在府邸對月長嘆。每當此時，皇帝就會悶悶不樂，作為一國之君既不能主動向一位女子低頭，也不可能將這些兒女情長和盤托出。這時，高力士就能心領神會地探知聖意，悄無聲息地把楊貴妃從府邸接回宮中，皇帝自然見之大喜，在與愛人和好如初的同時，對於體察聖意的高力士更多了一份信任與倚重。

很快，皇帝對高力士在私生活上的倚重轉變為在公共事務上的重用。「每四方進奏文表，必先呈力士，然後進御，小事便決之。」可以說，高力士已經被皇帝當作自己的影子，在倦怠時，把高力士當作自己的替身去處理公務。李隆基甚至說：「力士當上，我寢則穩。」當時，高力士富貴震天下、權傾朝野，李林甫、楊國忠、安祿山等人因之而取將相高位，其他攀龍附鳳者不可勝計。唐肅宗位居東宮時，呼高力士為「二兄」，諸王、公主皆呼之為「阿翁」，駙馬輩呼之為「爺」。在朝廷正式的典章制度中，高力士只是一名負責皇帝生活起居的宦官，但是在政治體系的實際運轉中，高力士的權勢甚至遠超當朝宰相，這僅僅因為他與皇帝關係親密。

高力士只是皇帝的影子與鏡像，人們並不是畏懼於他，而是畏懼他背後的皇帝。而無論他在人前多麼風光，在與皇帝不對等的親密關係中，他始終是卑賤的一方，永遠無法像宰相或名士那樣獲得皇帝的敬重。李隆基曾因為廢立太子的事情悶悶不樂，高力士趁機問其故，李隆基張口就說：「汝，我家老奴，豈不能揣我意！」在皇帝心中，高力士始終只是一個「家奴」，而「家奴」一詞也是中晚唐的歷代皇帝對宦官使用最多的稱呼。皇帝蔑視宦官，因為他們不是完整的人，因此是至卑至賤的「家奴」；而恰恰因為他們是「家奴」，皇帝習慣毫無防備地與他們親暱，從而把私人親密轉化為政治信任。面對皇帝則至卑至賤，置身朝廷則極富極貴，這正是宦官地位的二律背反，而這背後的根源，就是皇帝與宦官的私人關係向政治生活的延伸與滲透。

高力士與唐朝後期的宦官截然不同，不像他們那樣飛揚跋扈、心狠手辣，他作為皇帝「最親近」的人，雖然權勢熏天、炙手可熱，但仍然能保持謙虛謹慎、如履薄冰的態度與行事風格，甚至在他獲得一言興邦、一言喪邦的權勢時，他也沒有恣意妄為、紊亂朝綱，而是帶著修齊治平的夢想，保持著攘袂為國的風範。高力士樹立的正面形象，很大程度上激發了中晚唐歷代皇帝對宦官的正面想像。

從高力士開始，宦官相繼受到重用，「帝城中甲第，畿甸上田、果園池沼，中官參半於其間矣」。所謂中官，即是宦官，從京城房產資源的占有情況就可看出，玄宗一朝，宦官逐漸得勢。隨後，宦官李輔國、程元振、魚朝恩等人先後崛起，終於掀開高力士編織的美好面紗，開始露出猙獰的面孔與鋒利的獠牙，也將揭示出皇帝信任宦官更為本質的原因。

宦官是皇帝心理陰暗面的投影

有了高力士在前面披荊斬棘、鋪路架橋，宦官的權力之路不再充滿艱辛曲折。在高力士之前，任用宦官是違反祖訓的行為；在高力士之後，任用宦官是再自然不過的事情，是唐玄宗李隆基開創的新祖訓，而繼任皇帝也樂於效仿，因為與宦官是如此親密，使喚起來可謂得心應手、如臂使指。

於是，李輔國幾乎不費吹灰之力就取得了與高力士比肩的成就。安祿山稱兵向闕，唐玄宗倉皇西逃，李輔國在那時還沒沒無聞，只是一個養在東宮的太監而已。時代風雲變幻之際，也是小人物脫胎換骨之時。在緊要關頭走對一步，就足以蔭庇剩餘的人生道路，而李輔國恰恰邁出了關鍵的一步。他首先勸諫太子李亨，不要跟隨玄宗入蜀，而是「北趨朔方，以圖興復」。在追隨李亨到達靈武之後，李輔國又力勸李亨即位，「以繫人心」。可想而知，李亨即位為唐肅宗之後自然會對李輔國委以心腹。

就這樣，李輔國一躍成為皇帝的左膀右臂。在靈武時，「侍直帷幄，宣傳詔命，四方文奏，寶印符契，晨夕軍號，一以委之，乃還京師，專掌禁軍，常居內宅，制敕必經輔國押署，然後施行，宰相百司非時奏事，皆因輔國關白、承旨」。李輔國既是皇帝頒發詔令的關鍵環節，也是群臣上書奏事的必經通道，可以說李輔國卡住了朝廷政治運轉的咽喉。而他不茹葷血，在處理公務的間歇常常模仿僧人，手持念珠、口誦佛經。一開始，「人皆信以為善」，而不知禍之將至。

在躡居高位之後，李輔國產生「高處不勝寒」的危機感，他深知自己既不能像士大夫那樣興化致理，也不能像武將那樣戰場殺敵，自己能夠位極人臣僅僅是因為皇帝的寵信。論功勞不足以服眾，論德行不足以配位，這種發自內心的自卑感與危機感開始驅使李輔國濫用權力、紊亂朝綱。他既然沒有功勞、缺少德行，於是開始逐一打擊那些屢建奇功、德高望重的勳臣宿將。「置察事數十人，潛令於人間聽察細事，即行推按」，所謂「察事」，就是間諜或特務，也就是運用特務統治來打擊異己、鞏固權位。

李輔國屢屢「欲立奇功以固其寵」，而他終於找到一個與皇帝心意相通的契合點。當時太上皇李隆基從西蜀回京，雖然與皇帝父子情深，但是太上皇代表的昔日權貴，與皇帝代表的今日新貴處於一種微妙的對立關係。太上皇李隆基僅僅在住處接待幾名朝廷命官，李輔國即趁機誣陷「南內有異謀」，並向皇帝進言說：「上皇居興慶宮，日與外人交通，陳玄禮、高力士謀不利於陛下。」唐肅宗自然不能公開猜忌其父，哭著說：「聖皇慈仁，豈容有此！」然而，李輔國計謀已定，竟矯詔將李隆基遷居大內，「陳玄禮、高力士及舊宮人皆不能留左右」，名為遷居，實為軟禁，將太上皇與其舊臣拆分開來。

問題是，唐肅宗並未同意，李輔國為什麼敢於公開「違背」聖旨？其實，李輔國之所以如此「膽大包天」，是因為他也做了一件皇帝想做但不便言明的事。唐肅宗真的不擔心李隆基「與外人交通」嗎？真的不擔心太上皇拿走自己頭頂上的皇冠嗎？李輔國派六軍將士「號哭叩頭」，請將李隆基遷居大內時，唐肅宗的反應只是「上泣不應」，並沒有斷然否決。從權力鬥爭而言，唐肅宗確實心存擔憂，但是從骨肉親情來說，他又於心不忍，於是才會表現出搖擺不定的不置可否。在李隆基移居大內之後，唐肅宗有一次抱著幼女接見大臣，說：「朕念之，卿勿怪也。」誰知大臣因之進言說：「太上皇思見陛下，計亦如陛下之念公主也。」一言之下，唐肅宗自然泫然泣下，但即便如此，也未親自拜見被軟禁的父親。這就足以說明，唐肅宗至少默認李輔國對父皇李隆基的軟禁，而李輔國恰恰「懂事地」完成了皇帝難以啟齒的事情。

李輔國妒忌勳臣宿將，而皇帝也是一樣。正所謂，「勇略震主者身危，而功蓋天下者不賞」，皇帝既需要勳臣宿將為之效勞，但又把他們視為皇權的潛在挑戰者，於是皇帝對待勳臣宿將往往充滿矛盾，心存猜忌卻又不能言明，公開褒獎卻又暗中牽制。這時，無功無德而躐居高位的宦官也對屢建奇功的勳臣宿將恨之入骨，於是通過他們自然能將皇帝的猜忌表現出來。宦官就像皇帝心理陰暗面的投影，皇帝為了保持光明正大的形象，自然不能公開表達內心的邪惡，於是把內心見不得陽光的因素，諸如猜忌、狡詐、陰謀等，通過宦官顯性地表現出來。皇帝需要這樣一面鏡子，而宦官也樂於藉此獲得權勢。

可以說，皇帝與大臣之間的猜忌越深，皇帝對宦官就越信任、越倚重。李輔國之後的程元振與魚朝恩，更是以傷賢害能為己任。

在唐肅宗薨逝之後，李輔國通過一場宮廷政變將唐代宗李豫送上皇位，自己步入如日中天的境地，同時也是跌入谷底的時刻。李輔國對唐代宗說：「大家但居禁中，外事聽老奴處分。」這樣公開架空皇帝，自然會引起皇帝的不悅。而李輔國曾經的夥伴程元振趁機向皇帝輸誠納款，在與唐代宗合力打倒李輔國之後，程元振也取代了李輔國曾經的崇隆地位。

李輔國起碼還在肅宗中興的過程中立下定策之功，與之相比，程元振是徹徹底底依靠宮廷政變起家，於是變本加厲地妒忌功臣。程元振妒忌郭子儀「功高任重」，於是「數譖之於上」，在戰亂正熾時強奪郭子儀的指揮權；平亂名將、山南東道節度使來瑱入朝，程元振「譖瑱言涉不順」，致使功臣「賜死於路」；曾經的宰相裴冕稍有異議，即遭貶斥。其結果，「來瑱名將，裴冕元勳，二人既被誣陷，天下方鎮皆解體」。等到吐蕃突然入侵，兵鋒已至長安近郊，一直被程元振蒙蔽的皇帝如夢方醒，而下詔徵兵竟無一卒赴闕。

最後，程元振成為眾矢之的，皇帝只好將其罷黜。然而，程元振既倒，魚朝恩復起，依然是宦官用事、妒忌功臣、傷賢害能。早在平定安史之亂的過程中，郭子儀、李光弼等九位節度使合軍野戰，皇帝就「以子儀、光弼皆元勳，難相統屬，故不置元帥」，但是各路軍馬又需要居中協調的人，皇帝就任命魚朝恩為「觀軍容宣慰處置使」，名義上節度諸軍。皇帝明知道烏合之眾必敗無疑，但是為什麼不設置諸軍統帥一職？顯然是擔心無論誰成為諸軍統帥，都會對皇權構成巨大威脅，這比安祿山、史思明的威脅更大。於是，魚朝恩從一開始便受到重用，以宦官之卑而凌駕於諸將之上，這就是皇帝猜忌功臣的產物。

於是，魚朝恩「專典禁軍，寵任無比，上常與議軍國事，勢傾朝野」，越是身居高位，就越是因為無功無德而心虛，就越是妒忌賢能、凌侮宰相。魚朝恩「惡郭子儀，因其敗，短之於上」，不僅誣陷郭子儀，還派人挖了郭子儀的祖墳，時刻設置陷阱刺殺郭子儀。魚朝恩還喜歡表現出士大夫的文化氣質，「乃學講經為文，僅能執筆辨章句，遽自謂才兼文武，人莫敢與之抗」。妒忌功臣也好，附庸風雅也好，都是心虛的表現，是小人得志的結果。

李輔國、程元振、魚朝恩等人相繼崛起，他們對功臣的妒忌，其實反映著皇帝對功臣的猜忌，因為皇帝始終把這些人當作潛在的競爭者。問題是，皇帝擔心功臣尾大不掉，為什麼就不擔心宦官掌握大權也會「功高震主」呢？這就是問題的根源所在，宦官由於生理缺陷，哪怕擁有再大權力，也不具備通過子嗣將權力傳承下去的可能，因此只能依附於皇帝而存在。換句話說，宦官不可能取帝位而自為，因此皇帝才能放心地把大權交給他們。不可逆轉的生理缺陷給他們的身體帶來傷害，卻為他們贏得巨大的政治資本。

於是，皇帝越猜忌功臣，宦官的地位就越高；宦官地位越高，就越變本加厲地陷害功臣，導致皇帝與功臣之間的嫌隙更深。於是，皇帝與大臣的關係陷入不斷破裂的惡性循環，制度因之衰敗、禮儀因之瓦解、朝綱因之紊亂，而只有宦官是君臣關係破裂的最大受益者。可以說，君臣越是疏遠，宦官就越是得勢；正式制度越是衰敗，非正式制度就越是猖獗。

宦官只能依附於皇帝而存在

由於宦官的不完整性，皇帝才敢於付出自己的信任；反過來看，也正是因為宦官的不完整性，他們無法成為特立獨行的主體，而只有依附於皇帝才能獲得自身存在的價值。他們是盤繞在皇帝這棵大樹上的藤蔓，是生長在皇帝這面巨石上的苔蘚，無論皇帝是大權在握還是徒有其名，無論是所向披靡還是四面楚歌，他們只有義無反顧地追隨皇帝。對他們而言，失去皇帝就失去了賴以生存的根本，而得到皇帝的寵信則意味著得到一切。

他們對皇帝的這種依附性，在和平時期只是被當作「家奴」的本分，但是在戰亂頻頻的非常時期，尤其在皇帝困頓之時，容易讓皇帝產生一種「絕對忠誠」的錯覺，一種無論富貴還是貧賤、順境還是逆境，都生死相依的安全感。中晚唐時期，唐德宗李适是第一個對宦官擅權保持警醒的皇帝，他一度貶抑宦官，最終卻在這種錯覺的麻醉下變本加厲地倚重宦官。

李輔國離間皇帝父子，程元振、魚朝恩猜忌勳臣宿將，帶來的災難性後果有目共睹，朝士搥胸，藩鎮切齒，上下交怨，憤於宦官。然而，按照中國古代政治的邏輯，當朝君主一般很難自我糾錯，而位居東宮的太子則對問題心如明鏡，成為改革的潛在力量，但是只有等到皇位更替之日，才是改革推進之時。唐德宗李适身為儲君時，就對宦官擅權的危害有著切膚之痛，於是繼承大統後，就開始推動抑制宦官權力的改革。唐德宗首先革除宦官的兵權，把保衛皇宮的禁軍交給朝廷大臣掌控，然後在用人上表現出親文人、遠宦官的導向。

唐德宗李适外攘諸侯、內抑宦官，大有與民更始、再圖復興的態勢。然而，藩鎮羽翼已豐，難以根除，唐德宗削藩太急，反而引起藩鎮玉石俱焚、魚死網破的反撲。終於在西元七八三年，被朝廷派往剿滅藩鎮的將領朱滔竟然與藩鎮頭目暗中勾結，突然槍口反轉對付朝廷，而朱滔的哥哥朱泚借勢發動涇原兵變。面對突如其來的變故，唐德宗李适從皇宮倉皇出逃，開始一段屈辱的流亡。

在皇帝落難之時，掌握禁軍大權的白志貞卻不知所終。更令皇帝感到心寒的是，由於禁軍招募中存在的腐敗現象，大量軍籍被賜予長安城中的富家子弟，導致禁軍徒有名冊，竟無其實。結果在皇帝用兵之際，「上召禁軍以御賊，竟無一人至者」。難道以聖人為師、行仁義之道的士大夫掌握禁軍，只能使皇帝狼狽不堪地逃跑？

恰恰在這時，一直受到打壓的宦官則表現出不計前嫌、慷慨赴難的「氣節」。竇文場與霍仙鳴兩位曾經在東宮服侍李适的宦官率領一百名宦官與敵軍短兵相接。正所謂「患難見真情」，在自己孤立無援時能夠捨身赴難，皇帝如何不為宦官的「絕對忠誠」所感動？與士大夫的首鼠兩端、顢頇無能相比，更是凸顯出宦官的樸實與可靠。於是，在流亡的過程中，「左右禁旅，悉委文場主之」。等到撥亂反正時，皇帝更是對宦官委以重任，「禁旅文場、仙鳴分統焉」，實際上是把禁軍權力還給宦官。

二次回歸，是人心的回歸。唐德宗再次倚重宦官，則意味著打消了一切可能的疑慮，給予毫無保留的信任。在經歷生死驚魂之後，唐德宗「頗忌宿將，凡握兵多者，悉罷之」，而把所有的權力都安心地交給宦官。這是一個重要的轉折點，宦官掌握兵權的局面自此穩固下來，他們也終於獲得了可以挾制人君的權力。

然而，唐德宗至死也不會明白宦官之所以赴湯蹈火並不是因為忠誠，而是因為他們對皇帝難以割斷的依附性。離開了皇帝他們不但無事可做，甚至會遭到發動政變的軍閥的屠殺。因此，皇帝總認為宦官是絕對忠誠的，其實忠誠不過是他們的無奈選擇；而相比皇帝的倚重，宦官更是無法離開皇帝。皇帝信任宦官，宦官依附皇帝，一個掌握至高無上的權力，一個擁有不可挽回的缺陷，他們就這樣在政治鬥爭的血雨腥風中結成堅如磐石的攻守同盟。

宦官對皇帝的依附性在他們占據絕對優勢之後表現得更加徹底。唐德宗之後，宦官權勢不斷鞏固，藩鎮將領、台省大臣出其門者不計其數，而手握禁軍又讓他們

編者註

⑤・唐文宗李昂本名為李涵。

擁有了廢立君主的權力。即便如此，宦官也無法離開皇帝而獨立存在，他們可以架空皇帝，但不能取代皇帝；宦官可以擁有實權，但必須借助皇帝的名義。接下來發生的「甘露之變」，以宦官大獲全勝而畫上句號，但他們仍然需要依附皇帝。

等到皇位傳到唐文宗時，唐朝已經是徒有其名的空架子，唐文宗李昂⑤常常悶悶不樂、黯然神傷，「受制於家奴」的窘境讓他感到恥辱。於是繼唐德宗之後，唐文宗開始第二波貶抑宦官的運動。而不同的是，此時宦官勢傾朝野，尾大不掉，皇帝難以通過一道詔書就使之束手就擒。於是，唐文宗選擇密謀屠殺的暴力方式，試圖以宦官的血流成河換取他作為一國之君應有的尊嚴。

為此，唐文宗將曾經的流放官員李訓、江湖郎中鄭注提拔為心腹大臣，共同謀畫誅戮宦官。他們深文周納、計畫縝密，從「甘露」這個美好的詞彙開始實施殘忍的計謀。按照計畫，先使人奏稱「左金吾聽事後石榴夜有甘露，臣遞門奏訖」，然後皇帝在「驚喜」之餘，假裝派宰相及大臣前往查驗，而李訓也將說出準備好的台詞，「臣與眾人驗之，殆非真甘露，未可遽宣布，恐天下稱賀」。於是，皇帝自然會處於將信將疑的狀態，這時再派私人關係親密的宦官前往就顯得理所當然，也不會引起宦官的猜疑。而等待宦官的將是準備好的屠刀和利箭，是萬劫不復的深淵。

一切都按照計畫順利進行，禁軍統領仇士良果然率領宦官欣然前往，時間一分一秒過去，只待獵物入彀，便要萬箭齊發！就在最關鍵的時刻，執行任務的人奕然

「變色流汗」，引起仇士良的警覺。而恰在這時，突然風吹幕起，藏在幕後的兵甲一覽無餘，而兵仗聲更是鏗鏘在耳。仇士良久典禁軍、常在帝側，不知經歷過多少政治風波，看到這些「異常」的細節，怎能不立刻揣知背後的陰謀？於是，「士良等驚駭走出」，接下來的劇情發展不是宦官遭到屠殺，而是掌握禁軍的宦官肆意屠殺朝廷大臣，李訓等人無一倖免。

那些參與密謀的大臣只在瞬間的生死永訣中接受了成王敗寇的事實，但是唐文宗卻要接受無言的審判與精神的凌遲。仇士良等人心知這是皇帝的陰謀，但是他們不能報復皇帝，反而要把皇帝拉到他們這邊，因為皇帝如果不再是皇帝，宦官也將失去存在的理由。於是，仇士良只有壓制心中的怒火，把皇帝保護起來，把整個事件說成是大臣密謀造反，而皇帝對此竟全然不知。由此可以想像唐文宗內心的痛苦，仇士良等人把宰相的「手書」呈上，逼迫皇帝承認宰相造反，而唐文宗「悲憤不自勝」，也只好宣布：「誠如此，罪不容誅！」

一場旨在誅殺宦官的行動就這樣以屈辱的方式完成了劇情逆轉。晚年的唐文宗就是宦官手中的傀儡，他無力反抗命運的安排，也不能主動退出表演。從唐德宗到唐文宗連續兩場鎮壓宦官的運動都以失敗而告終，宦官之勢自此一發不可收拾。從前，宦官是皇帝的影子，現在，皇帝成了宦官的面具。

宦官向製造他們的社會發起復仇

在唐朝晚期，皇帝只是坐在龍椅上的權力象徵，而難以登堂入室的宦官才是手握生殺大權的背後人物。晚唐的歷史可以說就是一部宦官擅權干政、禍亂天下的故事連環畫，而其荒唐程度也超乎想像。

唐僖宗一朝，宦官田令孜居中用事，導致京師兩次戰亂、皇帝兩次出逃。唐昭宗即位，宦官楊復恭與有功焉，竟把皇帝視為自己的「門生」，後來皇帝黜退楊復恭，他竟然在私人信件中抱怨說：「吾於荊榛中援立壽王，有如此負心，門生天子，既得尊位，乃廢定策國老。」一視天子為門生，自詡為「定策國老」，而且大有責罵皇帝忘恩負義的意思，其妄自尊大、野心膨脹竟至於此！

然而，宦官再飛揚跋扈也無法像勳臣宿將那樣在位極人臣之後可以黃袍加身、廢君自立。皇帝寵任宦官也正是因為看準宦官不能自立門戶，現在皇帝終於品嘗到自己釀下的苦酒，宦官確實因為生理缺陷不能篡位，但是他們為穩固權位會不惜一切代價地迫害功臣、傷害賢良、破壞制度，讓皇帝飽嘗屈辱，讓朝綱紊亂。更何況，宦官向來是社會的邊緣人，士林階層更視之為身體殘缺的「怪物」。他們既受到身體摧殘，又飽受心理折磨，自然會對整個社會心存仇恨，一旦竊居高位、出人頭地，就會以洩憤式的報復表達心中鬱積的仇恨。社會法則導致了他們的不完整，權力法則又促成了他們的得勢，最後，這些宦官會以復仇的方式向製造他們的社會發起進攻。

晚期的唐朝已經完全失去自我修復的能力，宦官對皇帝的廢立簡直到了隨心所欲的地步。唐昭宗後期，宰相崔胤排擯宦官，而禁軍中尉劉季述竟「矯詔以皇太子監國，遂廢昭宗」。在缺少合法程序的情況下，宦官居然將一國之君擅自圈禁起來，並歷數皇帝的過失，如「某時某事，你不從我言，其罪一也」，這樣輕率的理由，簡直令人啼笑皆非。

唐朝已經走到生命的終點，到了不改朝換代就無以革除宦官的膏肓之地。劉季述擅自廢立皇帝，激怒了朝中大臣和在外藩將，在諸侯混戰中迅速崛起的朱溫趁機劫掠皇帝。崔胤同樣意識到誅戮宦官正當其時，上書極言其罪，「大則傾覆朝政，小則構扇藩方。車駕頻致播遷，朝廷漸加微弱，原其禍作，始自中人」。崔胤還建議朝廷「內諸司使務宦官主者，望一切罷之，諸道監軍使，並追赴闕廷」。

於是，「諸司宦官百餘人，及隨駕鳳翔群小又二百餘人，一時斬首於內侍省，血流塗地」，大規模的屠殺和滿地的鮮血，標誌著宦官專權的徹底結束，自此京城再無宦官，只不過「崔胤雖復仇快志，國祚旋亦覆亡」。

宦官們一死，人心大快，朝野相慶，但是皇帝也失去了最後的存在基礎。宦官無論怎樣紊亂朝政也不可能做到「彼可取而代之」，他們還需要借助皇帝的名義，維護皇帝的存在。但是朱溫起兵草莽、志存軒轅，不像宦官空有篡位實權，卻無篡位野心，所以朱溫做到了宦官不能做到的事——終結大唐，僭位稱帝。

宦官專權源於皇權不安

老子在《道德經》裡面說過這樣一段話：「知其雄，守其雌，為天下溪。知其白，守其黑，為天下式。知其榮，守其辱，為天下古。」哲學中的辯證法同樣道出了權力的本質特性。雄與雌孰強孰弱？自然是雄強而雌弱，但只要懂得「守其雌」就能實現「守弱曰強」的逆轉。換成現代語言來說，所謂優勢劣勢、強者弱者並不是一成不變的恒久狀態，很多時候，劣勢會變成優勢，弱者會變成強者，恰恰是宦官的缺陷成就了他們的權力。

唐朝宦官群體的相繼崛起，毫無疑問是權力辯證法的生動註腳。正是生理缺陷為他們的權力之路開闢了康莊大道，閹割只是毀滅了他們的男性身體，卻完整地重建了他們的政治生命。

高力士、李輔國、程元振、魚朝恩、霍仙鳴、王守澄、仇士良、劉季述……宦官群體就像是如影隨形的幽靈一樣緊緊地攫住了中晚唐的政治咽喉，遍布於唐朝每一個苟延殘喘的時間單元，直到耗盡了這個偉大王朝的最後一絲氣血，敗壞了這個王朝的最後一點兒道德感召力。皇帝寵信宦官就像吸食鴉片一般，明知道會上癮卻仍然沉溺其中，這是因為宦官的生理缺陷贏得了皇帝的信任。

對強者保持警惕，對弱者疏於提防，這是人之常情。皇帝會把朝中大臣看作潛在的競爭對手，但是對於宦官，皇帝向來視如草芥、呼為家奴，內心對他們充滿了不屑與鄙夷，因此對他們能夠放鬆警惕、敞開心扉、吐露衷腸。高力士一生的大部分時間都用於處理唐玄宗李隆基的私人事務，他能在皇帝與情人打情罵俏時探知皇帝的微妙心情，也能在皇帝不知立誰為太子時揣知皇帝的內心偏好。對帝王而言，國事即家事，私務亦公務，唐玄宗也會把私人的親密關係擴展到政治領域，從而成就了高力士的輝煌。

然而，私交甚篤只能為皇帝與宦官提供短暫的親密期，他們對朝廷功臣的共同猜忌才是維持二者之間長期信任的根本因素。皇帝猜忌功臣是因為皇帝把功臣當作潛在的競爭對手，害怕功臣一旦坐大就能取帝位而自為，而宦官猜忌功臣，則是出於專寵固位的考慮。宦官在一個講究倫理道德的政治體系中躡居高位，本身就是一種道德上的恥辱，而身處輿論漩渦中心的宦官，更能感覺到高處不勝寒的壓力。他們的權力來路不正，自然會對通過合法程序，憑藉立功立德而身居高位的大臣心生厭惡。千百年來，士林與宦官向來彼此鄙夷、勢同水火。沒有什麼比共同的敵人更能激發人與人之間的相互信任，面對功臣——這個共同的敵人，皇帝與宦官結成了一榮俱榮、一損俱損的利益同盟。

在郭子儀、李光弼等人圍攻安祿山的殘餘勢力之時，皇帝明知軍隊沒有統帥就沒有戰鬥力，卻仍然不置統帥，竟讓大字不識的宦官魚朝恩作為「觀軍容使」凌駕於各位屢建奇功的將軍之上。詔令一出，即已表明皇帝對將領的不信任，而對宦官的倚重則無所保留。朝廷將領既然受到朝廷的懷疑，本就說明朝廷正式的制度運轉已經失效，而皇帝派出宦官則是使用個人化的因素來進行彌補。這是中國歷史上制度變遷的一個重要原因，皇帝由於擔心大權旁落，從而對正式的制度運轉缺少信任，轉而以更為個人化的因素取代正式制度。

於是，中國古代的制度變遷雖然複雜，但是有一個脈絡分外清晰，就是權力越來越集中到與帝王私人關係更親密的人手中。毋庸贅言，在中晚唐的劇情中，這個角色由宦官承擔。秦朝時設置三公，丞相、太尉、御史大夫分掌行政、軍事和監察權力；漢朝時，皇帝擔心太阿倒持，於是把信任縮小到朝夕共處的內臣；東漢光武帝時，將宰相崇以虛名、實奪其權，而把宰相權力分配給皇宮內府的台省，所謂「事歸台閣，三公論道而已」。對此，著名學者王亞南在《中國官僚政治研究》中有一段精采的評論：

> 其後同屬台閣，尚書又不若中書親近；到了唐代，索性以中書、門下及尚書三者為相職。這就是說，國家行政大權，愈來愈集中到帝王更親近的人手中了。

按照這一邏輯，三公不如台閣親近，尚書不如中書親近，中書又不如宦官親近，於是，只要皇帝對其他人掌握權力存有猜忌，就只能把信任範圍日益縮小，直至縮小到自己的私人圈子，如果還不能放心，就只好把信任鎖定在宦官身上。在皇帝對他人掌權缺少基本信任的極端情況下，皇帝的信任範圍將只剩下宦官這個朝夕相處的影子，這還是因為宦官的生理缺陷使皇帝不用擔心他們能夠取代自己、自立門戶。

可以說，皇帝對宦官的信任源於對大臣的猜忌，對正式制度的不信任，而宦官本身就是退而求其次的無奈選擇，他們是一種病態的信任關係。這是在正式制度無法運轉、真正的信任付之闕如的情況下，以宦官的生理缺陷來緩解皇帝內心的焦慮與不安，填補信任的空白。然而，病態的關係只能導致信任更加稀缺、猜忌更加嚴重，直到宦官揮霍掉皇室最後一絲威信。朝廷造成宦官群體不完整的身體、畸形的存在、扭曲的心態，朝廷也只能自食其果。

在《資治通鑑》裡，司馬光忠於記敘，評論不多，感慨更少，而在宦官一節，司馬光寫了長達一千五百多字的議論，可見對此厭惡之深、警惕之嚴。然而，司馬光思考的深度僅僅止於「顧人主不當與之謀議政事」的技術層面。人主對大臣心存猜忌，不與宦官謀議政事而與誰謀之？司馬光不會明白，宦官專權源於皇權的猜忌與不安，只要皇帝還心存猜忌，權力就會向皇帝的身邊人集中，正式制度就會衰敗，私人關係就會勝出，而宦官專權只是其極端表現形式。明代的宦官專權更甚於中晚唐，就是明證。

宦官人數之眾，其間豈無賢者？高力士竭忠事上，楊復光大義討賊，都有令人為之動容的精采瞬間。高力士晚年遭到流放，離開朝夕相處的唐玄宗，後來在赦免歸來的途中聽說唐玄宗駕崩，「北望號慟，嘔血而卒」，其心真切，其情可哀。然而，個人的品行不能改變群體的特性與權力的法則。是皇權對其他男性的排斥導致了宦官的身體殘缺；是皇權的深層不安造就了宦官的畸形崛起，而宦官也只有拿起屠刀向著造就他們的這個制度進行快意復仇。

宦官與士大夫似乎總是水火不容，士大夫對宦官嗤之以鼻，而宦官對士大夫也充滿仇恨。在中晚唐的政治形態中，士大夫的表現實在無法引起宦官發自內心的敬仰，士大夫本應有修齊治平、內聖外王的品格與操守，但在中晚唐時期他們卻紛紛把「朋黨」作為最高歸宿。於是，以李德裕與牛僧孺為代表的兩派將拉開長達四十多年的朋黨鬥爭。

第十三章

李德裕、牛僧孺
朋黨車輪輾碎制度的正常運轉

「去河北賊易，去朝廷朋黨難」，唐文宗李昂在絕望的峽谷發出無奈的哀嘆，撼動著唐朝行將就木的根基，也穿越了時間的隧道，震撼著後世那些志在天下的帝王將相。晚唐時期的政治形態，為困擾中國古代政治的朋黨難題留下了最為沉重的註腳。

「黨外無黨，帝王思想；黨內無派，千奇百怪。」朋黨之爭不像戰場上兩軍對壘，面對有形的敵人，進行一場暢快淋漓的廝殺就能分出勝負。朋黨則是無處不在的幽靈，是難覓蹤影的所在，是鑲嵌在政治體系中看不見的暗影，根本無法通過簡單的正面衝突使其銷聲匿跡。唐文宗李昂比誰都清楚，朝廷政治已經按照朋黨的方式運行，無論任命誰為宰相，都會暗中結黨營私、黨同伐異。皇帝悲哀地發現，他要嘛選擇朋黨競逐，要嘛選擇讓朝廷癱瘓。

而在這場長達四十多年的朋黨政治中，李德裕與牛僧孺、李宗閔正是其中的領軍人物。他們是各自派別中實至名歸的精神領袖，把大好河山當作政治博弈的舞台，樂此不疲地相互傾軋，使得朝廷政治讓位於門戶之爭，社會公利讓位於黨派私利。天下士子，只知有門戶，而不知有朝廷；只知有私利，而不知有公利。朝廷已經淡化為若有若無的背景，各個派別才是巍然屹立的政治實體。

李德裕與牛僧孺、李宗閔都是時代的精英人物，代表當時的智力高峰，他們本應該戮力同心，一起治癒藩鎮割據與宦官專權給這個國家帶來的傷害。然而，只是因為一些個人恩怨，這些讀聖賢之書、行仁義之道的士大夫們就陷入了勢如水火的內部分裂。牛僧孺、李宗閔當權於前，凡是李德裕的奏章一概否決，凡是李德裕的朋友相繼黜退；李德裕秉政於後，也開始了他的隱忍已久的復仇計畫。凡是一個黨派贊成的，必然遭到另一個黨派的否定，朝廷已經無法做出正確的決策，也難以選賢任能，更不能求同存異、凝聚共識，朝廷在黨派衝突中接近於「否決型政體」的邊緣。

其實，如果形成正向的權力競爭規則，朋黨則有利於多元利益的表達、社會共識的凝聚。朋黨之間的批評，屬於建設性的「忠誠反對」，也就是說，不是為了批評而批評，而是為了國家公益而批評，為了把事情辦得更好而批評。這種「忠誠反對」是黨派之間的良性博弈，也是黨派之間的相互補台。問題就在於，晚唐時期的朝廷黨爭為什麼沒有進入這種良性博弈的境界，而是陷入了你死我活的恩怨糾葛當中？究竟是什麼讓李德裕與牛僧孺、李宗閔之間如此仇視彼此？

按照後來史學家的分析，李德裕出身名門，代表所謂的「貴族」；牛僧孺出身鄉野，代表所謂的「寒門」，「牛李黨爭」實際上就是士大夫階層中「貴族」與「寒門」的鬥爭。身分的差別確實存在，但這樣解釋卻誇大了身分的差別，李宗閔的父親是前朝耄宿，為什麼沒有與李德裕站在一起？可以說，身分差別與階層屬性只是揭露部分事實，中國古代的朋黨政治有著更為深層的奧祕。

李德裕與牛僧孺、李宗閔長達四十年的拉鋸戰將表明，政治路線的分歧埋下了鬥爭的種子，而鬥爭的第一要義就是分清敵我，這本身就會滋生朋黨。是鬥爭產生了朋黨，是朋黨加劇了鬥爭，朋黨政治一旦產生，就會陷入自我繁衍的境地。

路線之爭演變成個人恩怨

正所謂「高處不勝寒」，在政治體系中，矛盾和責任都是沿著權力金字塔向上傳導，那些表現在各個具體領域的問題會以高度抽象的形式呈現在最高決策層面前。李德裕的父親李吉甫就曾經處於這樣的漩渦之中，他曾經作為唐憲宗時期的宰相，為唐憲宗謀畫武力削藩，而最初的路線之爭就這樣在兩代人的延續中埋下了種子。

李吉甫力主武力削藩，但是同為宰相的韋貫之、李逢吉卻堅持以和為主，宰相之間出現或戰或和的分歧，本來是再正常不過的事情，而且不同的政策主張能夠為皇帝展示軍國機務的不同側面，也有利於皇帝做出全面的、準確的判斷。然而，路線之爭最怕的就是伴隨著人事變動，那樣就會把公務爭論演變成個人恩怨。「如果你擔心某種情況發生，那麼它就更有可能發生」，事情的發展果然按照「墨菲定律」向前推進。不久，韋貫之、李逢吉就被罷相，路線之爭終於演變為私人糾葛，韋貫之、李逢吉自此對李吉甫恨得咬牙切齒。這份仇恨隨著李吉甫與世長辭也自然轉移到他的兒子李德裕身上。

而牛僧孺與李宗閔的第一次亮相就帶著尖利的刺刀，直接向秉政當國的李吉甫刺去。當時，牛僧孺、李宗閔「應制舉直言極諫科」，進士及第，正是「春風得意馬蹄疾，一日看盡長安花」的得意時刻，二人對詔也自然帶著「慨然以天下為己任」的豪邁之情，深詆時政之失、直言朝政之非。無論他們是有意還是無意，李吉甫備位宰相，身當國柄，這都是對李吉甫的公開批評，是在皇帝面前向李吉甫的進攻。結果，雖然李吉甫「泣訴於上前」，但是皇帝的怒氣沒有減少半分，「考策官皆貶」。由此，牛僧孺、李宗閔與李吉甫結了仇，在李吉甫撒手人寰之後，他的兒子將要背負父輩的恩怨。

就這樣，在李德裕還未登上歷史舞台之前，他就已經背上了父親在政治漩渦中積累的是非恩怨。李德裕的政治生涯注定會在這樣的「路徑依賴」中歷經崎嶇坎坷的痛苦掙扎。而他自己又自恃出身名門，兼之「幼有壯志，苦心力學」，更增加他與生俱來的優越感，自恃才華，心高氣傲，「恥與諸生同鄉賦，不喜科試」。而牛僧孺、李宗閔等人恰恰是通過科舉考試實現命運逆轉，李德裕既然鄙視科舉，就注定與通過科舉考試進入統治階層的進士存在天然的心理鴻溝。

於是，路線之爭的恩怨糾葛並未因為當事人的逝去而自然消除，反而通過各自的譜系傳承到下一代人身上。李德裕繼承其父李吉甫的門戶，而牛僧孺、李宗閔從進士及第攻擊李吉甫之後，就自然會到李吉甫的對手那裡尋求庇護，也將繼承李逢吉的衣缽。而身分的差別、階層的屬性橫亙其中，更加劇了李德裕與牛僧孺、李宗閔的對立。

故事的開頭早已注定，而跌宕起伏的劇情直到李德裕與牛僧孺雙雙出現後才變得充滿戲劇性。李德裕與牛僧孺可謂棋逢對手、各有千秋，這才讓他們之間的鬥爭持續四十年而勝負未分，在他們的有生之年，你方唱罷我登場，卻又無法將對手完全打倒，只能等著下一次的主客顛倒、攻守異勢。李德裕善於治國，梁啟超稱其為中國古代「六大政治家」之一；牛僧孺善於做官，他在官場八面玲瓏的藝術垂範後世。李德裕銳意進取，處江湖之遠猶念廟堂之高；牛僧孺知止知退，居宰相之位常思顛覆之禍。李德裕哪怕處於人生的低谷，也能政績斐然、聞名於世；牛僧孺即便身陷政敵窺伺的境界，也能動靜相宜、明哲保身。命運安排他們出現在同一個時代，為他們埋下仇恨的種子，也讓這兩位巨人永遠地對峙下去。

就這樣，李吉甫與李逢吉在多少年前擦出的火花在他們的後人身上燃起熊熊烈火，這團朋黨之爭的烈火，以雙方的仇恨與怒氣作為燃料，肆意燃燒長達四十多年之久，直到熾烈的火舌將盛世大唐的最後一絲繁華化為灰燼。

李德裕在貶謫中寫下治國之道

李德裕與牛僧孺迥然不同的稟賦，在初入政壇時就已經顯現出來。李德裕出身名門，「年才及冠，志業大成」，年紀輕輕就在父親李吉甫身邊耳濡目染，更有致君堯舜、治國平天下的抱負。在唐穆宗還是東宮太子時，就久聞李德裕大名，當上皇帝後更是對他委以重任，「禁中書詔大手筆，多詔德裕草之」。李德裕也希望能夠一展抱負，他看到外戚與權臣往來，於是不顧個人安危，無視朝中權貴，大膽向皇帝進言，說駙馬私下接觸宰相，「唯是洩漏禁密」、「交通中外，群情所知，以為甚弊」。一紙上書既批評了皇帝的女婿，又指責了當朝的宰相，李德裕傾力皇室、一心奉公的忠誠與膽魄可見一斑。

與李德裕不同，牛僧孺從一開始就展示出清廉的品質。唐憲宗時，宣武軍節度使韓弘入朝，韓弘長期擔任封疆大吏，富可敵國，為了保證在朝廷的政治安全，自然會花錢買平安，「以家財厚賂權幸及多言者，班列之中，悉受其遺」。不久，韓弘父子相繼辭世，繼任皇帝唐穆宗「命中使至其家，閱其宅簿」。出人意料的是，韓弘竟然將他行賄的名單一一記錄下來，而在他試圖收買的朝廷大臣中，唯有牛僧孺予以拒絕，書簿上記載為「某月日送牛侍郎物若干，不受，卻付訖」。由此可以想像，皇帝在看到這本書簿時，會對牛僧孺形成怎樣深刻的印象。果不其然，「穆宗按簿甚悅。居無何，議命相，帝首可僧孺之名」。牛僧孺自然不會想到韓弘會把行賄的事記錄下來，更不會想到這本書簿會落入皇帝手中，這份偶然的幸運背後，可見牛僧孺的潔身自好、守身如玉。

由此，李德裕居能吏之名，牛僧孺獲清廉之望，二人皆有擔任宰相的能力和德行。但這時，李逢吉把持朝政，「既得權位，銳意報怨」，為了引牛僧孺助己，不惜把李德裕貶為浙西觀察使，而將牛僧孺升為宰相，一貶一升，一壓一抬。正所謂「對待朋友要像春天般溫暖，對待敵人要像冬天般冷酷無情」，敵我界線清晰，而雙方「由是交怨愈深」。

而李德裕也終於離開京城，開始艱難曲折的地方執政經歷。他還不知道，這一走就要在雲蒸霞蔚的江湖飄蕩大半輩子，雖然中間短暫回京任職，但都因朋黨排擠而鬱鬱不得志。而出鎮方面，離京意味著兩種命運同時降臨在李德裕身上：一方面，遠離庭闕就遠離了帝國最核心的政治，而李逢吉、牛僧孺等人占據相位，可以居高臨下，對李德裕伺機中傷；另一方面，執掌一方為李德裕施展才華提供了舞台，這位滿腹經綸的政治家將以路不拾遺、夜不閉戶的治理成績證明他的價值。

李德裕剛到浙西就一掃官場失意的陰霾，「銳於布政，凡舊俗之害民者，悉革其弊」。江嶺之間的百姓惑於鬼怪，父母兄弟如果得了疾病，竟不治療，「舉室棄之而去」。李德裕「擇鄉人之有識者，諭之以言，繩之以法，數年之間，弊風頓革」，他上除淫祠、下清寇盜，除舊布新、興利除弊，獲得了「人樂其政，優詔嘉之」的政績。

雖然流落在江湖之遠，李德裕仍然心繫朝廷。唐穆宗駕崩之後，唐敬宗少年繼位，頗事奢靡，而且「荒僻日甚，遊幸無恒，疏遠賢能，昵比群小」，以至於一個月坐朝聽政不超過三次，那些身在朝廷的大臣卻緘默不言，「海內憂危，慮移宗社」。李德裕這時體現出政治家應有的擔當，他「久留江介，心戀闕廷，遣使獻〈丹扆箴〉六首」，說自己「嘗學舊史，頗知箴諷，雖在疏遠，猶思獻替」，以諷皇帝「視朝稀晚、侮棄讜言、信任群小」等弊病。這些逆耳之言雖然不能改變皇帝，卻也得到皇帝的公開嘉獎，皇帝手詔答曰：「置之座隅，用比韋弘之益；銘諸心腑，何啻藥石之功？」

然而，儘管李德裕希望藉此能夠再得聖眷、重返京師，皇帝也確實下詔褒獎，但仍然難以跨越朋黨的鴻溝，「而逢吉當軸，枳棘其塗，竟不得內徙」。浙西與京城之間的有形距離易於跨越，朋黨內耗的無形阻隔卻難以彌合。

這只是牛僧孺一黨的消極拒絕，他們時刻抓住機會主動進攻。唐敬宗少年早亡，繼位的唐文宗對李德裕一向傾慕，「采朝論徵之」，但這時李宗閔由於宦官的幫助而捷足先登，早李德裕一步入朝為相，而且短時間內就「引牛僧孺同知政事」，二人同居相位，共同把持朝政，開始對李德裕展開新一輪的排擠與迫害。不久，剛回帝京的李德裕就出鎮劍南西川，朋黨鬥爭到這裡還未結束，「二憾相結，凡德裕之善者，皆斥之於外」，李德裕的朋友也受到牽連。由此，牛僧孺與李宗閔「權赫於天下」。

李德裕開始了再次的「政治流亡」，也再次獲得施展才華的機會。如果說主政浙西彰顯的是治理內政的技藝，那麼出鎮西川則體現出他保境安民的才能。有唐一代，西川一向為軍事重鎮，西與吐番接壤，南與南詔毗鄰，是保衛帝國安全的西南屏障。而前任節度使「撫理無術，人不聊生」。李德裕到鎮之日，「復葺關防，繕完兵守」，「數年之內，夜犬不驚；瘡痏之民，粗以完復」，獲得「西拒吐番，南平蠻蜒」的政績。

「德裕所歷征鎮，以政績聞。」在晚唐日益凋敝的政治生態中，李德裕出類拔萃的政績猶如無邊黑夜中一顆璀璨的夜明珠，以其熠熠光輝贏得了皇帝的回心轉意。就在一瞬間，勝敗看似就要逆轉，李德裕入朝為相，而牛僧孺、李宗閔被相繼罷黜。然而，短暫的勝利似乎只是為更加險惡的失敗埋下伏筆。

唐文宗為了誅戮宦官，開始親近曾經遭到流放的官員李訓和江湖郎中鄭注，而李德裕秉持著攘抉為國的胸襟與氣度向皇帝上書，「李訓小人，不可在陛下左右」，於是遭到群小詆毀，被貶為興元節度使。而李宗閔再居宰相之職，他再次得勢對李德裕更是心有餘悸，於是主動進攻，策畫陰謀陷害李德裕。

李德裕到鎮之後，按照皇帝的詔書供養一位叫作杜仲陽的流放罪犯。這位杜仲陽大有來頭，曾經是漳王的養母，因漳王獲罪而受到牽連、遭到流放。李宗閔一黨正是抓住這次機會，開始深文周納、潛心密謀，為李德裕編織謀反的罪名。於是，李宗閔暗中命左丞王璠、戶部侍郎李漢進狀，「論德裕在鎮，厚賂仲陽，結托漳王，圖為不軌」，誣告李德裕通過杜仲陽結托漳王、蓄意謀反。在所有的罪名當中，皇帝唯獨對謀反保持高度警惕，而李德裕出鎮地方、手握兵權，如果與皇室親王勾結、圖謀廢立，那就不能不引起皇帝的恐慌——即便這可能只是一個精心設計的謊言。於是，「帝於蓬萊殿召王涯、李固言、路隨、王璠、李漢、鄭注等，面證其事」，王璠、李漢自然「加誣構結，語甚切至」。在一個缺少理性司法審判的制度體系中，皇帝與大臣在密室中的竊竊私語就足以決定一個人的生死榮辱，而證據則僅僅憑藉幾個人的口頭擔保。這時，如果沒有人站出來為李德裕說話，他就會被認定為企圖造反、大逆不道，被政敵釘在欺君叛國的恥辱柱上。在命懸一線的時刻，李德裕或許還在駐地優哉游哉、詩書遣懷，而千里之外的朝廷，已掀起軒然大波。

在關鍵時刻，路隨挺身而出、仗義執言，「德裕實不至此」，並且願意為此賭上自己的窮通榮辱，「誠如璠、漢之言，微臣亦合得罪」。有人以死為李德裕作擔保，也就打破了李宗閔等人三人成虎、眾口鑠金的陰謀，而皇帝也不再相信李德裕會起兵造反。但即便如此，李德裕被貶為袁州長史，而路隨也「坐證德裕，罷相，出鎮浙西」。路隨仗義執言，在李宗閔等人看來就是黨附李德裕，同樣遭到打擊。朋黨之涇渭分明，竟一至於此！

沒過多久，李德裕重返浙西，而後出鎮淮南，在遼闊的大地展露他經世濟國的才華。然而，李德裕心不在江湖、志不在外邦，他須臾不忘的是帝王所居的闕庭，他畢生的志向是主宰這個國家的命運，他憤懣於心的欲望是對牛僧孺、李宗閔等人進行復仇。正所謂，「福兮禍之所倚，禍兮福之所伏」，李德裕在歷經「顛沛流離」之後，終於在「山重水複疑無路」的絕望之際，迎來了「柳暗花明又一村」的轉機。

唐文宗駕崩之後，唐武宗繼位，而唐武宗在位居藩王時就對李德裕的政治才華心嚮往之，於是剛剛繼位就將李德裕提拔為宰相，軍國機務一以委之。如同在土地裡壓抑了一個冬季的種子，終於在某一個春和景明的日子破土而出，李德裕就像這樣盡情吐出壓抑在胸中的鬱悶之氣，開始熱情擁抱傾瀉而下的陽光雨露，也開始他蓄謀已久的復仇行動。

牛僧孺進退以道展現為官藝術

牛僧孺擅長為官，不需要李德裕在晚年得志之後舉起屠刀，他就已經常常「革自己的命」。在身居高位之時，牛僧孺不像李宗閔那樣貪戀權位，也不像李德裕那樣銳意進取，而是當行則行、宜止則止，朝廷政治形勢一旦不妙就立刻上表請辭、自求貶抑，絕不戀戰、絕無停留。

正所謂，「功成名遂身退，天之道」。很多時候，一個人能走多遠，並不取決於他能前進多少，而取決於在恰當的時機能後退多少。牛僧孺知止知退的特點恰恰在殘酷的政治鬥爭中保全了自己，而把握「退」的節奏與時機是比一味進取更難的事情。

牛僧孺第一次當宰相是在唐穆宗一朝，那時牛僧孺由於不收受韓弘賄賂，偶然間被皇帝得知，於是大見信用，一朝提拔為宰相之尊。驟然間窮富極貴，任何人當此境地都會沉浸在成功的迷醉之中，然而牛僧孺卻沒有被虛榮心攫住。當時「朝廷政事出於邪幸，大臣朋比」，朝廷最為核心的政治形勢日益惡化，宦官擅權干政，朝廷大臣又朋黨比周、黨同伐異。身處這樣複雜敏感的環境中，稍有不慎就可能招致罪禍，無論自己有多麼小心翼翼，也總會在不經意間貽人口實。最佳的策略是選擇離開這個是非之地，這也是當止當退的節點。但是，當要離開政治舞台的核心時，又有多少人能克服心中的虛榮？

牛僧孺就能做到這一點，他屢次上表請求解除宰相之位，「拜章求罷者數四」，皇帝實在感到難以挽留，於是在鄂州置武昌軍，以牛僧孺為武昌軍節度。居內則危，處外則安，牛僧孺的選擇讓自己遠離了是非之地，而盡享萬全之安。

牛僧孺凡鎮江夏五年，朝中皇帝更換兩代，穆宗、敬宗相繼駕崩。直到文宗即位，李宗閔位居台輔，欲引牛僧孺為內援，「屢薦僧孺有才，不宜居外」。不久，牛僧孺再度入朝為相，而這次的進取恰恰是牛僧孺再次大撤退的序曲。當時，宦官手握宮廷禁軍，以王守澄、仇士良為代表的宦官更是權傾朝野，「多納纖人，竊議時政，禁中事密，莫知其說」，可以說宦官專權已經到內挾人君、外預朝政的程度。在這樣的背景下，唐文宗有一次與宰相一起議論朝政，突然問宰相：「天下何由太平，卿等有意於此乎？」

皇帝突然發問，究竟有何深意？如果撇開王守澄威逼天子這樣的背景，這樣發問或許只是向大臣諮詢治理天下的藝術。但顯然，問題並非如此簡單，這一發問預示著朝廷將有一場腥風血雨的鬥爭，而牛僧孺對此早有洞察。他對皇帝說：「今四夷不至交侵，百姓不至流散；上無淫虐，下無怨讟；私室無強家，公議無壅滯。雖未及至理，亦謂小康。」也就是說，現在雖然不是太平盛世，但也可以說是臻於小康，那麼皇帝所謂「太平」，並不是針對天下而言，而是另有所指。牛僧孺當然心知肚明，於是接著說：「陛下若別求太平，非臣等所及。」而公議結束，牛僧孺立即對同僚說：「吾輩為宰相，天子責成如是，安可久處茲地邪？」於是，十天之內三次上表請辭，再次以退為進、以退求安。

那麼，牛僧孺說皇帝「別求太平」，這個「太平」究竟指什麼？而牛僧孺又體會到了什麼？顯然，天下治理臻於小康，皇帝所謂「太平」不是對外而言，而是暗示皇宮內部並不太平，需要清理。牛僧孺準確把握到皇帝這是在暗示宰相幫助自己革除宦官專權，實現乾綱獨斷，這正是皇帝明知故問的「太平」之義。而宦官這時手握兵權，皇帝向宦官宣戰，必然意味著一場血流成河的宮廷鬥爭。意識到這一點，聰明如牛僧孺，豈有不退的道理？

而事件的進展正好印證了牛僧孺的選擇。唐文宗為了誅除宦官，終於引發震驚一時的「甘露之變」，導致宦官對朝廷大臣的肆意屠殺，數名宰相都身罹禍患、慘遭屠戮，而這時遠在淮南當節度使的牛僧孺，再次因為自己的退步而倖免於難。當牛僧孺看到頂替他的人血流成河，究竟是為政治的殘忍感到後怕，還是為自己明哲保身感到慶幸？無論他怎樣看待自己，他的為官之道已經獲得當世稱譽——「而僧孺進退以道，議者稱之」。

當此之時，「搢紳道喪，閽寺弄權」，牛僧孺認識到離開朝廷還不足以確保安全，自己還應該做進一步的退讓。淮南屬於朝廷重鎮，多少朝中權貴盯著這個肥差，牛僧孺自然懂得「非善不居」的道理，自己怎麼能眷戀這個是非之地？於是，「僧孺嫌處重藩，求歸散地」，雖然「累拜章不允」，牛僧孺不得已必須長期鎮守淮南，但是他馬上就使出「大隱隱於朝」的絕招。皇帝不是不允許他離開淮南嗎？那好，他就寄情山水、雅好清談，常常與詩人白居易一起吟詠詩句，這是在向朝中的權貴表明，自己雖然身當重藩，但是無復進取之懷，大家都可以放心了。

接下來，牛僧孺最不願意看見的事情終於發生了。唐武宗克承大統，李德裕在承受長期的打壓之後實現命運逆轉，也開始了對牛僧孺等人的政治傾軋。李宗閔被一貶再貶，而且曾經的舊事也扒出來被李德裕大做文章。李宗閔後來死在貶謫的途中。與之相比，一向以退為進、明哲保身的牛僧孺，卻在鷹瞵虎視的險惡環境中再次實現了自我保全。

李德裕剛剛取得國柄就解除了牛僧孺節度方鎮的兵權，徵召入朝，並且伺機中傷，但是牛僧孺貞方有素、識量弘遠，而且「人望式瞻」、深孚眾望，李德裕竟然「無以伺其隙」。牛僧孺自進入政壇以來，潔身自好，以退為進，沒有與剪不斷、理還亂的宮廷政治沾上不清不楚的關係。他在所有宮廷鬥爭發生之前，就早已一騎絕塵地離開京師，用空間距離與那些錯綜複雜的恩怨糾葛劃清了界線。因此，直到晚年，「僧孺數為德裕掎摭，欲加之罪」，但李德裕始終難以找到合適的藉口。

李德裕積蓄了一輩子的怒氣，正準備向敵人揮出重重的一拳，卻被牛僧孺的忍辱負重和以退為進化解於無形。李德裕自然會有拳打棉花的憾恨，但牛僧孺卻在寵祿及身中安然辭世，在朋黨鬥爭中得其善終，也創造了千古佳話。

朋黨鬥爭使朝廷喪失決策能力

「與天鬥其樂無窮，與地鬥其樂無窮，與人鬥其樂無窮。」政治鬥爭充滿雲譎波詭的不確定性和生死一線的殘酷性，但唯其凶險，也能給參與其中的人帶來心理上的刺激。李德裕從江湖之遠到一朝問鼎廟堂之高，牛僧孺屢次躲過政治風波的驚濤駭浪，這樣驟起驟落的人生軌跡，只有親身經歷才能體會到其中的大喜大悲。而在朋黨鬥爭中，比當事人的窮通榮辱、喜怒哀樂更值得傾聽的，是一個王朝暗自凋零的沉重嘆息。

此時，朝廷已經難以做到選賢任能，因為人才的提拔任用不再取決於能力、才華以及政績，而要看所在的陣營、所屬的門戶、所站的隊列。如果與李德裕親善，而這時又恰好是牛僧孺、李宗閔把持朝政，那麼再有才華也只能置之散地，既無以施展才華，也不能報效朝廷。唐文宗時，牛僧孺等人執政，「凡德裕之善者皆斥之於外」。唐武宗時，李德裕奪回國柄，同樣按照朋黨界線排除異己，一位名叫蘇滌的官員被一貶再貶，「前自給事中為德裕所斥，累年郡守」，而原因僅僅是「滌李宗閔黨」。

於是，唯才是舉的用人原則被無形地架空，實際的法則變成「惟黨是從」。比用人的門戶之見更可怕的，是朝廷的大政方針和重大決策被嚴重扭曲。宰相議事不再以朝廷的整體利益為旨歸，而是以黨派和門戶的利益為根據，凡是李德裕贊成的，牛僧孺就不問是非曲直地極力反對。結果，朝廷決策陷入朋黨鬥爭的泥潭，日益接近於議而不決、決而不行的「否決型政體」。

李德裕在出鎮西川時，曾有機會取得對吐番的戰略優勢，最後卻因為牛僧孺的黨派偏見而中途擱淺。當時，「吐番維州守將悉怛謀舉城降」，這對飽受吐番侵略之苦的朝廷來說，正是一件求之不得的大事喜事。維州「南界江陽，岷山連嶺而西，不知其極；北望隴山，積雪如玉；東望成都，若在井底」，並因此具有極其重要的軍事地位，「一面孤峰，三面臨江，是西蜀控吐番之要地」。這個得天獨厚、易守難攻的城池，覬覦內地、威脅中原的橋頭堡，吐番人稱之為「無憂城」，而前代節度使「韋皋鎮蜀，經略西山八國，萬計取之不獲」。這時，悉怛謀遣人送款，對吐番可以說是巨大損失，而對朝廷豈不是從天而降的好事？

李德裕畢竟是老謀深算的政治家，他不敢相信竟有這樣的好事送上門來，於是「遣人送錦袍金帶與之」，以此察看吐番是否有詐，而「悉怛謀乃盡率郡人歸成都」，以鐵的證據證明投降屬實。李德裕自然上書朝廷，請求朝廷允許受降、占據維州，「因陳出攻之利害」。按道理，這是一件能夠改變帝國地緣政治格局的大好事，朝廷應該欣然接受。但令所有人意想不到的是，由於牛僧孺與李德裕的門戶之見，這件事竟以悲劇而收場。

牛僧孺發揮他善於打太極的優勢，即便拒絕一個明智的決定，他也能做到理直氣壯、滴水不漏。他對皇帝說，朝廷與吐番「比來修好，約罷戍兵」，也就是在此之前就簽訂了和平協議，「中國御戎，守信為上，應敵次之，今一朝失信，戎醜得以為詞」。因此，朝廷不應該在乎一城一地的得失，而應該顧全大局、信守前約。這一番言辭迎合了皇帝的道德優越感，用一番道德說教迷惑了皇帝對具體事務的判斷，成功把一件利國利民的好事貼上了背信棄義的標籤。不能不說，牛僧孺以門戶之見異化朝廷決策，既顯毒辣，又無胸懷，但是僅看他成功阻撓一個正確的決策，便可看出他是多麼擅長「說服的藝術」，既把實際好處掩蓋於無形，又讓自己占據道德制高點。

結果，「乃詔德裕卻送悉怛謀一部之人還維州」，而吐番一旦得到這些「叛徒」，就將他們處以極刑。這樣殘酷的下場也斬斷其他人的歸化之心，吐番再無將領投降朝廷，而只會血戰到底！反過來看整件事情，天下豈有將敵人的降將又拱手還給敵人的咄咄怪事？造成這樣荒天下之大唐、滑天下之大稽的醜聞不是因為朝廷缺少判斷的智慧，而是失去了做出正確決策的能力，這就是朋黨鬥爭極化的結果。

凡是你贊成的我就反對，哪怕利國利民、有益社稷、澤被後世，我也要極力阻撓。朋黨鬥爭極端化之後，朝廷就這樣被利益集團綁架，一切以黨派界線為判斷標準，而朝廷整體利益就這樣被散落在地，接著被朋黨的車輪輾成粉末。於是，朋黨愈演愈烈，而朝廷政治生態日漸惡化。

利益集團汙染朝廷政治生態

唐武宗繼位未久就將李德裕提拔為宰相，軍國機務、大政方針，一以委之。而李宗閔、牛僧孺等人相繼謝世，李德裕得以總國柄、專朝政，而朝廷政治也終於短暫地擺脫了朋黨傾軋之苦。唐武宗與李德裕君明臣賢、相得甚歡，在晚唐苟延殘喘期間，竟創造出外服四夷、內平藩鎮的驕人政績。就像日薄西山、夕陽西下之時，猶有萬道金光射向人間，殷紅晚霞鋪滿天際，唐朝在壽終正寢的前夜也以這種方式向曾經的輝煌表達敬意。

然而，迴光返照無論多麼強烈，也只是轉瞬即逝的片刻之美。朋黨鬥爭的幽靈在短暫離開之後，也時刻準備死灰復燃、捲土重來。唐武宗由於傾心道術、服用仙丹，在人生最有活力的韶華時光暴斃身亡，繼位的唐宣宗對屢立奇功的李德裕心存芥蒂，剛剛登基就把李德裕貶到地方。而白敏中、令狐綯等人在李德裕當國時還引為同列，這時卻「抵掌戟手，同謀斥逐」，替九泉之下的牛僧孺和李宗閔進行報復，朋黨鬥爭的幽靈再次降臨在朝廷的政治版圖上。

「獨上高樓望帝京，鳥飛猶有半年程」，李德裕在南下的途中充滿苦悶，他還是那樣，無論身在何處，一樣心繫朝廷、心戀闕廷。即便這時牛僧孺早已入土為安，李德裕還是把自己的不幸歸之於他。李德裕在鬱鬱不得志時寫下著作無數，所著《窮愁志》引用「犢子之讖」以斥牛僧孺，又在其他篇目中視之為「太牢公」。他們之間的相互憎恨，窮極一生竟沒有半點消弭。

究竟是什麼在他們之間埋下了不可彌合的仇恨？又是什麼導致了朋黨鬥爭的產生、興起與極化？

其實，縱覽古今中外，很少有政治體系能夠避免朋黨的產生。美國第四任總統麥迪遜在《聯邦黨人文集》中把利益集團叫作派別，「派別就是為某種共同的感情或利益所驅使而聯合起來的一定數量的公民，不論他們占全部公民的多數或少數，而他們的利益是同其他公民的權利和社會的長遠利益和集體利益相左的」。在晚唐的歷史中，聯合起來的不是公民，而是朝廷官員。他們最先由於共同的政治主張而聯合起來，對內合縱連橫、結黨營私，對外則步調一致、黨同伐異，最後形成一榮俱榮、一損俱損的朋黨或利益集團。

其實，有朋黨並不可怕，產生朋黨也並不意味著政治的惡化。朋黨之間的鬥爭，如果表現為建設性的「忠誠反對」，那麼朋黨鬥爭反而有利於凝聚共識。但是在朋黨鬥爭極端化的情況下，反對並不是出於維護公益的目的，僅僅是因為門戶不同、派別各異，是為了反對而反對、為了批評而批評，那麼朋黨以派別的利益異化朝廷的整體利益，以派別利益綁架朝廷的決策，最終讓朝廷決策服務於派別利益，從而導致政治生態日益惡化。

著名經濟學家曼瑟爾・奧爾森曾寫下《國家的興衰》一書，研究「利益集團」對國家發展的影響。書中的這段精采論述，簡直與晚唐時期的朋黨鬥爭高度一致：

任何一個國家，只要有足夠長時間的政治穩定，就會出現特殊的利益集團，而且，它們會變得越來越明白、成熟、有技巧。然後它們就會對這個國家最重要的公共政策，國家的經濟發展、社會發展、政治機器，尤其是行政和法律會越來越知道該怎樣操縱，懂得在操縱時怎樣找到好的理由。由於他們的技巧越來越嫻熟，因而獲得的利益也就越來越持續、越多。最終慢慢導致這個國家的經濟、社會、行政、法律等方面的體制、政策、組織變成最符合特殊利益集團的安排，使得該國發展的新動力越來越被抑制，各個部門越來越僵化，最終，導致國家的衰落。

牛僧孺站在道德制高點正氣凜然地否決了李德裕的奏章，這正是對「懂得在操縱時怎樣找到好的理由」的生動詮釋。朝廷用人受到派別支配，朝廷決策受到朋黨異化，這同樣演繹著這樣的邏輯——「最終慢慢導致這個國家的經濟、社會、行政、法律等方面的體制、政策、組織變成最符合特殊利益集團的安排」。

宋代大文豪歐陽修寫下傳世名篇〈朋黨論〉，提醒君主警惕朋黨鬥爭，但是歐陽修的論述還只停留在君子小人的框架之內，認為「故為人君者，但當退小人之偽朋，用君子之真朋，則天下治矣」。歐陽修並不知道，無論是小人「見利而爭先，利盡而交疏」的「偽朋」，還是君子「同心而共濟，始終如一」的「真朋」，只要朋黨開始產生，就會產生維護派別利益的自覺性，就會以派別利益異化整體利益。這與君子或小人沒有關係，而是門戶之見、利益使然。

中國古代的朋黨政治之所以未能產生現代政治中多黨輪替的良性競爭，而是墮入利益集團惡性競爭的泥潭之中，一個重要原因就是路線之爭演變為私人恩怨，而私人恩怨又在零和博弈的思維下不斷極化。鬥爭的首要任務就是分清敵我，而正是敵人的存在，讓集團內部的自我認同更加強烈。從李吉甫與李逢吉的鬥爭到李德裕與牛僧孺的對立，正是因為敵人的存在才讓自己的朋黨變得如此親密。而雙方無論哪一派得勢，總是想置對方於死地，正是這種零和博弈的思維讓雙方都處於備戰狀態。結果，朋黨極端化將利益集團的所有弊病展現得淋漓盡致，直到耗盡晚唐的最後一絲氣息。

李德裕在卑濕多雨的南方仍然餘恨未消，但是他也從變化無常的命運中體會到某種更為本質的東西。這個東西在古希臘的悲劇中被稱為不可抗拒的「命運」，在李德裕看來則是無法改變的「冥數」。「周、孔與天地合德，與神明合契，將來之數，無所遁情」，周、孔都不能改變命中注定的「冥數」，自己又怎麼能抗拒命運的安排？李德裕以此排解胸中苦悶，只是，朋黨鬥爭帶來的傷疤還在心頭，也還在朝廷沉重的軀體上。

經過李德裕和牛僧孺長達四十多年的朋黨鬥爭，本應擔負扭轉乾坤的士大夫，卻把過多的精力耗費在朋黨鬥爭中，朝廷內部的宦官專權，外部的藩鎮割據，只能放任自流、愈演愈烈。唐朝就像一個奄奄一息的病人，等待著死神的光臨。而起於草莽的小人物黃巢和朱溫，將一起完成終結唐朝這一任務。

第十四章

黃巢、朱溫
流寇的失敗與「身在朝廷反朝廷」的成功

進入生命晚期的唐朝就像一個病入膏肓的巨人，它的沉重呼吸在天地之間震顫，呼喚著死神姍姍到來的腳步。而黃巢與朱溫這兩個出生在鄉野草澤的無名小輩，在和平年間或許只是泯然眾人的「一介草民」，但在這個非常時期，是他們舉起命運的利劍將這個曾經無比輝煌的王朝一劍封喉。

皇權衰微，諸侯並起，天子號令不達於四方，舊的秩序逐漸崩塌，而新的秩序正在重建。就是這一毀一建之間，逐鹿中原之際，也為底層草根實現命運逆襲提供了絕佳機會。黃巢與朱溫正是抓住了這樣的機會，把朝廷的崩塌當作崛起的契機，把曾經的王侯將相、典章制度「打倒在地」，在兵荒馬亂、生靈塗炭的舞台上享受權力的盛宴。

「待到秋來九月八，我花開後百花殺。沖天香陣透長安，滿城盡帶黃金甲。」這是黃巢把「造反美學」發揮到了極致，他的激情書寫為中國歷史注入一種激動人心的剛健之美。而激情與鬥志總是能打敗時間，擁有不隨時間流逝而乾枯的生命力，激勵著後世那些胸懷壯志的英雄豪傑。毫無疑問，黃巢是一個更加浪漫的存在，在歷史上也享有更高的知名度，但現實從來不會迎合人的審美，魅力四射的黃巢以失敗而告終，而更加隱忍、穩重、老謀深算的朱溫，取得了最後的勝利，終結了唐朝的統治，建立起改天換地的偉業。

在黃巢登高一呼、萬眾回應時，朱溫還在過著寄人籬下的生活，後來才加入黃巢的農民起義大軍，並憑藉不斷累積的戰功獲得黃巢的賞識，短時間內就成為獨當一面的大將。正是在這時，黃巢與朱溫開始踏上截然不同的人生道路，他們是從一個戰壕的戰友裂變為不共戴天的仇敵。在經過一番深思熟慮和審時度勢之後，朱溫決定歸順朝廷，從起義軍搖身一變而成為剿匪官軍。然而，表面上的歸附只不過是朱溫實現更大政治抱負的幌子。

朱溫與黃巢的夢想不謀而合，都是要取天下而自為，只不過手段不同、路徑各異。在朱溫看來，黃巢走的是一條沒有根基的「流寇路線」，而他則要踏上自己精心設計的「身在朝廷反朝廷」的「坐寇路線」。兩個人從這裡分道揚鑣。結果，黃巢依舊到處流竄，最終在官軍的圍追堵截中日暮途窮，慘死於泰山的狼虎谷；而朱溫則在剿滅黃巢的過程中屢立奇功，受到朝廷嘉獎，由此奠定了在朝廷上的政治地位，為開展「身在朝廷反朝廷」的戰略構想打下了基礎。朱溫不再像黃巢那樣四處流竄，而是有一個朝廷敕封的合法根據地，也不再像黃巢那樣背負著「造反」的罵名，而是打著朝廷的旗號東征西討，借朝廷之名，行征伐之實，兼弱攻昧、開疆拓土。結果，朱溫以朝廷的名義掃平群雄，然後再取朝廷而代之，「名正言順」地接受唐朝皇帝的禪讓。

黃巢曾經是朱溫的引路人，有著朱溫無可企及的優勢，但最終只是扮演了歷史的報幕人。當黃巢將唐朝衝擊得七零八落時，他並不知道，他所做的一切只是為了成就朱溫的輝煌。黃巢如果泉下有知，一定會在扼腕嘆息中不斷追問，「流寇路線」為什麼注定失敗？而「身在朝廷反朝廷」的「坐寇路線」為什麼能取得最後的成功？

黃巢與朱溫迥然不同的人生軌跡說明了一個樸素的道理：正義的力量永遠強於非正義的力量，建制內的力量永遠強於建制外的隨意組合，而有組織的精銳之師必將戰勝無組織的烏合之眾。流寇產生的是強盜，而穩定下來才能產生軍隊。

飢餓驅使下的浪跡天涯

中國古代群雄爭霸，各種權謀花樣迭出，但是最基本的原則可以概括為這樣八個字——「深根固本，以圖天下」。所謂深根固本，就是首先要建立自己的根據地，有了自己的根據地，經營得好可以出兵爭霸，萬一兵敗又可以閉關自守、再圖進取，這樣就可以處於可進可退的有利地位。誠如所言，「是謂深根固祇，長生久視之道」。

相反，群雄爭霸最忌諱的就是沒有自己的根據地，因為缺少一塊可進可退的根據地，就只有漫無目的地到處流竄，就像隨風飄蕩的飄蓬一般，沒有根基，缺少保障，也丟掉了最基本的安全緩衝。這樣的「流寇路線」，最大的弱點就是缺少韌勁兒，無法經受挫折，由於沒有一個可供東山再起的後方，一次沉重的打擊就足以帶來徹底的毀滅。而黃巢從舉兵開始，就已經違背了「深根固本，以圖天下」的基本原則，也就注定了黃巢大軍不會得到勝利的眷顧。

黃巢本以販鹽為業，波瀾不驚的人生本該繼續平靜如水，但命運的安排卻偏偏要掀起巨浪。唐僖宗年間，「仍歲凶荒，人飢為盜」，沒有生計來源的平民百姓開始聚眾為盜，而黃巢也終於從中看到了人生的轉機，他決定從庸碌無為的生活中解脫出來，帶領那些飢腸轆轆的難民踏上造反的道路。於是，黃巢與昆仲八人一道揭竿而起，「月餘，眾至數萬」，他也順理成章成為起義軍的領袖。

然而，起義軍雖然「推巢為王，號沖天大將軍，仍署官屬」，但仍然是一群缺少組織架構的烏合之眾。黃巢現在是數萬人的統帥，但他對這支起義軍的未來既缺少一個系統的長遠規畫，也沒有一個細緻的近期計畫，更沒有一個加強組織建設的制度設計。於是，這支由於飢餓而聚集起來的人群，只會在飢餓的驅使下把燒殺搶掠作為第一目標，除了填飽肚子之外，這支起義軍沒有明確的政治目標和革命藍圖。這就決定了黃巢的起義不過是一場集體的覓食行動，是一群飢腸轆轆的難民走遍天下尋找食物的旅程。

於是，黃巢把整個中國的大好山河當作覓食場所，開始一場縱橫南北、馳騁東西的流竄行動。他先是帶領眾人南渡淮河，「尋南陷湖、湘，遂據交、廣」，為了占據嶺南永為巢穴，主動向朝廷上表請求歸附，沒想到朝廷斷然拒絕了他們的請求。而嶺南氣候濕熱，北方人甫至此地，即遍染病疫，「死者十三四」，上絕朝廷之命，下有群情之逼，黃巢不得已揮軍北上，開始了新一輪的流竄。他本來可以把嶺南當作起義的大後方來經營，即便離開，也可以編戶齊民、建章立制、派駐守將，萬一北伐失敗還可以重返嶺南、以圖復興。然而，黃巢離開嶺南就意味著永遠地離開了用無數人的鮮血和生命換來的城池，將它輕易地還給了對手，而自己同樣失去了一個經營根據地的機會。

從南海北逾五嶺、進犯湖湘，黃巢和他的烏合之眾將對飢餓的恐懼和對果腹的渴望轉化為勢不可當的憤怒與戰鬥力。兵鋒所到之處，藩鎮望風披靡，黃巢一路高歌猛進，攻洛陽、破潼關、定長安，一氣呵成地從南蠻之地殺到天子腳下，流竄的勝利也達到了前所未有的高峰。然而，占領京師之後呢？黃巢向來對起義軍的未來缺少戰略規畫，占據京師之後，自然也沒有自己的施政綱領，既沒有一套意識形態說明自己的正當性，也缺少一個成建制的官僚體系來處理政務、安撫百姓，更沒有一個系統的外交戰略用來與諸侯合縱連橫。於是，由於缺少正當性來源，上至官僚、下及平民，無不視之為賊寇；由於缺少與諸侯周旋的外交策略，天下各路藩鎮，也絕少與之暗通款曲，紛紛起兵勤王，都視黃巢為共同敵人。

黃巢的軍隊沒有穩固的組織架構，非常適合於四處流竄，而一旦在一個地方穩定下來就立刻暴露出無組織、無紀律的弊端。軍隊由於「累年為盜」，士兵在經年累月的燒殺搶掠後變得非常富有，進入長安城之後，看到路上的窮人就「爭行施遺」。不能不說，這些起義士兵還保留了曾經的飢餓記憶，對路邊的窮人保有憐憫之心。但從另一個角度來說，「行伍不勝其富」本身就說明黃巢對軍隊財富缺少系統管理和集中使用，這才會縱容士兵各懷所私、各得其財。在路上隨機向窮人散財，那只是個人的小恩小惠，若把這些錢財集中起來，以新建朝廷的名義賑濟貧弱，則是來自公家的仁政惠政，更能為黃巢贏得百姓支持，這樣做豈不是比士兵私下散財更好？這個細節足以說明黃巢領導的起義軍始終缺少組織架構，缺少宏圖遠志和整體謀畫。

「沖天香陣透長安」的夙願終於達成，黃巢一掃當年名落孫山留下的心理創傷，在京城長安僭位稱帝，國號大齊，但是他還沒有來得及品嘗喜悅，就發現自己深陷全國兵馬的合圍之中。朝廷所屬的藩鎮，從來都是相互猜忌、彼此攻伐，這時卻不約而同地捐棄前嫌，槍口一致對外，就連屢次違反聖命的沙陀部落也得到朝廷赦免，在李克用的帶領下渡河南下，與藩鎮合力圍剿黃巢。

接下來，「諸侯勤王之師，四面俱會」，在反覆爭奪中，黃巢最終退出長安，開始又一輪的流竄。而這一次，幸運女神不再眷顧於他，朝廷各路諸侯同仇敵愾形成剿匪合力，朝廷與黃巢的力量對比發生了根本性轉變。也正是在這時，善於審時度勢的朱溫認識到黃巢的「流寇路線」終將失敗，於是決定歸順朝廷，成為朝廷剿匪聯軍中的得力幹將。而黃巢從潼關以東又邁出流浪的腳步，他沒有一塊屬於自己的根據地可以回去，稍遇挫折就會引發巨大的心理恐慌，加上又缺少鋼鐵般的組織紀律來約束部屬，喪失信心的隊伍也在迅速地土崩瓦解。西元八八四年，退到關東的黃巢再次遭遇官軍合圍，在這次重大的失敗後，黃巢的大部分將軍歸順了各路藩鎮，留下來的將士「自相猜間，相殺於營中，所殘者千人」。而黃巢退到泰山狼虎谷之後也被賣主求榮的部將殺害，一場歷時九年、橫跨大半個中國的流竄行動終於畫上句號。

黃巢把天下當作流浪的場所，但是到頭來卻發現，天下之大，卻容不下他的雄心壯志。他所走的「流寇路線」始終無法形成合法的力量，也不具備堅固的組織結構，更缺少讓自己擺脫盜賊身分的意識形態資源。而這一切，「身在朝廷反朝廷」的朱溫，都將輕易取得。黃巢的使命只是通過到處流竄，而破壞唐朝的國家機器，剩下的任務就要交給朱溫來完成了。

從造反盜賊變為剿匪的中流砥柱

「子曰：名不正，則言不順；言不順，則事不成。」這句被後世廣為傳頌的名言，它以簡單直接而又極其深刻的方式揭示出名義上的正當性對於幹事創業的決定性影響。也就是說，「名義」雖然看不見、摸不著，但它絕不是一個可有可無的虛幻之物，而是做成事、做大事的前提條件。正所謂，「得道者多助，失道者寡助」，兵以義動則興，師出無名易敗。而名義上的正當性，正是朱溫「身在朝廷反朝廷」獲得的第一個紅利。

黃巢起兵草莽，最終失敗的一個根本原因就是因為他自始至終沒有改變自己的「盜賊」身分，既沒有來自現任皇帝的合法性授權，也沒有創造一套起兵造反的正當性理由。就連朱溫的謀士勸諫朱溫歸順朝廷時，也曾直截了當地說：「黃家起於草莽，幸唐衰亂，直投其隙而取之爾，非有功德興王之業也，此豈足與共成事哉！」連自己人都認為黃巢「起於草莽」，並沒有什麼「功德興王之業」，這樣的草寇怎麼能共謀大事呢？接下來，這位謀士繼續說：「今天子在蜀，諸鎮之兵日集，以謀興復，是唐德未厭於人也。」唐室雖然衰微，但是唐朝皇帝還是天下擁戴的真命天子，還是代表著最高的正義與道德。這一番說辭之後，朱溫對自己何去何從也就豁然開朗了。

中國古代流行戰爭檄文，最著名的莫過於唐朝初期駱賓王寫下的〈討武曌檄〉，檄文的本質就是自己的正當性宣示，一方面指明朝廷失德、政治腐敗，另一方面說明自己替天行道、師出有名，這其實是要通過輿論造勢為自己正名，並以此爭取人心。然而，黃巢始終未能獲得「正名」的機會，他總是被視為搗亂的「盜賊」，以至於那些平時相互攻伐的藩鎮都把他視為共同敵人而合力圍剿。而黃巢一死，那些曾經攜手並肩的藩鎮陷入了更為慘烈的混戰之中。正是因為缺少一個朝廷承認的名分，本該成為諸侯爭霸一員的黃巢卻偏偏淪落為「天下共擊之」的眾矢之的。

而黃巢缺少的東西朱溫輕易就拿到手了。朱溫的做法非常簡單，那就是表面上歸順朝廷，而他也看準了他與朝廷具有政治交易的基礎。皇帝既然還是各路諸侯共同承認的真命天子，就能給朱溫需要的道德名分，這是朱溫需要皇帝的地方；而皇帝亟須能為皇室效力的軍隊，這是皇帝需要朱溫的地方。於是，他臨陣倒戈，歸順朝廷，拿到「身在朝廷反朝廷」的第一個紅利，那就是獲得來自朝廷的合法性授權，讓自己從造反叛賊轉變為朝廷剿匪的中流砥柱。

從此以後，朱溫不再像黃巢那樣背負造反的罵名，也不會像黃巢那樣被定為叛賊而成為眾矢之的。雖然朱溫本人比黃巢毒辣百倍，進行了比黃巢起義更加殘忍的戰爭，但他總是能占據道德的制高點，打著朝廷的旗號討伐其他藩鎮，表面上看是替天子討伐不臣之人，進行的是「正義的戰爭」，但其實都是為自己開疆拓土、擴充地盤，是以「為朝廷」的名義進行「反朝廷」的事業。

朱溫歸順朝廷之後就成為剿滅黃巢的急先鋒，在黃巢覆滅之後，朝廷任命他為宣武節度使，與洛陽毗鄰的汴州成為朱溫的根據地，也正是他的皇圖霸業的起點。從此以後，朱溫開始打著朝廷的旗號東征西討。西元八八七年，朱溫討伐控制兗州、鄆州的朱瑄、朱瑾，初戰告捷，而唐僖宗不僅賜予朱溫鐵券，而且命令朝廷翰林撰寫德政碑以歌功頌德；西元八八八年，朱溫討伐占據徐州的時溥之前，唐昭宗還給朱溫「增食邑三千戶」，把朱溫的故鄉改名為「沛王里」；西元九〇一年，唐昭宗受到宦官挾制，還密詔朱溫進京勤王，並封朱溫為護國軍節度使……朱溫每一次消滅異己、削平諸侯，都能得到來自朝廷的授權。雖然每一次征戰都打著正義的旗號，但是他的所作所為不過是血腥的戰爭與殘忍的屠殺，與黃巢又有什麼分別？以正義的名義發動戰爭，這是高超的政治伎倆，又是醜惡的生存法則。

唐朝的末代皇帝們如此倚重朱溫，以至於他們天真地相信朱溫的東征西討是為了重振皇室的權威，他們根本不知道，朱溫只是表面上忠於皇室，朝廷也不過是他掛在嘴邊的道德符號，一旦發展到無人能與之抗衡的地步，朱溫就是要撕破朝廷這個「道德面具」的時候。正所謂「圖窮匕首見」，朱溫的做法正是「身在朝廷反朝廷」的經典套路。

西元九〇一年，朝中宦官挾制皇帝，而朱溫又從大梁稱兵向闕，宦官在手足無措中決定將皇帝送到鳳翔節度使李茂貞那裡。朱溫仍然披著進京勤王的道德外衣，實際上是與李茂貞爭奪對皇帝的控制權，達到「挾天子以令諸侯」的目的。朱溫一路向西，引兵速進，迅速以絕對的兵力優勢將鳳翔圍得水洩不通。在經過一年多鏖戰之後，李茂貞勢屈力窮，最終同意將皇帝交給朱溫。既然出兵的名義是匡扶皇室，朱溫這時也需要假戲真做。於是，見到皇帝之後，朱溫親自為皇帝執轡牽馬，「且泣且行，行十餘里」，此情此景，在場的人無不為之動容，「咸以為忠」。皇帝自然大為感動，不僅給朱溫賜名為「朱全忠」，還讚美朱溫，「宗廟社稷是卿再造，朕與戚屬是卿再生」。然而，皇帝並不知道，那都是朱溫「身在朝廷反朝廷」的一貫伎倆，「全忠」的賜名只是自己的一廂情願，皇帝已經大禍臨頭而不自知。

接下來，朱溫提議將京師從長安東遷到洛陽，而洛陽毗鄰大梁，正是在朱溫的控制範圍之內。等到唐昭宗在洛陽安頓下來也就完全落入朱溫的掌控之中，而在唐昭宗暴斃之後，繼位的唐哀帝再三懇請朱溫接受禪讓，而朱溫也只好在三請三讓後半推半就地即位稱帝，「身在朝廷」終於成功地實現了「反朝廷」。

朱溫不再需要皇帝的合法性授權，也不再需要在東征西討時打著朝廷的旗號，因為他自己已經成為皇帝，他自己就等同於朝廷。

以團結合擊強者、以果斷蠶食弱者

朱溫以朝廷的名義為發動戰爭製造出正當性理由，把自己擴大地盤的預謀掩蓋在匡扶皇室的名義之下，最終達到「反朝廷」的目的。除了正當性之外，「身在朝廷反朝廷」的路線，還為朱溫贏得了一塊可進可退的根據地。由於朱溫已經被納入朝廷的制度體系之中，他將對自己的隊伍進行一次制度化的重建，用剛性的組織紀律來駕馭烏合之眾的激情，鍛造一支在諸侯中戰無不勝、所向披靡的威武之師。

黃巢由於缺少一塊長期經營的根據地，只能漫無目的地到處遊蕩，因此根本無法制訂攻城掠地的系統規畫；但是朱溫占據大梁，有了一塊可以虎踞龍盤的根據地，並依據所處的地緣政治環境，制訂出一套遠交近攻、合縱連橫的戰略規畫，將鄰近諸侯各個擊破、逐一吞併。更為重要的是，朱溫在汴州還形成了一個完整的文官系統和組織體系，他不會像黃巢那樣難以經受失敗，更不會像黃巢那樣一戰成擒，朱溫即便遭到失敗的打擊，也能存活下來並東山再起。

在黃巢覆滅之後，朝廷剿匪的各路諸侯也就失去了共同的敵人，而這些在戰爭中崛起的新舊軍事力量，也開始陷入無休無止的內戰之中。西元八八五年，唐僖宗結束了在成都的流浪，回到了剛剛光復的京城，而皇帝位置還沒坐穩就發現諸侯混戰的戰火燃遍神州大地：

時李昌符據鳳翔，王重榮據蒲、陝，諸葛爽據河陽、洛陽，孟方立據邢、洺，李克用據太原、上黨，朱全忠據汴、滑，秦宗權據許、蔡，時溥據徐、泗，朱瑄據鄆、齊曹、濮，王敬武據淄、青，高駢據淮南八州，秦彥據宣、歙，劉漢宏據浙東，皆自擅兵賦，迭相呑噬，朝廷不能制。

這些手握朝廷節鉞的封疆大吏只是從道義上尊奉朝廷為正朔，實際上割據一方自成體系，大者跨州連郡，小者亦能占山為王。而朱溫占據的汴州和滑州正是中原地區的核心地帶，處於鷹瞵虎視的四戰之地，西有秦宗權，東有朱瑄、時溥，北有李克用，南有高駢。從歷史上諸侯混戰的經驗來看，越是處於邊疆地區，戰略地位就越是有利。原因很簡單，地處邊疆避免腹背受敵的窘境，可以在一個方向上集中優勢兵力。春秋戰國時期，如秦如楚，都是九合諸侯、一匡天下的霸主，無不是地處邊緣地帶；如韓如魏，都是最早遭到蠶食的國家，也都處於諸侯環繞的四戰之地。朱溫的處境與韓魏如出一轍，他肯定能感到來自四面八方的敵意，他是所有人的敵人，是所有諸侯擴張地盤第一個要跨越的障礙。

基於這樣險惡的處境，朱溫也制訂了自己的擴張戰略。第一個原則：當敵人強大時，就要團結一切可以團結的力量；第二個原則：當敵人弱小時，就要毫不遲疑地將其呑併；第三個原則：主動發起進攻，絕不嬰城自守，必須先發制人。正是憑藉這三點，才使身處四戰之地的朱溫並未遭到吞併，而是不斷吞噬其他諸侯，逐漸發展成為勢力最大的藩鎮。

諸侯混戰之初，朱溫就遇到秦宗權這個強大對手，處於戰略上的守勢。當時，黃巢剛剛覆滅，秦宗權就擅自稱帝，「連陷汝、洛、懷、孟、唐、鄧、許、鄭等州，圜幅數千里，殆絕人煙」。秦宗權既然稱帝，當然是志在奪取天下，而與之接壤的朱溫則可謂首當其衝。於是，三路大軍壓境而來，大將秦賢、盧瑭、張晊率軍合圍汴州，「環汴為三十六柵」，可以說是重重圍困。朱溫猝遇大敵，頓感勢單力薄，「顧兵少，不敢出」。這時，朱溫就開始動用合縱連橫的外交策略，團結一切可以團結的力量一起對付強敵。兗州的朱瑾、鄆州的朱瑄、徐州的時溥都地處汴州以東，地勢上可以說是唇齒相依、犬牙交錯，朱溫正是看到這一點，於是派出使者向朱瑾、朱瑄借兵。理由很簡單，汴州如果覆滅必然城門失火、殃及池魚，接下來就輪到兗州、鄆州。

朱瑾、朱瑄果然被朱溫說服，不僅給予朱溫三萬援兵、數百馬匹，而且親自率軍前來御敵。就這樣，三方合力，消滅了秦宗權的主力軍隊，使他再無力量發動戰略進攻。西邊的威脅剛剛消除，朱溫就間不容髮地開始部署向東進攻，而其兵鋒所指正是幫助他一起打敗秦宗權的朱瑾、朱瑄。即便這樣恩將仇報，朱溫也能為自己找到「合適」的藉口，他誣衊朱瑾、朱瑄在離開汴州時試圖以金帛引誘汴卒東歸，並以此移檄兗州、鄆州，為自己製造攻伐的理由。朱瑾、朱瑄自然會為朱溫的背信棄義怒不可遏，而這正是朱溫求之不得的事情，他以秋風掃落葉的攻勢迅速發動對「二朱」的進攻。這正是朱溫性格中毒辣的一面，也是他在諸侯環伺下的生存策略——主動發起進攻、必須先發制人，絕不因為朱瑾、朱瑄有恩於己而心軟，曾經的恩人即是此刻的獵物，而朱溫毫不心軟地舉起屠刀。

既除西邊之患，又兼東鄰之地，朱溫從諸侯的包圍中突然崛起為赫赫大藩，他遭遇強敵就合縱連橫，占據優勢就果斷進攻，而在他具有壓倒性優勢之後，就開始像滾雪球一樣兼併弱小藩鎮，下手果斷，絕不心慈手軟。西元八九一年正月，朱溫降伏中唐時期最為桀驁不馴的藩鎮——魏博；同年四月，朱溫的部將「梟時溥首以獻」，遂平徐州；西元九〇〇年，朱溫引兵西進，鎮州節度使王熔「納質請盟」；西元九〇一年，朱溫稱兵向闕，在行軍途中順便降伏了華州節度使韓建……朱溫對土地的貪婪可謂細大不捐，從不因對手弱小而心慈手軟，從未因猶豫不決而給對手留下迴旋餘地，這成就了朱溫的迅速崛起，也終於讓他具有了取唐而代之的實力。

朱溫以合縱連橫來對付強者，以果斷吞併來蠶食弱者，以主動進攻來打擊對手。第一個原則需要根據形勢變化分清敵我，團結可以團結的朋友對付共同的敵人；第二個原則和第三個原則需要果斷決策、雷厲風行，把進攻當作最好的防守，絕不因為道德或情感而遲疑。朱溫兼具狡猾、果斷、毒辣與決絕，並利用朝廷賜予的根據地獲得與朝廷分庭抗禮的實力。

深度人格分裂與生性殘忍

「身在朝廷反朝廷」的路線本身就是一種矛盾的體現，表面上「為朝廷」，實際上「反朝廷」，這是一個人外表與內心的相互否定，是外在言行與真實意圖的彼此齟齬，需要一個人長期的偽裝與表演。而朱溫從走上這條路線開始就意味著他有深度的人格分裂，人格與心理都極其扭曲。

朱溫的毒辣可以說是泯滅了基本的人性，他只要認定自己的目標就可以無所不用其極，能夠踩穿任何道德底線、踐踏所有人間法則。朱瑾、朱瑄在他受到秦宗權圍攻的危急時刻慷慨赴難，不僅毫無保留地給人給物，還冒著生命危險與他並肩作戰、共御外敵。但是剛剛打退秦宗權的進攻，朱溫還沒有對朱瑾、朱瑄表示絲毫感謝，就已經開始醞釀攻打他們，於是才會有汴蔑「二朱」利誘汴卒東歸的陰謀。

朱溫心裡清楚，西邊的秦宗權一旦勢屈力窮，他就要移檄東征，與朱瑾、朱瑄早晚會兵戎相見。而此時此刻，朱瑾、朱瑄剛剛幫朱溫與秦宗權展開惡鬥，正是兵困馬乏之際，也正是發動進攻的最佳時機。從政治的角度看，此時不取，更待何時？但是從道義的角度講，恩將仇報，何其太急？朱溫的選擇已經說明一切，他為實現自己的政治目的不會顧及最基本的道德原則。在他的世界觀裡，政治與道德截然不同，政治就是物競天擇的生存鬥爭，讓政治為道德所牽絆，那是政治不成熟的感情用事。朱溫直到生命的最後一刻才會發現，當政治失去道德，生命也就失去庇護，他自己也不會擁有基本的安全。

朱溫從歸順朝廷之後就表現出表裡不一的特點，他能背叛黃巢，也能背叛朝廷，而他從投降之日起，就已經懷揣著「反朝廷」的密謀，把共同剿匪的其他藩鎮看作日後的敵人。西元八八四年，黃巢敗退長安，朱溫歸順朝廷，旋即與朝廷的各路軍隊聯合剿匪，這中間包括李克用率領的沙陀部落。沙陀部落來自漠北，驍勇善戰、無堅不摧，被諸侯譽為「黑鴉軍」。但是在朱溫看來，剿匪時固然是強大的隊友，一旦黃巢覆滅，沙陀部落豈不是強勁的敵人？於是，朱溫還在剿匪時就開始策畫謀殺李克用。這年五月，李克用急追黃巢，路經汴州，節度使朱溫自然要款待一番，而鴻門宴也就此擺開。

朱溫發現李克用兵力寡弱，而大軍還在前方，於是想趁此機會除掉李克用這個潛在對手。「是夜，置酒郵舍，克用既醉，全忠以兵圍驛，縱火燒之。」李克用爛醉如泥、不省人事，加上大軍包圍、大火蔓延，看似就要命喪於此。不知道是不是冥冥中自有天注定，在李克用命懸一線的時刻，突然間「雷雨驟作，平地水深尺餘」，而在鬼門關走了一遭的李克用也趁機「逾垣僅免」，但他的部下三百餘人及監軍使史敬思、書記任珪都被朱溫殺害。按說，黃巢此時還未覆滅，各路聯軍應該一致對外，但是朱溫在投降時就把問鼎中原當作目標，把今天並肩作戰的隊友看作明日逐鹿中原的對手，於是在李克用還未起疑心時，朱溫就早已動了殺機。而這件事情之後，晉王李克用與梁王朱溫的對立貫穿晚唐始終，晉梁對峙也是五代十國時期的主要脈絡。

朱溫生性之殘忍、內心之毒辣，在中國歷史上可以說是罕見，最鮮明的體現就是他對人的生命缺少最起碼的憐憫和敬畏。西元八九五年，朱溫在與朱瑄的鏖戰過程中，俘虜了三千士卒，當時狂風暴起，沙塵沸湧，本來是天氣異常，朱溫卻說：「此乃殺人未足耳。」於是下令「盡殺所獲囚俘」，一個個鮮活的生命就這樣在風沙中隕滅，這一血流成河的場面也足以說明朱溫的殘忍。而天道好還，報應不爽，「夫代司殺者殺，是謂代大匠斫，稀有不傷其手者矣」，朱溫也會反過來受到殘忍的傷害。

最能凸顯朱溫扭曲人格的莫過於他在晚年的亂倫行為。本來，朱溫的原配張皇后「嚴整多智」，而朱溫常常「敬憚之」。張皇后去世後，本來就荒淫無度的朱溫更加縱意聲色，而亂倫的事情就在此時公開發生。朱溫的兒子們多數帶兵在外，即便如此，朱溫「常徵其婦入侍」，「往往亂之」。義子朱友文的妻子王氏美豔不可方物，朱溫「尤寵之」，而且還要將太子之位傳給朱友文，這引起了朱溫的親生兒子朱友珪的嫉妒，而骨肉至親的相互屠殺就是在這裡被埋下種子的。

朱溫殘忍一生，沒想到在晚年時節，與安祿山、史思明等人一樣，命喪親生兒子之手。然而，沒有這樣的毒辣與殘忍，朱溫怎麼能在諸侯混戰中脫穎而出？沒有這樣的人格分裂與扭曲心理，朱溫怎麼能走出「身在朝廷反朝廷」的路線？但世事無常，報應不爽，曾經成就朱溫的這些因素最終造成了他的災難。

流寇失敗與坐寇成功揭示權力的起源

晚年的朱溫在亂倫的關係中紙醉金迷，意志衰退，精神萎靡，他因為迷戀義子朱友文妻子的美色而想傳位於朱友文。他的親生兒子朱友珪這時又被貶為萊州刺史，陷入前所未有的恐懼之中。朱友珪決定像他的父親那樣用弒君篡位來為自己的人生進行最後一搏。

朱友珪聯合禁軍首領韓勍，「以兵五百人伏於禁中」，到夜深人靜時斬關而入，直至朱溫的寢殿之外。聽到兵器鏗鏘作響，朱溫從睡夢中驚醒並慌張地問：「反者為誰？」而朱友珪的回答則耐人尋味，他並沒有說出自己的名字，只是意味深長地告訴朱溫，「非他人也」。朱友珪的意思很明顯，造反的不是別人，正是你的兒子，這不是告訴朱溫只能落下這個以子弒父的下場嗎？接下來，朱友珪大呼「老賊萬段」，而利劍已從朱溫後背穿出。

這一幕兒子殺父親的情景是如此殘忍，與朱溫一生又是如此契合。朱溫在臨死前對兒子說：「汝悖逆如此，天地豈容汝乎！」他在指責兒子犯上作亂時，有沒有反思過自己的人生，他走出的一條「身在朝廷反朝廷」的路線，與他兒子的弒父行為相比在道德上又能崇高多少呢？

在中國古代奇書《推背圖》裡面，黃巢和朱溫據說都是著在典冊的人物。黃巢的判詞是「萬人頭上起英雄，血染河川日色紅。一樹李花都慘澹，可憐巢覆亦成空」。「李花慘澹」自然隱喻唐朝國運衰落，但是「巢覆成空」也正預示黃巢身死族滅的下場。而朱溫的判詞則是「一后二主盡升遐，四海茫茫總一家。不但我生還殺我，回頭還有李兒花」，第三句「不但我生還殺我」暗含著朱溫被親生兒子殺死的結局，但是他畢竟完成「四海茫茫總一家」的偉業。黃巢和朱溫的結局都可謂淒涼，朱溫唯一比黃巢欣慰的是他完成了黃巢未竟的事業。為什麼「流寇路線」中途夭折，而「身在朝廷反朝廷」的「坐寇路線」卻能笑到最後？

事實上，在中國古代週期性的朝代更迭中，真正憑藉農民起義而獲得成功的例子可謂鳳毛麟角，真正馳騁天下、逐鹿中原的多數都是與朝廷有著千絲萬縷聯繫的貴族，是這些占據朝廷政治優勢的貴族最後取代了朝廷。秦末漢初的劉邦、項羽，共同立楚懷王為主，並以「楚」的名義招降納叛，獲得正當性；東漢末年的三國鼎立，曹操的家族是漢朝貴族，孫堅則是朝廷在東南的地方官，而劉備則打著皇叔的旗號到處收買人心；隋末唐初的群雄逐鹿中原，白手起家的李密敗給了在朝廷中身居高位的貴族李淵……在中國古代的政治史上，除了朱元璋是真正白手起家之外，似乎沒有一個新王朝的建立不是與舊王朝有著千絲萬縷的聯繫，不是憑藉著舊王朝賦予的優勢，最後獲得取代舊王朝的實力。這裡面究竟潛藏著什麼樣的奧祕？

首先，是因為身在朝廷的人能夠為自己製造正當性與合法性。儒家講究君臣父子，長幼有別、尊卑有序，最反感的就是犯上作亂，而起義造反本質上就是無君無父的表現。因此，黃巢的行為才會在國家的精英階層中激起眾怒，那些平時對朝廷驕橫無禮的藩鎮，這時也心向朝廷。所以，即便是造反，也應該打著朝廷的旗號，以表面上維護秩序的方式去破壞秩序，這是曹操「挾天子以令諸侯」的奧妙所在，也恰恰被朱溫用在自己的實踐中。

而在治亂交替的朝代更迭中，「道統」沿著一個朝代向下一個朝代傳遞，舊王朝雖然行將就木，但它也是「道統」傳遞過程中的一環，新王朝的合法性需要它的授權。韓愈在千古名篇〈原道〉中寫道：「堯以是傳之舜，舜以是傳之禹，禹以是傳之湯，湯以是傳之文、武、周公。」「道統」雖然看不見、摸不著，但是在中國的王朝更替中自有其連續的譜系，新王朝雖然在武力上打敗了舊王朝，但是仍然需要繼承舊王朝傳遞下來的「道統」。否則，像黃巢那樣雖然自立為王，卻仍然被人認為「起於草莽」，沒有任何權威性與公信力可言。舊王朝雖然實力衰微，但它仍然在名義上是合法性的來源。朱溫對此了然於心，他需要舊王朝賜予名號，然後為自己所有「反朝廷」的活動戴上正義的面具。

「身在朝廷」還有另一個「白手起家」無法與之相爭的優勢，就是直接繼承朝廷原有制度化的組織體系。按照現代政治學的定義，制度化就是組織或程序獲得穩定性的過程。黃巢的軍隊雖然有組織架構，但士兵從流民起步，把朝廷的制度當作參照，照貓畫虎、邯鄲學步，到頭來還是依靠起義首領之間的個人關係，缺少制度化的組織體系來統合軍隊。這樣的烏合之眾或許會有短暫的巨大破壞力，但是絕對談不上真正的戰鬥力。黃巢從嶺南直搗京師，是因為沿途藩鎮閉門不出，而京師守將也是望風而降。如果各個藩鎮的正規軍隊集結起來，黃巢就只有一路潰敗，直到身死族滅。成建制的精銳之師必然會戰勝烏合之眾，有組織的軍隊也必然會打敗隨意組合的流民，而黃巢的命運就像是東漢末年的黃巾軍一樣，雖然人數眾多，但缺少組織，於是只能在官軍圍剿中四處潰散。

而朱溫早就看明白這一點，於是他果斷地倒向朝廷，從朝廷那裡得到合法性授權、封地和一整套組織體系。他的軍隊不再是一盤散沙，也不會因為一次失敗就產生心理防線的崩塌，只要組織體系還健全，就總是有足夠的韌勁兒東山再起。秦宗權三路大軍合圍汴州，而朱溫沒有像黃巢那樣陷入眾叛親離的地步，正是因為他的地盤還在、組織還在，所以才能度過黎明前最黑暗的短暫絕望。

黃巢的「流寇路線」走到最後既失去了為民起義的正義性，也沒有一個穩固的地盤和組織可以蓄積力量，走向最後的滅亡可以說是得其所哉。而朱溫走出的「身在朝廷反朝廷」的「坐寇路線」則從朝廷那裡獲得了合法性授權、一個穩固的地盤和一個健全的組織體系，這些都讓朱溫最終具備取代朝廷的實力。對朝廷而言，最可怕的敵人不在外面，而就在它的內部。從更深層次來看，「流寇」與「坐寇」或許為權力起源提供了一個解釋，美國著名經濟學家奧爾森在名著《權力與繁榮》中說到，流寇由於其流動性，會採取殺雞取卵的方式，而坐寇由於其長期性，會採取養雞取卵的方式，結果，流寇只能是盜賊，而坐寇則會帶來秩序。美國政治學家法蘭西斯．福山曾經提出「歷史終結論」而聞名世界，他在《政治秩序的起源》一書中，也以「坐寇」來分析人類政治秩序的產生與濫觴。或許，黃巢的失敗與朱溫的成功在權力起源的本體層面就已注定。

朱溫滅唐的過程充滿了血腥與屠殺，他把唐朝皇帝從長安遷到洛陽，跟隨皇帝的左右侍從總共不到兩百人，而朱溫心裡仍然充滿猜忌，於是派人誣陷皇帝的侍從謀反，而將這些侍從全部殺死，將皇帝身邊都換上汴州的士兵。《舊唐書》的作者憤怒地寫道：「全忠所行，止於殘忍。」同時，作者又痛苦地追問：「人道浸薄，陰騭難征，然以此受終，如何延永！」

《道德經》有言：「夫樂殺人者，則不可得志於天下矣。」這句話竟一語成讖，朱溫果然二世而亡，無論他的結局如何悲慘都無法改寫「身在朝廷反朝廷」路線的成功，這是悲劇所在，也是反思所繫。

結語

一個認識中國傳統政治的視角

對於所有歷史悠久的民族而言，如何認識歷史都是一個不可迴避而又激動人心的命題。「逝者如斯夫，不舍晝夜」，按照時間單向流逝的想像，未來只是歷史的延伸，是時間的流經之地。歷史的保險箱裡面鎖著未來的劇本，或者說，歷史的故事即是未來的種子。

然而，想要打開歷史的保險箱又是何其艱難。那些會哭會笑的鮮活人物已經定格為典籍上的篇章文字，又鋪滿歷史的灰塵。隔著漫長的時間回望，有時會讓人感到一種因久遠而產生的溫情，有時又會讓人感到不可捉摸的神祕。尤其是中國的歷史，它最複雜的時候，也正是它最為豐富而又最具魅力的時候，這讓所有重讀歷史的人都充滿疑惑。

中國歷史曾經以漢唐盛世創造出當時世界的文明巔峰，但是仍然無法避免治亂交替的歷史週期律，無法走出自我毀滅、自我重建的循環。曾經以百家爭鳴點燃人類文明覺醒的星火，卻在漫長的時間進程裡以「慎終追遠」為目標，在朝代更替的沉悶重複中失去多種可能性。中國歷史的複雜性有時讓人不知所措，熱愛它的秦磚漢瓦、唐詩宋詞，迷戀它的激情澎湃、婉約清新，同時卻不可避免地發出沉重的叩問：偉大而美好的文明，為何難以走出治亂興替的自我循環？

正如孔尚任在《桃花扇》序言中的感慨：「知三百年之基業，隳於何人？敗於何事？消於何年？歇於何地？」在中國古代文明中，政治秩序從建立到崩塌究竟潛藏著怎樣的政治密碼？唐朝，一座聳起的文明高峰，它的崛起是如此迅速，而它的崩塌又是如此痛苦，它從文明巔峰墜入毀滅深淵的過程充滿了戲劇性，也為解開中國古代政治密碼提供了一個樣本。

本書中選取的這些政治面孔構成了一個前後呼應的連續體，他們的故事共同構成了有唐一代的慷慨悲歌：李密、李世民、長孫無忌、徐世勣、武則天代表了唐朝從建立到興起的上升階段；李隆基、李林甫、安祿山則活躍在唐朝達到巔峰而由盛轉衰的轉型時期；李泌、郭子儀、李光弼、僕固懷恩、裴度則代表唐朝衰落後的掙扎時期；而李德裕、牛僧孺、宦官群體、黃巢、朱溫則共同見證了唐朝的覆滅時期。每個人的人生際遇都與唐朝的命運起伏息息相關，而他們的命運構成的軌跡就像唐朝吐納呼吸的軀體一樣，反映著這個王朝內在的政治機理。

這些在時代洪流中引領著歷史潮流的風雲人物，他們努力著，拚搏著，掙扎著，有人備嘗成功之後的孤獨，有人努力過後感慨人生的無力。無論如何，當一切都已落幕，他們留給後世的不是世俗功業，而是個人努力掙脫命運安排時所帶來的普遍思考。人生總要謝幕，但唯有思想不朽。

儒家思想體系

在所有的人物中，李世民、徐世勣、武則天的故事分別從不同側面反映出儒家思想體系的特徵。李世民將唐朝推向鼎盛，卻在晚年陷入長期的困惑：為什麼權力繼承與血肉親情不能兩全其美？為什麼「成王敗寇」的邏輯總是催生出無休無止的宮廷鬥爭？李世民思考的結果是斬斷「太子之位可經營而得」的道路，從而避免權力鬥爭的發生。然而，技術性調整並沒有改變「成王敗寇」的邏輯，在李世民去世之後，武則天就再次通過權力鬥爭而取得皇位。

正所謂「不識廬山真面目，只緣身在此山中」，李世民認識世界的方式被儒家思想體系定義，自然難以跳出儒家思想看到問題所在。根本原因就在於儒家思想沒有為皇權提供超越世俗道德基石。「皇天無親，唯德是輔」，「皇天」只會支持那些有德的君主，君主失德就可取而代之。這是把君主的合法性建立在執政績效的基礎上，自然能倒逼君主勤政愛民、實施仁政，但也預設了君主能夠被替代的可能性，而那些懷有政治野心的人便會以君主失德為藉口，打著替天行道的旗號，為自己的權力野心製造正當性理由。最後，有德與無德的邏輯變成獲取勝利就順天應人，奪權失敗就大逆不道。一切以勝敗為依據，而道德只是勝利者的外衣，權力鬥爭自然難以止息。

如果說李世民的困惑揭示出儒家思想體系的世俗取向，那麼武則天的失敗則反映出儒家思想體系的超穩定性。武則天在有生之年戰勝了所有對手，但在登上權力巔峰時，卻突然發現原來自己只是儒家秩序中的一個棄兒，是自己的畢生奮鬥成功放逐了自己。武則天有生以來第一次感到時間竟然具有如此巨大的力量，而她又如何在時間的流逝中保證權力的延續？

武則天痛苦地發現，在儒家思想定義的時間裡，兄終弟及也好，父死子繼也罷，都是以男人為延續的載體。她突然感到自己被時間拋棄，從而在這個不可一世的女皇帝心中引起巨大恐慌，狄仁傑一句「三思立，廟不祔姑」就足以攻破她所有的心理防線。最後，武則天以還政於唐的方式宣布了自己的妥協，也承認了自己的失敗，為儒家思想體系的超穩定性寫下註腳。

而徐世勣的成功偽裝說明，當儒家思想滲透到具體的治國實踐時，道德純潔性的要求可能會帶來普遍的虛偽和偽裝。徐世勣一生戰功卓著，為唐朝的建立和穩固立下汗馬功勞，但是真正讓他能夠在政壇屹立不倒的則是他的道德偽裝騙取了皇帝的信任。終於，在是否立武則天為皇后的問題上，他沒有像長孫無忌、褚遂良等大臣那樣堅守原則，更沒有像他標榜的忠誠那樣捍衛皇室，而是撕破了道德面具，將武則天送上皇后位置，給唐朝皇室險些帶來了滅頂之災。徐世勣的實際行動是對他道德偽裝的巨大諷刺，而他能長期偽裝，直到臨終才露出馬腳，這恰恰說明將道德原則普遍化、純潔化的努力反而會走向它的反面，使得偽君子大行其道。

總結起來，儒家思想並沒有為政治秩序提供超越世俗的道德基石，它自身的邏輯預設了成王敗寇、改朝換代的可能性，但是它的倫理構建是如此精密，使得它能夠在無休無止的權力鬥爭中保持自身的穩定性。而將儒家思想當作治國準繩，可能會導致普遍的道德虛偽。

皇權的絕對性與完整性

皇權的絕對性、完整性，以及皇帝為保證皇權所做出的努力，是決定中國古代政治發展的一個重要變數，也是塑造君臣關係及行為方式的重要因素。宋太祖趙匡胤說的，「臥榻之側豈容他人鼾睡」，實際上道出了歷朝皇帝的共同心理，要嘛全部得到，要嘛徹底失去。皇帝雖然享有至高無上的皇權，卻一直缺少最起碼的安全感，他需要像獵人一樣，對所有的潛在競爭對手保持高度警惕。

長孫無忌顯然對皇帝的內心不安洞若觀火，因此他也能利用皇帝的這種脆弱心理為自己服務，並在此基礎上找出打倒政敵的便捷途徑，那就是「誣告謀反」。無論是否屬實，只要告發謀反，就足以引起皇帝的猜疑。如果對方碰巧還頗具實力，則在客觀上具備了謀反的能力，那麼無論他是否謀反，皇帝這時都會視其為潛在的挑戰者。長孫無忌正是利用皇帝的這一心理，連續誣告江夏王李道宗和吳王李恪謀反，從而對二人不審而判、不教而誅。

然而，當長孫無忌如日中天之時，他還不知道，自己已經擁有了與皇帝分庭抗禮的權勢，而這恰恰構成了皇帝猜忌的理由。於是，許敬宗以彼之道、還施彼身，給長孫無忌來了個請君入甕。許敬宗只需要告發謀反，並告訴皇帝長孫無忌的實力已經威脅到皇帝，就立刻為長孫無忌帶來滅頂之災。同樣的法則，長孫無忌因之而興，因之而敗，多麼具有諷刺意味！

除了長孫無忌之外，郭子儀、李光弼、僕固懷恩等人同樣能夠感受到皇帝的不安。他們三人在平定安史之亂中立下汗馬功勞，但是在他們不斷為朝廷衝鋒陷陣、揮灑熱血之際，他們的軍隊規模在不斷擴大，實力也在不斷增強。因此，當郭子儀、李光弼和僕固懷恩從戰場勝利歸來，等待他們的不僅有朝廷的賞賜，還有皇帝的猜忌。這時，三位功臣的人生走向開始出現分野，郭子儀以道家哲學明哲保身，李光弼選擇了不偏不倚的中立，而僕固懷恩則用反叛來懲罰皇帝的猜忌。三個人的選擇無須做嚴苛的道德指摘，而是共同揭示出：當皇帝為保皇權而猜忌功臣，就難以做到真正尊重人的價值，激發人盡其才的活力。

唯有宦官，是皇帝猜忌心理的受益者。宦官由於生理缺陷，不僅不具有獨立的人格，更難以在儒家秩序中自立門戶。因此，皇帝才能放心地把權力交給宦官，並安心地把宦官當作自己的某種心理延伸。而宦官掌握權力，本身就是朝廷政治的一個異端，因此，「來路不正」的宦官對朝廷大臣具有一種與生俱來的排斥。可以說，皇帝開始任用宦官就意味著對大臣和正式制度的不信任，這促使李輔國、程元振、魚朝恩、竇文場、王守澄、仇士良等宦官相繼崛起，他們更懂得迎合皇帝猜忌大臣的心理，從而不斷穩固了宦官的地位，最終發展到挾制人君、不可收拾的地步。皇帝把宦官當作自己的影子，以為具有生理缺陷的宦官不會威脅到皇權，但是最終卻受到自己影子的挾制，豈不是絕妙的悖論？

於是，皇帝不斷通過制度設計來維護皇權的絕對性、完整性與安全性，這是中國古代制度變遷的一條清晰脈絡。無論是宋代地方官職的冗員現象，還是元代的行省劃分，抑或是明代廢黜宰相制度，都是出於維護皇權絕對性的需要，都是通過犧牲活力的代價換取「朕即國家」的效果。

然而，當皇帝能夠坐享絕對皇權時，真的就能實現內聖外王嗎？唐玄宗的前後變化恰恰說明絕對皇權能讓一個人的精神陷入封閉。唐玄宗前半生英明神武、勵精圖治，到晚年卻逐漸走向反面，從厲行節儉到奢華無度，從勤政愛民到懶惰因循，從虛心納諫到剛愎自用，唐玄宗就這樣用自己的後半生否定了前半生。然而，更可怕的是唐玄宗並沒有意識到自己的轉變，他手握絕對皇權而喪失了基本的認知能力。這是因為，當唐玄宗能夠不受制約地判斷一切、決定一切時，下面的官僚集團就會通過信息輸入證明他的正確性。久而久之，唐玄宗本人既是結論又是證據，還是論證過程，他永遠是正確的，因此也失去了基本的認知能力，直到安祿山造反他才如夢初醒。

用這麼大的代價維護皇權的絕對性與穩定性，但如果使用它的人不像唐太宗李世民那樣時刻保持警惕，如何能防止不被它腐蝕或囚禁？那些因為猜忌而被傷害的人，包括李隆基作為皇帝本人的遭遇，無不說明這是一個值得深思的問題。

官僚政治

爭論中國古代的君主專制是一個毫無意義的問題，因為「百代皆行秦政制」，實際上說的是歷朝歷代是繼承和延續秦朝建立的官僚政治，而官僚政治更加準確地揭示出中國古代政治的本質。

毋庸贅言，在其他國家還處於封建時期時，古代中國就建立起一套嚴密的官僚制度，這代表了古代中國的先進性與創造性。「封建制」與「郡縣制」在中國歷史上曾有眾多爭議，「封建制」即封土地、建諸侯，實際上帶有貴族色彩，而「郡縣制」本質上就是官僚科層體系，能夠打破出身對一個人的決定作用，從而為社會各個階層打開相對平等的上升渠道，也能為治理國家提供一套理性的制度體系。然而，在這些優勢背後，官僚制也有它難以克服的缺陷。

李密曲折命運，從一個側面說明官僚制具有「不負責任」的傾向。「封建制」與「郡縣制」一個重要區別就是諸侯對所轄的土地具有人格化的所有權，他自然會負起主人翁的責任。但是官僚只是上級的代理，他的利益訴求是獲得官職晉升，至於王朝的整體利益則是屈居於官職晉升的利益之下，在極端情況下，甚至會為了官職晉升而犧牲整體利益。換句話說，上級就像是委託方，而官僚如同代理方，委託方與代理方的利益並不一致，所以有時候代理方會通過損害委託方的利益來維護自己的利益。而李密遭遇失敗恰恰就是遇到了這一困境。

李密只是經歷了一次慘敗，完全有資本東山再起，卻在部屬的「綁架」中走上了投降的不歸路。道理非常簡單，投降之後，李密作為舊主公，雖然會遭到新主公的猜忌，但是部屬還可以為新主公所用，俸祿不減、官位不降，只是換了一個老闆打工而已。也就是說，官僚制的有效運轉，需要官僚變得工具化，但是過度工具化則會使得官僚喪失基本的主體性和責任心。

而李林甫、安祿山等人的政治伎倆則反映出官僚制還具有讓信息失真的傾向。

信息是政治的神經，是維持政治體系運轉的血液。在等級森嚴的科層體系中，下級為博取上級歡心，自然會對信息進行有意識地過濾選擇，從而導致信息在傳遞過程中產生扭曲。尤其是在當時，由於缺少新聞輿論，皇帝獲取信息的渠道為官僚體系所壟斷，信息失真難以得到矯正，從而容易導致皇帝被虛假信息所包圍。

安祿山通過賄賂朝廷的使者，使信息從源頭上就已失真，從而長期掩蓋了自己圖謀造反的事實，用虛假的信息蒙蔽了皇帝的判斷。直到造反前夜，皇帝還在嚴懲直言安祿山造反的人，造成「天下皆知而皇帝獨不知」的信息不對稱。而李林甫更是玩弄信息的高手，他通過壟斷皇帝獲取信息的渠道，能夠隨意控制皇帝獲取的信息，從而通過定義信息輸入而牢牢控制住皇帝的思想認識。最後，李林甫為相十九年，而唐政衰矣！

李密的困境，李林甫、安祿山的手腕，還只是官僚制在正常運轉情況下的弊端，然而官僚制產生蛻變，滋生出既得利益和利益集團兩顆毒瘤，這才是真正具有毀滅性的破壞力量。

既得利益與利益集團

既得利益是既定政治秩序的受益者。在歷朝歷代的政治秩序中，總是幾家歡喜幾家愁，有得意者亦有失意者，不可避免地產生了既得利益者。出現既得利益者並不可怕，可怕的是他為了維護現有的利益阻礙改革、破壞創新，甚至不惜犧牲王朝的整體利益。對此，安祿山與裴度都有發言權。

安祿山是既得利益的受益者，裴度則是受害者。安祿山起兵造反之後，雖然一路攻城掠地、高歌猛進，但是天下勤王之師四合，已經對他形成了包圍態勢。哥舒翰奉命鎮守潼關，可以阻止進攻；郭子儀、李光弼從西北出兵，正好截斷退路，總體而言可以讓安祿山進無所攻、退無所守，朝廷完全有機會把安祿山的叛亂消滅在初始階段。但是在朝廷占據天時地利之時，卻由於既得利益作祟而失去了最重要的「人和」。

當時的朝廷宰相楊國忠，為了專寵固位、保護自己的既得利益，開始在長安城訓練一支新的軍隊，這被鎮守潼關的哥舒翰認為是針對自己，從而使將相矛盾陷入難以調和的境地。而楊國忠為了保全自己、打倒對手，明知道鎮守潼關是萬全之策，而棄關進攻只會自找死路，仍然勸諫唐玄宗命令哥舒翰棄關進攻，結果哥舒翰戰敗成擒。楊國忠為既得利益成功打敗了對手，卻讓唐朝丟潼關、失長安，陷入長期的內亂。既得利益扭曲了朝廷決策，安祿山成為最大的贏家。

而以削平藩鎮、傾力皇室為畢生追求的裴度，則更加深刻體會到既得利益的危害。唐憲宗舉全國之力圍剿淮西，卻四年不克，真的是因為官軍缺少戰鬥力嗎？皇帝派去剿匪的第一任統帥嚴綬，致力於施恩保位，不以攻城野戰為務；繼任者韓弘，為自己的利益更不惜養寇自重，將具有殺敵積極性的將領李光顏晾在一旁，而自己則以平亂的名義坐享國家源源不斷的軍餉。主帥都是養寇自重、發國難財的思路，藩鎮怎麼可能得到平定？裴度的個人魅力不能改變既得利益者的行為邏輯，而一旦既得利益難以觸動，藩鎮之亂只能伴隨唐朝始終。

既得利益者是捍衛既定的利益，而利益集團則是維護朋黨的利益，二者都是以部分利益將朝廷的整體利益異化扭曲。中晚唐的朋黨之爭從李吉甫與李逢吉的路線之爭開始，到李德裕與牛僧孺對立時已達到白熾化的狀態。李德裕善於治國，牛僧孺善於當官，兩位各有千秋的政治精英偏要終生對立，以門戶之見左右對局勢的判斷，也使朝廷的決策不再以公共利益為旨歸，而是以維護自身利益集團的利益為指向，導致朝廷既無法抓住正確的機會，也不能做出正確的決策。「牛李」朋黨之爭將利益集團的危害性發揮到極致。

既得利益與利益集團都具有自我生成的特點，一旦形成既得利益或利益集團，都會自覺維護自身私利，謀求更大利益，而這也正是官僚制開始衰變的開始。如果皇帝不懂得整頓吏治，聽任既得利益或利益集團不斷惡性生長，那麼最後皇帝也將被官僚綁架，導致朝廷為既得利益或利益集團埋單。

十四個唐代人物（人物群體）揭示的中國古代政治傳統，可以用下圖表示：

王道解體：權力的負邊際效應

內有宦官專權、朋黨鬥爭，外有藩鎮割據、蠻夷侵擾，中晚期的唐朝就像一個病入膏肓的病人，只是等待最後的致命一擊。黃巢和朱溫因此趁勢崛起衝擊著唐朝本就渙散不堪的制度架構。

黃巢走出一條「流寇路線」，他就像遽然而至的洪水，沒有目的地衝擊著一切，最終也漫無目的地走向了終點；隨之而起的朱溫，則走出了一條「身在朝廷反朝廷」的「坐寇路線」，把朝廷當作背靠的大樹，最終獲得了拔掉這棵大樹的實力。朱溫從朝廷那裡獲得了道統的繼承權、成建制的組織系統、有組織的軍事力量，這些最終讓他獲得了取代朝廷的合法性資源和實力基礎。表面上看，唐朝的瓦解似乎在重演歷朝歷代的故事：朝廷外部的農民起義軍與朝廷內部的叛亂官軍共同作用，最終實現改朝換代。

事實上，在黃巢與朱溫奮起之前，唐朝就已經陷入深重的危機之中。與其說是黃巢和朱溫毀滅了唐朝，不如說是唐朝自己毀滅了自己。在安史之亂後，唐朝的「中央—地方」關係已經完全改變，從內重外輕的格局變為外重內輕的格局，而朝廷內部的權力配置也日益分散，皇帝不再乾綱獨斷，宦官、朋黨等日益成為堅固的既得利益集團。於是，安史之亂以後的每一位唐朝皇帝，他們的畢生夢想就是重新實現

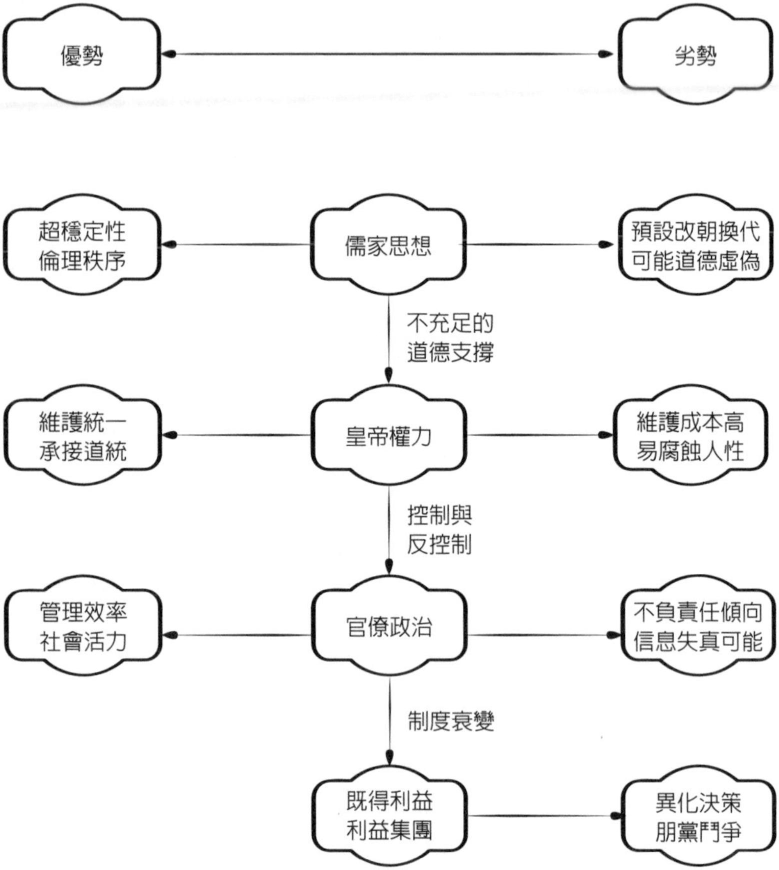
優勢
劣勢
超穩定性
倫理秩序
儒家思想
預設改朝換代
可能道德虛偽
不充足的
道德支撐
維護統一
承接道統
皇帝權力
維護成本高
易腐蝕人性
控制與
反控制
管理效率
社會活力
官僚政治
不負責任傾向
信息失真可能
制度衰變
既得利益
利益集團
異化決策
朋黨鬥爭

諸侯平、四海一的局面，再次回到君臨天下、政歸朝廷的格局。於是，中晚唐的皇帝為了重振皇權而不斷努力。

然而，正是再次集權化的努力讓唐朝一次次遠離重振皇權的目標。中晚唐的皇帝們在幾番掙扎之後才突然發現，他們正面臨著兩難困境：如果朝廷對驕橫的藩鎮聽之任之，只會導致朝廷權力的進一步喪失，結果會形成負面的示範效應，會有更多的藩鎮蔑視朝廷，並進一步坐大。與此同時，如果朝廷試圖收回藩鎮的自主權力、實現重新集權，那麼朝廷與藩鎮之間會爆發戰爭，而宦官、朋黨等既得利益集團更會從中攫取私利，結果是集權成本上升，進一步弱化朝廷的權威。於是，分權會導致地方諸侯坐大，集權又會增加朝廷負擔，唐朝陷入了某種「權力的負邊際效應」，在當前的權力配置前提下，無論是繼續分權還是再次集權都會給朝廷帶來巨大損失。

就像尼采曾經做過的比喻，如同一個人在兩個懸崖之間的鋼絲上行走，原地踏步也好，奮勇向前也好，畏懼退後也好，都面臨著墜入懸崖的風險。唐朝走到生命的後期，正處於這樣的窘境之中，「權力的負邊際效應」如同魔咒一樣纏繞左右，無論朝哪個方向發展都面臨著一樣的毀滅風險。在唐德宗到唐武宗時期，唐朝還有餘力進行削藩，但是集權化的努力未告成功、反耗國力，從唐僖宗直至末代皇帝，唐朝已經無力節度藩鎮，而分權的結果則是藩鎮日益囂張，最後終結了唐朝三百年的國祚。

一個創造出無比燦爛文明的王朝就這樣在內外交困中壽終正寢。它曾經努力想要重回昨日舊夢，但是「權力的負邊際效應」就如同命運的法官落下的法槌，無論它往哪個方向努力，都是向滅亡更靠近一步。

歷史的啓示

歷史學家湯恩比曾說過一句非常悲觀的話：「人類從歷史中學到的唯一教訓就是：人類無法從歷史中學到任何教訓。」這位著名歷史學家以沉重的口吻道出了一個歷史哲學的沉重問題：人類真的不能走出歷史的週期性循環，避免錯誤再犯、悲劇重演？

湯恩比或許會把中國的古代歷史當作他的論據，治亂興替的週期重演，恰好印證了「沒有從歷史中學到任何教訓」的判斷。黑格爾曾經也說，古代中國是一個「空間的」國家，而不是一個「時間的」國家，他直言不諱地指出：「中國很早就已經進展到了它今日的情況；但是因為它客觀的存在和主觀運動之間仍然缺少一種對峙，所以無法發生任何變化，一種終古如此的固定的東西代替了一種真正的歷史的東西。」不斷重演的改朝換代似乎已經將時間凍結，而只是讓不同的演員在不同的場景下演繹同一個劇本。

歷史學家或哲學家的話語也許太過犀利，但確實揭示出中國古代歷史的某些特徵：為什麼歷朝歷代都沒有走出自我毀滅與自我重建的循環？從唐朝的衰落可以看出，沒有哪個皇帝不想傳之萬世，沒有哪個王朝不想賡續千年，在走出歷史週期律的問題上，中國古代精英階層無不深感乏力。

他們無法改變儒家思想體系在文明開始之前的最初設定。在儒家思想體系中，君主並沒有萬世一系所需要的超越世俗的道德基礎，君主存在的前提是執政績效，也就是所謂的「有德」。反過來看，當君主「失德」或者僅僅是被認為「失德」，他就失去了作為君主的資格，被統治的人就可以揭竿而起「誅一夫紂矣」。可以說，儒家思想從一開始就預設了王朝更替的可能，「天下大勢，分久必合，合久必分」，治亂興替已經成為人們牢固的心理預期。

他們同樣無法改變皇權的絕對性與完整性。集體宰相制度營造的民主氛圍，文人清流構成的朝野輿論，儒家思想體系的軟性約束……這些都是對皇權的重要制約力量，但制約是在皇權產生之後的產物，它並不能否定皇權的絕對性與完整性。且不說皇帝為了維護皇權的安全要付出巨大的制度成本，單看皇帝受到皇權的腐蝕，只要年深日久，人性總是難抵誘惑。居於政治體系頂端的皇帝一旦蛻變，這套體系自然難以持續有效運轉。

他們也未能發明更多配套制度來遏制官僚政治的弊端。官僚制是古代中國領先世界的發明，尤其是與選拔人才的科舉制相結合，見證著中國古人在制度創新上的智慧。然而，官僚制有著比貴族制、封建制更多的優越性，但也有它自身難以克服的弊端，比如說不負責任的傾向、信息失真的可能，尤其是既得利益或利益集團會引發制度衰變。治理國家過度依賴於官僚政治這一種制度模式，在發揮優勢的同時也自然會把弊端發揮到極致。

按照上面這三條分析，要想走出歷史週期律，或許也需要從這三個方面反向著力，從思想層面來說，應該改變儒家思想體系對執政績效的依賴。執政績效、民本主義確實能夠提供合法性支持，但問題就在於，當執政績效一時不佳，也就難以贏得百姓支持。換句話說，當人們的支持不僅僅出於利益，還出於超越利益的道德因素時，人們才能對統治者給予一以貫之的支持，正因此，唯有充足的道德合法性，才能無論在順境還是在逆境，都能贏得百姓心悅誠服地支持。從權力層面來說，應該改變權力不受約束的情況，這就需要通過法治將權力關進制度的籠子。從制度層面來說，應該創造更多配套制度來抵消官僚制的缺點而發揮其優勢，這就需要建設民主和問責制度，用百姓的監督對抗官僚集團的弊病。

當然，換一個視角來看，正如有的學者所指出的，治亂交替或許形成了古代中國「漩渦式」的生長方式，把不同的民族捲入進來，從而實現中國的不斷擴展，而治亂交替本身，或許也正是古代中國保持超穩定結構的動力機制。黑格爾說古代中國沒有時間，如果從治亂交替的角度還有幾分道理，如果從更為豐富的文明層面，則可以說毫無道理。中國古人在文學藝術上的造詣，自然科學上的進步，絲綢、茶葉、瓷器等方面的成就都可以說是獨領風騷，曾在人類的文明星空中熠熠發光。而中國也是世界上唯一一個在經歷了文明的沉淪又再次復興的國家，這其中有著這個古老民族延續幾千年的生生不息的力量，這是一種比政治本身更為強大而持久的力量，也是這個民族屹立世界的自信所在、底氣所在。

正如有的學者把中華文明的歷史傳承，稱作歷久彌新的「中國文明基體論」，中國能夠在四大文明古國中成為唯一一個未曾斷代的文明體，並在千年文明的古樹上發出現代新芽，自然有它深層的道理。古代中國保留了當今世界最為豐富的文獻材料，為後人思考人類社會的深層問題提供了難得的素材，這不僅是中國的財富，更是全人類的財富。

本書正是對中國歷史中一個片段進行凝視與回眸，帶著批判性的眼光剖析唐朝政治的得失。或許觀點、論證與分析都存在不足，但是它在片刻凝視中也足以帶領讀者遨遊歷史的星空，獲得一種亦真亦幻的溫情。這本書無非是一種歷史的邀請，而當人們哪怕只是對歷史做片刻凝視，也足以獲得處世的智慧、創新的激情與前行的動力。於斯足矣，夫復何求？

歷史大講堂

歷史不糊塗：從唐太宗到黃巢，這些名人很有事！他們心裡都住了一個阿飄

2017年9月初版　　定價：新臺幣350元
有著作權・翻印必究
Printed in Taiwan.

著　者　李　拯
叢書主編　陳逸華
叢書編輯　張彤華
校　對　施舜文
　　　　吳美滿
內文排版　綠貝殼
封面設計　兒日

出版者	聯經出版事業股份有限公司
地址	台北市基隆路一段180號4樓
編輯部地址	台北市基隆路一段180號4樓
叢書主編電話	(02)87876242轉224
台北聯經書房	台北市新生南路三段94號
電話	(02)23620308
台中分公司	台中市北區崇德路一段198號
暨門市電話	(04)22312023
台中電子信箱	e-mail：linking2@ms42.hinet.net
郵政劃撥帳戶第	0100559-3號
郵撥電話	(02)23620308
印刷者	文聯彩色製版有限公司
總經銷	聯合發行股份有限公司
發行所	新北市新店區寶橋路235巷6弄6號2樓
電話	(02)29178022

總編輯　胡金倫
總經理　陳芝宇
社　長　羅國俊
發行人　林載爵

行政院新聞局出版事業登記證局版臺業字第0130號

本書如有缺頁，破損，倒裝請寄回台北聯經書房更換。　ISBN 978-957-08-4991-2 (平裝)
聯經網址：www.linkingbooks.com.tw
電子信箱：linking@udngroup.com

©李拯
本書中文繁體版由中信出版集團股份有限公司授權
聯經出版事業股份有限公司在台灣香港澳門地區
獨家出版發行
ALL RIGHTS RESERVED

國家圖書館出版品預行編目資料

歷史不糊塗：從唐太宗到黃巢，這些名人很有事！
他們心裡都住了一個阿飄/李拯著．初版．臺北市．聯經．
2017年9月（民106年）．352面．14.8×21公分（歷史大講堂）
ISBN 978-957-08-4991-2（平裝）

1.唐史

624.1　　106013878